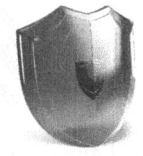

安保职业道德与职业意识

孙温平 著

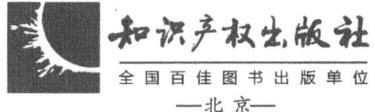

图书在版编目（CIP）数据

安保职业道德与职业意识／孙温平著．—北京：知识产权出版社，2023.6
ISBN 978－7－5130－8851－0

Ⅰ.①安… Ⅱ.①孙… Ⅲ.①保卫工作—职业道德—中国 Ⅳ.①D631.3

中国国家版本馆CIP数据核字（2023）第142291号

责任编辑：刘 雪　　　　　　　　　　　责任校对：潘凤越
封面设计：杰意飞扬·张悦　　　　　　　责任印制：孙婷婷

安保职业道德与职业意识

孙温平 著

出版发行：知识产权出版社有限责任公司		网　址：http://www.ipph.cn	
社　　址：北京市海淀区气象路50号院		邮　编：100081	
责编电话：010－82000860转8112		责编邮箱：jsql2009@163.com	
发行电话：010－82000860转8101/8102		发行传真：010－82000893/82005070/82000270	
印　　刷：北京中献拓方科技发展有限公司		经　销：新华书店、各大网上书店及相关专业书店	
开　　本：720mm×1000mm　1/16		印　张：17.75	
版　　次：2023年6月第1版		印　次：2023年6月第1次印刷	
字　　数：262千字		定　价：69.00元	
ISBN 978－7－5130－8851－0			

出版权专有　侵权必究
如有印装质量问题，本社负责调换。

前 言

安保行业是随着我国改革开放和市场经济发展而产生的服务产业，在社会主义现代化建设新形势下，逐步建立并蓬勃发展。作为具有特殊功能的新型服务性行业，其对维护社会治安、拉动社会就业、促进经济社会发展有着重要意义。安保服务一般按照合同约定，采取门卫、守护、巡逻、押运、随身护卫、人群控制、技术防范、安全咨询等形式，保护客户人身、财产和信息等方面的安全，维护客户合法权益。在国际国内形势复杂多变的今天，安保人员是维护社会稳定、维护公共安全和治安秩序体系中一支不可或缺的重要力量。尤其是在和防汛抗洪救灾等工作中发挥了积极作用，为服务经济社会发展、保障人民群众生命财产安全和维护社会治安稳定作出了重要贡献。

然而，安保行业人才市场存在着结构性失衡。由于我国的基本国情，目前从事安保行业的人员业务水平良莠不齐，尤其是最基层的保安员，表现为职业化水平较社会发展相对滞后。安保服务组织的类型不一，安保服务的岗位和所采用的方法、手段和措施多种多样，情况十分复杂。安保服务如有不当，会影响到安保服务质量，损害安保服务组织和人员的声誉，也给社会稳定带来隐患。随着我国经济社会快速发展以及国内外形势的变化，社会不稳定因素长期存在并增加，各类安全事故的频发，使人们对安保服务的需求日益增加。同时，高净值人群的增加也带来安保服务需求的增长。随着经济的发展，传统的、单一的人防模式已不能满足人们的安全需求，而且安保行业存在地区发展不平衡、专业服务渗透率低等问题，因此安保服务业提高科技含量，向宽领域、多元化发展，这也是必然趋势。当前我国提出的"一带一路"倡议以及"人类命运共同体"理念，为安保行业带来新的发展契机，同时市场竞争也逐渐激烈。因此，安保行业有识之士要及时调整战略发展眼光，抓住机遇，充分准备，迎势而上。

当前，国内对于安保专业的学术研究较为匮乏，从事专门研究的人员同行业发展需求相比人数甚少。我国虽然有对保安员职业素质进行培训的相关教材，但内容较为老旧，又缺乏系统性，缺乏能适应当前迅速发展壮大的安保行业从业人员进行职业素养系统学习的专业教材或著作。因此，能够提供一部符合现代职业化要求的安保职业教育书籍，为大中专院校在校学生学习、社会安保从业人员以及其他相关人员职业化培训提供便利势在必行。

职业教育的发展在我国日新月异，对于职业教育人才培养质量的要求也随之升高。职业素养的培养是人才培养的重要内容之一，本书着重从培养安保职业素养中的内在素养即隐性素养展开，这是一个创新尝试。安保从业人员的隐性职业素养主要包括职业道德和职业意识，本书遵循着职业认知、职业道德、职业意识的行文逻辑分篇章进行阐述。

为了适应行业发展的需求，更好地促进安保职业教育的发展，本书是建立在大量的企业实践和调研基础上进行撰写的，写作过程中认真听取了安保行业专家、教育培训专家的建议和指导。本书主要以安保人员人才培养目标为导向，从安保行业职业岗位的要求出发，围绕安保人员的职业道德和职业意识两大隐性职业素养要素展开，按照职业道德和职业意识的基本内涵和分类进行叙述，并在每一章后面附有切合岗位实际的实训项目，以便于相关人员的学习和培训。

本书内容具有以下特点。

第一，专业性。本书注重把职业道德、职业意识的教育培养和安保职业及岗位相结合。针对安保职业及其中不同的岗位，提出做一个称职安保人员的要求，将容易流于抽象枯燥的道德素质教育落实在具体的职业生活中以及不同的岗位上。

第二，实践性。本书在进行理论阐述的同时，附有相关实训项目，注重学习内容的练习和实际可操作性。实训项目采用任务驱动教学法，以具体工作任务为导向，在仿真的工作中培养良好的职业道德和职业意识，提高安保从业人员遵守岗位所必需的职业道德、规范职业行为、树立职业意识等方面的职业素养。

第三，规律性。本书严格遵循职业发展规律，紧密结合职业的形成与发展规律来谈职业道德和职业意识，避免教育上的雷同。并从明确的目标出发，按照从学生转为从业人员，以及对职业的逐步认知过程来分阶段、分模块进行。

第四，模块化。本书内容采取模块化编排，既符合教育系统规律，又避免了理论系统叙述的繁杂，便于学生和从业人员学习和培训。主要模块包括三部分，一是职业认知部分；二是职业道德部分；三是职业意识部分。

希望本书能够让更多的安保专业在校生以及安保从业人员通过相关的学习提升自己的职业道德修养，培育职业意识，开拓自己更大的发展空间，实现自己的人生梦想，同时为行业和社会发展作出更大贡献。

由于作者水平和时间所限，书中难免有不足之处，在此恳请同行和读者批评指正。

目　录

导论　隐性的职业素养 / 1
    第一节　职业素养的内涵及其价值 / 1
    第二节　安全保卫职业素养的内涵 / 12

第一篇　职业认知篇

第一章　安保职业认知 / 19
    第一节　行业与职业 / 19
    第二节　安保行业和安保职业认知 / 25
    第三节　安保择业与就业 / 30

第二章　安保人员的职业认同 / 36
    第一节　职业认同 / 36
    第二节　安保人员的职业认同 / 41

第二篇　职业道德篇

第三章　道德认知 / 53
    第一节　道德 / 53
    第二节　社会主义道德 / 58

第四章　安保职业道德 / 66

　　第一节　职业道德 / 66

　　第二节　安保职业道德 / 72

第五章　安保职业守则 / 79

　　第一节　职业守则与安保职业守则 / 79

　　第二节　我国安保职业守则基本内容及其实施 / 80

第六章　安保工作纪律 / 102

　　第一节　纪律认知 / 102

　　第二节　安保工作纪律 / 103

第三篇　职业意识篇

第七章　安保人员法治意识 / 117

　　第一节　法治意识的内涵及价值 / 118

　　第二节　安保人员法治意识的养成 / 120

第八章　安保人员组织文化认同意识 / 133

　　第一节　组织文化认同 / 133

　　第二节　安保企业文化认同意识培育 / 137

　　第三节　校企合作视角下的文化认同意识培育 / 143

第九章　安保人员社交和服务意识 / 151

　　第一节　社会交往认知 / 151

　　第二节　安保人员客户服务意识 / 158

第十章　安保人员团队意识 / 168

　　第一节　团队认知 / 168

　　第二节　团队意识 / 174

　　第三节　团队融入和建设规则 / 181

第十一章 安保人员职场典范意识 / 198

第一节 安保职场认知 / 198

第二节 安保职场典范及特质 / 206

第十二章 安保人员自主发展意识 / 214

第一节 安保人员自主发展意识 / 214

第二节 安保人员职业发展规划 / 223

第十三章 安保人员自我管理意识 / 240

第一节 安保人员自我管理意识 / 240

第二节 安保人员自我管理模式 / 246

第十四章 安保人员竞争和创新意识 / 256

第一节 竞争意识的确立 / 256

第二节 创新的含义及其分类 / 260

第三节 安保人员竞争与创新意识养成 / 264

参考文献 / 273

导论　隐性的职业素养

随着经济社会的快速发展，我国对混合型、创新型、高技能人才的需求量持续增加。如何成为符合社会要求的成功职业人？在现代社会，职业的成功往往与具有良好的职业素养紧密关联。职业素养的要素有显性和隐性之分，与显性因素相比，隐性因素对于职业素养的养成则更为重要。作为职业素养培养主体的大学生，在大学期间就应自觉进行自我培养。

第一节　职业素养的内涵及其价值

一、当代职业教育发展的时代特征

职业教育是国民教育体系和人力资源开发领域的重要组成部分，肩负着培养多样化人才、传承技术技能、促进就业创业的重要职责。中国经济快速发展，在结构上从依赖制造业的经济转型为由技术和服务带动的服务型经济，对接受过职业培训和实践并能快速适应工作环境的优秀人才需求巨大。但是我国目前缺少技术类人才，技术岗位的缺口很大，培养高端技术人才或将是未来发展的大趋势。总体来看，职业教育发展的时代特征明显。

（一）发展迅速，前景可观

我国的职业教育经过 20 世纪的低谷期，进入 21 世纪后不断回暖。从 2005 年起国家系列政策的落实，促进了职业教育的新发展，职业教育招生占比逐年加大，中央不断加大财政投入帮助职校基础建设。2010 年中共中央、国务院印发的《国家中长期教育改革和发展规划纲要》（2010—2020年）和2019年国务院发布的《国家职业教育改革实施方案》，为职业教育的发展铺平了道路，指明了方向。《2019年国务院政府工作报告》指出，高职院校招生扩招100万，再次凸显了政府对职业教育的重视。《职业教育法》自1996年颁布施行以来效果明显，于2022年进行首次修订。修订后的《职业教育法》规定，职业教育是"类型"教育，不是"层次"教育，首次以立法明确，职业教育是与普通教育具有同等重要地位的教育类型。这有利于重塑对职业教育的社会共识，明确职业教育在我国的重要地位。与此同时，本科职业教育也应运而生。2021年，中共中央办公厅、国务院办公厅印发《关于推动现代职业教育高质量发展的意见》明确指出，到2025年，职业本科教育招生规模不低于高等职业教育招生规模的10%。各类高职院校近几年逐渐从规模扩张转向品质升级，借鉴了国外职业教育发展经验，开始多元化发展。最重要的是党和政府对职业教育的不断重视，为其未来的发展提供了动力，指明了方向。

（二）利好政策频出，人才需求量大

"十四五"以来，追求高质量发展的新经济格局对中国产业结构升级调整提出了更高要求，行业边界不断被打破，不同领域的知识和技能交叉日益频繁，各类企业对混合型、创新型、高技能人才的需求量持续增大。我国2020年以来出台的多项政策中均提及要发展职业技能培训。

近年来，我国职业培训市场规模逐年扩大，2020年受新型冠状病毒感染影响，专业技能类培训有所受限，但市场仍保持增长，规模达6505亿元，近三年职业教育市场规模增速达到12%左右，2023年市场规模有望达到9029亿元。❶ 根据《中华人民共和国国民经济和社会发展第十四个五年规划和2035年远景目标纲要》，"十四五"期间，我国将着重增强职业技术教育适应性，我国职业教育行业得到进一步支持，已进入黄金发展时期。2020年虽受影响，专业技能类培训有所受限，但市场仍保持增长。

---

❶ 参见https：//www.sohu.com/a/685299024_121118710，2022年12月10日访问。

(三) 结构性就业矛盾突出，人才培养迈向高质量

中国经济社会的飞速发展，需要越来越多的大国工匠，而培育大国工匠，离不开丰沃的土壤，即高质量的职业教育。中国经济的发展与转型，对人才的需求发生变化，职业教育急需由规模扩大向提升质量迈进。

当前，中国技能劳动者已超过2亿人，高技能人才超过5000万人。但是，中国技能劳动者占就业人口总量的比重仅为26%，高技能人才占技能人才总量的比重仅为28%，[1] 结构性就业矛盾突出，与发达国家相比仍存在很大差距，这就需要我国加快培养技术技能人才和高素质劳动者。

近年来，职业教育培养了一大批支撑经济社会发展的技术技能人才，在服务国家战略的实施、服务区域发展等方面发挥了重要作用。但是，我们要清醒地认识到当前就业形势的严峻，这是长期结构性矛盾的结果。面临经济结构转型、国际政治风险上升等多重内外部的冲击，应届生就业压力明显增大。智联招聘发布的《2022大学生就业力调研报告》显示，"感受到求职竞争非常激烈"的应届生比例达到61%，比2021年同期上升了6%。[2] 劳动力专业错配问题突出。劳动力市场供求"冷热不均"，毕业生"求职难"与制造业"招工难"并存，说明劳动力专业供给结构与劳动力行业需求结构不相称问题依然突出。基于以上问题，职业教育必须基于产业结构和劳动力市场就业形势，进一步优化人才培养模式。注重培养大学生的就业能力，通过职业指导、职业培训、增加见习机会等，提升其求职能力、职场适应力、成长力和胜任力。因此，职业教育要迈向高质量发展，以促进我国经济社会持续健康发展为宗旨，既要培养新知识、新技术、新技能的高技能人才和技能领军人才，也要大力弘扬劳动精神、劳模精神和工匠精神，提升社会对于职业教育的认可度。

---

[1] 参见 http://qiye.chinadaily.com.cn/a/202208/29/WS630c6ae7a3101c3ee7ae61a8.html，2022年12月10日访问。

[2] 参见 https://www.ndrc.gov.cn/wsdwhfz/202206/t20220616_1327368.html，2022年12月10日访问。

二、职业素养的内涵及其价值

在现代社会,职业的成功往往与具有良好的职业素养紧密关联。随着近年来大学毕业生的数量逐年增加,就业竞争日趋激烈,大学生要想获得更多的就业机会,需要迅速适应学校环境并向职业领域转变。这种转变成功与否取决于他们是否具备社会所认可的职业素养。同时必须认识到,这种素养的具备不是朝夕可获,需要长期培养。因此,大学阶段职业素养的培养显得尤为重要。

(一)职业素养的内涵

职业素养即职业素质修养,是指从业者在一定的生理和心理条件基础上,通过教育培训、职业实践、自我修习锻炼等途径形成和发展起来的,在职业活动中起决定性作用的、内在的、相对稳定的基本品质。这些品质,从内容上包含职业道德、职业技能、职业行为、职业作风和职业意识等方面。从表现形式上可分为内化素养和外化素养,或者称隐性素养和显性素养。内化素养或隐性素养是职业素养中最根本的部分,包含个人的世界观、人生观、价值观等;外化素养或显性素养是指基本技能,是通过学习、培训获得并在实践运用中能日渐提升的。总之,职业素养是内涵,个体职业行为是外在表象。

(二)职业素养的要素

职业素养包括综合素养的各个类型,只是侧重点不同。具体来说,职业素养涉及以下四个方面。

1. 职业道德

职业道德是指人们在职业生活中应遵循的基本道德,即一般社会道德在职业生活中的具体体现,是职业品德、职业纪律、专业胜任能力及职业责任等的总称,属于自律范围,它通过公约、守则等对职业生活中的某些方面加以规范。

职业道德具有职业性、实践性、继承性、多样性等基本特征。

(1)职业性。职业道德的内容与职业实践活动紧密相连,反映着特定职业活动对从业人员行为的道德要求。

（2）实践性。职业行为过程，就是职业实践过程，只有在实践过程中，才能体现出职业道德的水准。

（3）继承性。即使在不同的社会经济发展阶段，同样一种职业因服务对象、服务手段、职业利益、职业责任和义务相对稳定，职业行为道德要求的核心内容将被继承和发扬，从而形成了被不同社会发展阶段普遍认同的职业道德规范。

（4）多样性。不同的行业和不同的职业，有不同的职业道德标准。

职业道德的基本要求是：爱岗敬业、诚实守信、办事公道、服务群众、奉献社会。具体内容将在本书第三章、第四章中予以详细阐述。

2. 职业意识

职业意识是作为职业人所具有的意识，指个人对职业的综合看法和想法，具体表现为具有基本的职业道德。职业意识是人们对职业劳动的认识、评价、情感和态度等心理活动的综合反映，是支配和调控全部职业行为和职业活动的调节器。职业意识的类型可细分为以下八种意识。

（1）诚信意识。

古人云，"人无信不立""人而无信，不知其可"。市场经济是信用经济，一个企业、一个职业人、市场信誉是可以用价值（金钱）来度量的（信誉度）。所谓名牌、品牌可以作为无形资产、产权进行交易，说的就是这个道理。

（2）顾客意识。

顾客是上帝。顾客是商品的接受者、选择者、购买的决定者，对待顾客的态度，实质上就是对待自己"饭碗"的态度。市场的回报是公平又残酷的。

（3）团队意识。

团队与社会、团队与所在的公司等整体既是统一的，但有时又是矛盾的、对立的，所以要正确处理与社会、整体之间的关系，我们研究的是在遵守法律、法规、服从社会利益和整体利益的前提下应该具备的团队意识。

一个企业就是一个独立的社会经营团队，是由所有员工组成的一个利益共同体，它既由我们大家来创造、维护，又给每个人带来了生活的经济利益与精神生活。因此，团队意识就是要维护团队的声誉和利益，不说诋毁团队的话，不做损害团队的事；保守团队的商业秘密；积极主动地做好团队中自己的工作，及时提出有利于企业发展的合理化建议；尊重和服从领导，关心与爱护同事；建立和彰显团队内部的协作、竞争精神，互为平台、互通商机、共同进步。

（4）自律意识。

分清职业与业余的不同，从而在扮演职业角色时，能够克制自己的偏好，克服自己的弱点，遵守法律和纪律，遵守公司的规章制度，约束自己的行为，并进行自主管理。

（5）发展创新意识。

时代日益进步、社会发展突飞猛进，新的知识不断涌现。每个人要想使自己有所成就，就须具备良好的学习心态、意识，不断学习、与时俱进，才能确保自己跟上时代步伐，同时具有创新意识并付诸实践，进而获得职业生涯的成功，实现自己的人生价值。

（6）竞争意识。

竞争是社会发展进步的必然现象，也是社会发展的动力之一。随着市场经济的快速发展，人们面临越来越激烈的竞争。在职场中要具有竞争意识，正确认识竞争并科学应用竞争，才能走好自己的职业生涯发展之路。

（7）文化认同意识。

文化认同是组织认同的一个表现方面。而组织认同源于社会认同理论的相关概念。如安保人员融入组织（企业），就要了解组织或者企业文化的相关概念和作用，了解安保企业文化的内容及价值，并且能够树立对所属组织的文化认同，从而结合自身实际融入安保企业文化，并发扬企业的文化。

（8）职场典范意识。

职场典范的特质是职场中特定的人所具备的优秀个人品质，这是普通职场人所罕有的。要树立职场典范意识，为自己成为成功的职场人打下基础。

3. 职业行为

职业行为是指人们对职业劳动的认识、评价、情感和态度等心理过程的行为反映，是职业目的达成的基础。从形成意义上说，它是由人与职业环境、职业要求的相互关系决定的。职业行为包括职业创新行为、职业竞争行为、职业协作行为和职业奉献行为等方面。职业行为习惯就是职业能力，是因长期从事某种职业而养成的一种极富职业特点的言谈举止。

在多数情况下，"职业习惯"是褒义词，它意味着一种一丝不苟的敬业精神。只不过，强行把职业习惯带进其他并不适合的领域时，有时也会不合时宜。

4. 职业技能

职业道德与意识是职业素养中最基础的部分。而职业行为和职业技能是支撑职业人生的表象。职业道德与意识属于世界观、人生观、价值观范畴的产物。从入职到退休人们的职业道德与意识逐步形成，逐渐完善。而职业行为与技能，通过学习、培训，比较容易获得。例如，计算机、英语、建筑等属职业技能范畴的技能，我们可以通过三年左右的时间掌握入门技术，在实践运用中日渐成熟而成专家。可企业更认同的道理是，如果一个人基本的职业素养不够，如忠诚度不够，那么技能越高的人，其隐含的危险越大。

做好自己最本质的工作，当然也就是具备了最好的职业素养。所以，用大树理论来描述两者的关系比较直接。假设每个人都是一棵树，原本都可以成为大树，而根系就是一个人的职业素养。枝、干、叶、型就是其显现出来的职业素养的表象。要想枝繁叶茂，必须根系发达。

（三）职业素养的价值

近几年，大学毕业生的就业已经成为比较重要的社会问题，也可以说是一个难题。对于很多毕业生来说，即便是找到一份工作就已经比较困难了，更不说找到自己满意的工作。高校把毕业生的就业率作为考察学校教育效果的一大指标，毕业生就业率的高低直接影响到学校的声誉，同时也会影响到学校的招生及培养计划。而从社会的角度来看，很多企业又在叹息"招不到合适的人选"。很多事实表明，这种现象的存在与学生的职业素养难以满足企业的要求有关。"满足社会需要"是高等教育的目的之一。既然社会需要具有较高职业素养的毕业生，那么高校教育应该把培养大学生的职业素养作为其重要目标之一。同时，高校也不是关起门来办教育，社会、企业也应该尽力与高校合作，共同培养大学生的职业素养。

1. **职业素养在工作中的地位**

一些企业界人士认为，职业素养至少包含两个要素：敬业精神及合作的态度。敬业精神就是在工作中将自己作为公司的一部分，不管做什么工作一定要做到最好，发挥出实力，对于一些细小的错误一定要及时地更正；敬业不仅仅是吃苦耐劳，更重要的是"用心"去做好公司分配的每一份工作。态度是职业素养的核心，好的态度如负责的、积极的、自信的、建设性的、欣赏的、乐于助人等态度是决定成功的关键因素。所以，职业素养是一个人职业生涯成败的关键因素。职业素养可以量化而成"职商"（CQ），毫不夸张地说，一生成败看职商。

那么，职业素养在工作中的地位如何呢？

《一生成就看职商》的作者吴甘霖回首自己从职场惨败者到走上成功之道的过程，再总结比尔·盖茨、李嘉诚、牛根生等著名人物的成功历史，并进一步分析所看到的众多职场人士的成功与失败，得到了一个宝贵的理念，[1]即一个人的能力和专业知识固然重要；但是，在职场要成功，最关键的并不在于他的能力与专业知识，而在于他所具有的职业素养。他提出，一个人在职场中能否成功取决于其职商，而职商由十大职业素养构成，即敬业、服从、执行、绩效、感恩、主动、责任、协作、学习力、卓越。工作中需要知识，但更需要智慧，而最终起关键作用的就是素养。缺少这些关键的素养，一个人一生将碌碌无为。而拥有这些素养，会少走很多弯路，以最快的速度取得成功。

---

[1] 吴甘霖：《一生成就看职商》，机械工业出版社2006年版，第42页。

很多企业之所以招不到满意人选，是由于找不到具备良好职业素养的毕业生。可见，企业已经把职业素养作为对人进行评价的重要指标。如某咨询公司在招聘新人时，要综合考察毕业生的五个方面，即专业素质、职业素养、协作能力、心理素质和身体素质。其中，身体素质是最基本的，好身体是工作的物质基础；职业素养、协作能力和心理素质是最重要和必需的，而专业素质则是锦上添花的。职业素养可以通过个体在工作中的行为来表现，而这些行为以个体的知识、技能、价值观、态度、意志等为基础。良好的职业素养是企业必需的，是个人事业成功的基础，是大学生进入企业的"金钥匙"。

2. 大学生职业素养的培养尤为重要

《教育部关于全面提高高等职业教育教学质量的若干意见》（教高〔2006〕16号）中提出，要"加强素质教育，强化职业道德，明确培养目标"。因此，我们在注重培养学生职业技能的同时，更要强化学生职业素质的培养。

自私自利的人常被认为没有团队合作精神，用人单位也不喜欢。如今，很多大学生在独立性、责任心、团队意识等方面尚需加强。大学生应该有意识地在学校的学习和生活中主动培养独立性，学会分享，懂得感恩，勇于承担责任，勇于承认自己的错误和不足。

高职高专大学生要想在竞争中取胜，必须在校时就注重职业素养的培育。职业素养培育是职业成功的主要条件，它决定人获得的职业岗位乃至决定个人的职业成长。因此，高校大学生必须及时有效地加强职业素养的培养，使自己成为合格乃至优秀的大学毕业生，并为自己的职业生涯铺平道路。

三、"素质冰山"理论

"素质冰山"理论最初是由弗洛伊德等人提出的，但并不能直接用于测量和评估。1973年，美国社会心理学家麦克利兰（David C. McClelland）提出"素质冰山模型"，用以测量和评估人才是否适合于特定岗位，测定其"胜任力"。该理论认为，我们观察一个人，一般只能看见冰山以上的部分，即外在的基本知识和技能，是容易了解和测量的，也可以通过有针对性的培训来改变和发展；而冰山下的部分却常常被我们忽略。其实，冰山上的可见部分，只是人的内在属性很小一部分；那些看不见的深藏在冰山以下的个人属性，则更加丰富和强大，它包括内驱力、社会动机、个性品质、自我形象、态度等。❶

相比较而言，冰山下的属性不易被观察和测量，也难于改变和评价，但却对人的行为表现起着决定性的作用。知识、技能和经验，浮在冰山之上，非常明显、易于观察和培养。这些显性特征，是职业成功的必要因素，但却远非核心因素。

相比较于冰山上的显性特征，冰山下的因素对职业成功更具长远影响，并且这些因素难以评估和改变。例如，社会角色是指个人处在一定的社会环境和关系中应当遵循的行为规范，如作为员工的行为规范；价值观是认为什么重要和什么不重要，这常常直接决定人的行为表现；自我形象是个人对自己的评价和定位，如"我是个勤奋的人""我忠于自己的组织"等；特质包含的因素最多，如个人的个性、智商、情商等稳定的属性均属于特质；动机是驱动满足人的内在需求的心理状态和意愿，如成就动机、权利动机等。

简而言之，冰山模型是把人的显性、隐性素质进行归类、分析的思考方式。"素质冰山"理论认为，个体的素质就像水中漂浮的一座冰山，水上部分的知识、技能、经验仅仅代表表层的特征，不能区分绩效优劣；水下部分的动机、特质、态度、责任心才是决定人的行为的关键因素，能鉴别绩效优秀者和一般者。

借助素质冰山理论，大学生的职业素养也可以将其看成一座冰山。浮在水面以上的只有1/8，它代表大学生的形象、资质、知识、职业行为和职业技能等方面，是人们看得见的，即显性的职业素养，这些可以通过各种学历证书、职业证书来证明，或者通过专业考试来验证。而冰山隐藏在水面以下的部分占整体的7/8，它代表大学生的职业意识、职业道德、职业作风和职业态度等方面，是人们看不见的，即隐性的职业素养。显性职业素养和隐性

---

❶ 参见黄国强：《我的圈外商学院冰山模型学习笔记》，载公众号：项目管理星球，2019年10月14日。

职业素养共同构成了一个人所应具备的全部职业素养。由此可见，大部分职业素养是隐性职业素养，但正是这7/8的隐性职业素养决定、支撑着外在的显性职业素养，而显性职业素养是隐性职业素养的外在表现。

因此，大学生职业素养的培育应该着眼于整座"冰山"，并以培养显性职业素养为抓手，重点培养隐性职业素养。

◆ **案例分享**

一个实习生的违约案例

小J毕业于南方一所著名的大学，目前在上海某知名高等学府攻读财务方面的硕士研究生学位。她以出色的成绩、丰富的实习履历以及高超的英语技能在近千位应聘者中脱颖而出，在接下来的一系列面试中过关斩将成为公司某项目实习生之一，并与公司郑重签署了相关协议，接受了针对该项目的包括国际商务礼仪在内的多次培训。

为了确保项目的顺利执行，公司在招募实习生的广告、面试通知、面试、培训和协议中都反复强调了一条对实习生的基本要求——为期一周的项目进行期间须确保工作时间，除疾病等不可抗因素外一律不接受请假。然而小J却在上班的前一天就向项目负责人提出请假两个上午，理由是要去参加其他两个公司的笔试。在这个时间以这个理由请假，暴露了小J对企业和自己的承诺都严重缺乏责任意识，请假也不符合协议约定，不能被批准。但小J还是选择去参加笔试，放弃了该项目的实习工作。当日，公司人力资源部和小J做了第一次面谈，对她作为一个面临就业压力的应届毕业生作出这样的选择表示了理解，但也同时希望她尊重自己的承诺和法律的严肃性，承担起相应的违约责任。

然而，小J在这之后并没有如约主动联系公司，而在将近一个月后，人力资源部再次联系她时，小J竟然拒绝面谈，并以诸如"用圆珠笔签的协议没有法律效力"等荒唐的理由企图否认自己存在违约的事实。在被公司一一批驳后，她才承认自己认为公司不可能大费周章地通过法律途径追究她的违约责任。这个过程再次暴露了小J在法律意识、责任意识、沟通意识上的严重不足。应该说，小J是幸运的——公司既没有对此事不了了之，也没有简单粗暴地向小J的学校和相关用人单位反映她的错误，而是选择了锲而不舍地沟通和耐心说服教育。经过多次沟通，最终小J认识到自己在从学生向企业员工的角色转变过程中存在的严重问题，也从公司员工身上学到了职业人应有的基本素养。她心悦诚服地缴纳了违约金。这是她踏入社会后第一堂课的学费。

第二节 安全保卫职业素养的内涵

一、安全保卫职业素养的内涵

安全保卫职业素养是指准备从事安保行业的人在一定生理和心理条件基础上，通过教育培训、职业实践、自我修炼等途径形成和发展起来的，在安保职业活动中起决定性作用的、内在的、相对稳定的基本品质。它是对社会职业了解与适应能力的一种综合体现，主要表现在职业兴趣、职业能力、职业个性及职业情况等方面。职业素质越高的人，往往获得就业和成功的机会就越多。

安全保卫职业素养可以分为几个维度，即对该行业的工作态度、理解与学习能力、科学思维能力、自主管理能力、表达与社交能力、服务意识和团队精神等。

二、安全保卫职业素养的提升途径

通过企业调研发现，很多企业都希望进行提升员工的职业化素养培训，但是对从哪些方面入手却产生困惑。其实，提升职业化素养可以分成两大部分：首先要具备职业化心态和意识；其次要磨炼职业化素质。而职业化意识的树立可以为职业化素质磨炼打下良好基础。

第一，在职业化意识中，首要的是对企业具备责任意识。有了责任意识才会主动承担更多的工作，在工作中善始善终，在出现问题时先从自身寻找改进的方向而不是互相责怪、互相推诿。有了责任意识才会郑重地兑现承诺，才会坚守职业道德，对企业忠诚。

第二，优秀职业人应具备工作的职业化目标意识。新员工在企业中常犯的错误之一是缺乏主动性，推一推，才动一动。不懂得自己主动设定上级认可的工作目标，并落实到行动中。

第三，优秀职业人应具备对客户的服务意识。职场新人往往不在客户服务的一线岗位，就会忽略对客户的服务意识，会严重影响企业服务客户的能力。还有许多职场新人没有树立为内部客户服务的观念，对于讲究团队合作的企业形成致命伤。

第四，优秀职业人应具备对上级职业化的沟通意识。走出校门不久的新员工往往会沿用在校园中与老师的沟通模式，即到期交作业，老师不问则不会主动汇报作业情况。因此到了企业中也没有向主管主动汇报工作进程的意识，要么上级来询问他，要么上司总是不知他在忙什么，造成上下级之间的不默契，影响企业效率和效能。

第五，优秀职业人应具备职业化的团队协作意识。职业人在遇到冲突时能做到对事不对人，强调事实，而职场新人往往感情用事，忽略事实；职业人注重引导讨论程序，而不是主导结果，同时尊重少数意见，避免盲点，力求寻求共同解，而不是多数解。

第六，优秀职业人应当具备职业化的礼仪意识。职业化的礼仪是职业化的内在心态、意识和素质的外在体现。职业化的礼仪意识要求职业人从仪容、表情、举止动作、服饰、谈吐和待人接物六个方面展现职业人的形象，从而进一步体现企业的良好形象。

第七，优秀职业人要具备学习和发展意识。职业人要不断进行知识和技能的更新，通过阅读、参加培训、工作实践、向先进者学习、辅导他人、自我反省等多层次的学习保持知识结构的与时俱进，保证企业的知识结构能跟得上时代的发展。同时，也应思考自己的职业道路，确立发展的目标和方向，在实践中前进。

第八，优秀职业人还要具备自律和法治意识。

以上八种职业化意识是提升职业化素养的基础。在此基础上可以更专注于某些特定的方面来磨炼职业化素质。成功偏爱有准备的人，企业有目的地提升员工的职业化素养，不仅有助于员工自身的发展，更有助于企业的发展。

在这个竞争激烈的社会中，想要拥有更大的发展空间，首先自己要有超强的工作能力，其次更要有超强的工作素质。我们都应该好好地把握住学习的机会，不断地提升自己、充实自己，让自己面对如此多的竞争对手时变得更加强大。

三、安保专业大学生职业素养的培育途径

（一）健康素质

就业是大学生人生发展中的重大转折点，是大学生从"自然人"向"社会人"过渡的重要阶段。健康素质包含两个方面，即身体健康和心理健康。有志于从事安保行业的学生更应该具备健康素质。

（二）能力素质

一般能力即智力。智力是人的基本能力，其内容和结构包含感知力、记忆力、思维力和想象力四个方面。联合国"21世纪全球开发计划"指出："智力并非一个单向度概念，除了基本智商（IQ），它还包含了人的更多能力：成就智商（AQ）、道德智商（MQ）、情感智商（EQ）、体能智商（PQ）等。"❶

特殊能力，包括组织能力、管理能力、领导能力、控制能力、语言能力、数学计算能力、空间判断能力、动作协调能力（眼、手动作协调）、特殊从业能力等。从事某些岗位的安保人员除了"视力好"以外，还要求动作协调能力非常好。

（三）道德素质

道德素质的培养主要是培养自身的道德认识、道德情感、道德意志、道德行为、道德修养、组织纪律观念等内容，也就是通常所说的要有职业道德感。

---

❶ 转引自《当代保险职业道德的特点》，载 https://edu.iask.sina.com.cn/jy/3ck3hPwAOZO.html，2023年5月10日访问。

（四）社会交往和适应素质

"人脉"是大学生创业的重要基础，也是大学生事业成功的重要保证和依据。大学生应与比自己优秀的人交往，这样才会学到更多的知识及人际交往艺术，自己才会进步。社会交往和适应素质的培养应着眼于语言表达、社交、社会适应能力这三方面。

（五）学习、创新方面的素质

学习是一个终身的任务，创新意识和能力来源于不断的学习。当今科技日新月异，为了不落后于时代，甚至能走在时代的前列，就必须时刻进行学习。安保行业也是一个与时俱进的领域，只有不断学习，才能抓住时代的脉搏，才能将安保事业做得更好。学习与创新素质的提高必须着眼于学习能力、信息能力、创新意识、创新精神和创新能力的提高。

（六）审美素质

很多大学生缺乏审美观，主要是缺少审美能力，因为从小就没有树立好审美意识。现代世界是以和平和发展为主题的，和谐是社会的一种状态。因此，大学生作为社会的特殊群体，尤其是从事安保行业，也必须把握社会的状态，努力培养自己的"和谐眼光"——审美，并能够促进社会的和谐。审美素质的培养应着重培养其美感、审美意识、审美观、审美情趣和审美能力五个方面。

▶ 课后实训 ◀

◆ 实训项目一

一、实训目标

1. 加深对安保职业素养的理解。
2. 锻炼调查分析能力。

二、实训内容

根据个人具体情况，就职业素养的角度访谈国内一家安保企业的项目经理。

三、实训步骤

1. 小组分工：学生分组，每组推选组长一名，组长组织小组成员进行分工。分工建议：前期调查了解、选择企业和人员访谈、写作、讲述。

2. 全班交流：每组推选一位代表在全班讲述调查成果，其他小组进行点评。

3. 教师总结点评。

◆ **实训项目二**

一、实训目标

1. 加深对自主发展意识的理解。
2. 锻炼分析辨别能力。

二、实训内容

根据以下提供的案例，进行分析，讨论并解答两个问题。公司为何没有录用该女生？该女生应该积极培育什么职业素养？

在某管理咨询公司进行的一次招聘中，一位来自上海某名牌大学的女生在中文笔试和外语口试中都很优秀，但在最后一轮面试中被淘汰。公司招聘负责人说："我最后不经意地问她，你可能被安排在大客户经理助理的岗位，但你的户口能否进深圳还需再争取，你愿意吗？"结果，她犹豫片刻回答说："先回去和父母商量后再决定。"缺乏独立思考使她失掉了工作机会。

三、实训步骤

1. 小组分工：学生分组，每组推选组长一名，组长组织小组成员讨论分析并谈谈自己的看法。组长汇总。

2. 全班交流：每组推选一位代表在全班讲述讨论结果，其他小组进行点评。

3. 教师总结点评。

第一篇 职业认知篇

职业作为一种社会现象，是社会分工的产物，是伴随着社会经济的发展而产生和变化的。社会竞争的日趋激烈以及社会经济发展的灵活多变，给职业岗位发展带来了难以确定的变数，择业者必须明确两个现象，一是新职业不断产生，职业种类日益繁多；二是有些职业虽然名称相同，但因岗位和工种不同，工作内涵也不同。

第一章 安保职业认知

职业作为一种社会现象，是社会分工的产物，是伴随着社会经济的发展而产生和变化的。每个人都想拥有适合自己的职业，并选择一个适合的岗位，度过自己理想的职业生涯，但这并不是轻而易举之事。社会竞争的日趋激烈以及社会经济发展的灵活多变，给职业岗位发展带来了难以确定的变数，择业者必须明确两个现象，一是新职业不断产生，职业种类日益繁多；二是有些职业虽然名称相同，但因岗位和工种不同，工作内涵也不同。有一种误解认为，学生们选择了所学的专业，就等于选择了未来的职业，其实不然。有些专业与职业相同，如会计学专业的一般要从事财务工作；而有些专业与未来从事的职业则没有必然联系，如计算机应用技术专业，培养的是不同职业中共同需要的专业能力。面对这种复杂的职业现象，广大学生及其家长都希望学生未来有一个好的职业、单位和岗位。但什么是好的职业？不同的职业对从业者的基本素质要求有哪些？好的职业一定会给个人带来好的职业发展吗？安保专业的择业者在走进就业市场前应该了解这些常识，这样才能消除困惑，充分做好择业准备。

第一节　行业与职业

行业与职业有区别又有联系。明确行业与职业的界定有助于了解安保行业及其相应职业，并制定合适的职业生涯规划。按照《中华人民共和国职业分类大典（2022年版）》，职业有不同的分类。选择合适的职业要做好职业匹配。

一、行业与职业的界定

看图1-1，请思考以下问题：

什么是行业？什么是职业？是选择行业重要还是选择职业更重要？图上的十字交会点是什么？

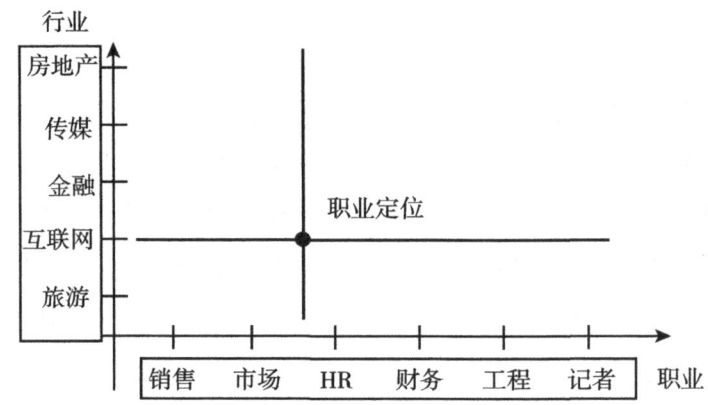

图1-1 行业与职业关系示意

以上几个问题，就是关于外部职场的基本组成和架构，个人的空间位置，也就是所谓的立足点。通过这种探索，个人才可以清晰地知道自己的职业定位，明确从什么地方开始努力。

什么是行业？行业是指从事国民经济中同性质的生产、服务或其他经济社会的经营单位或者个体的组织结构体系，又称产业。但从严定义，产业概念范畴比行业要大，一个产业可以跨越（包含）几个行业。行业是依附于人民大众社会生活的具体需要内容而言。如安保行业是满足人们安全需求的；房地产行业是满足人们遮风避雨居住需求的；传媒行业是满足人们信息获取的；金融行业是满足人们对资金的流转、升值等需求的；旅游行业是满足人们一种感受体验活动需求的等。这些都是实实在在的需求内容，是可触摸或可感受感知的产品或服务，是具体的有内涵的。

什么是职业？中国职业规划师协会将职业定义为：职业是性质相近的工

作的总称，通常指个人服务社会并作为主要生活来源的工作。例如，销售，无论是服装、家电、房地产、互联网等都是有销售职业方向的，虽然行业类别不同，销售的东西也不一样，但都是将公司的产品或服务卖给消费者，这就是形式的相同性；再如人力资源的招聘主管，工作形式是相同的，但由于面对的人不同，所以工作内容不同。综上所述，销售、市场、人力资源、财务、行政等这些职业方向几乎存在于所有的行业。还有很多职业都是依附于行业才存在的，例如，记者只存在于传媒行业；教师只存在于教育培训行业。

图1-1上的十字交会点是什么？那个交会点就是一定时间段内一个人的职业定位。定位必须是在平面上说的，找不到平面是不能定位的。如果毕业生求职时被问到未来的个人定位是什么，一定要说得出来是打算在什么行业、做什么职业，这才是职业定位。能说清楚这点的毕业生比较少，而企业就是在找那些能表述清楚自己定位的毕业生。

行业和职业是外部环境最核心的两个指标，明白了行业和职业，就能知道自己的位置在哪里。如图1-1所示，纵坐标是行业，横坐标是职业。

明白了什么是行业、什么是职业以及个人的职业定位，另一个问题就出现了。很多人也在以职业轴为核心，为何不能清晰定位或顺利发展呢？例如，有人一直认为自己要以人力资源职业方向为核心，积累这个职业方向的所有知识、能力和经验，可为什么路却越走越窄？这是因为，选择职业轴是战术层面的，不具备个人经验的加速度升值可能，不是个人价值的核心载体。而行业轴才是战略层面的，只有战略层面有了巨大的势能，战术层面才有意义，即行业决定职业。

许多学生毕业找工作时都是以所学专业为指导原则的，这样就很容易以"我能干什么岗位"的思考方式出发去找自己的职业方向。目前学校、社会上的很多职业规划课也指导学生从自我的性格测评出发去找"符合自己性格特征"的职业、职位。而完全没有站在更高的宏观角度去思考，将要从事的这个职业方向是属于什么行业呢？这个行业有发展前景吗？这里就反映出一个根本的问题：到底是先确定行业还是先确定职业？

这个问题非常关键。对所有即将就业的大学生来说，如果第一份工作的行业选择不对，那么即便日后再努力，也难有好的发展机会。行业没落时，或职位没有发展潜力，想跳槽到其他行业，却感觉隔行如隔山，这种现象要提前预防。

在个人发展上，大家都怕入错行。其中的"错"字左右着个人未来的方向。方向很关键，一旦选错了方向，越努力会离成功越远。为什么说行业决定职业？一是因为行业是具体的内容，内容的不同代表道路的不同、方向的不同。从哲学意义上讲，内容决定形式，而不能是形式决定内容。一个事物的内容更接近本质，形式只是表象。从这个层面来讲，行业决定职业。二是因为行业的范围比职业广。先有各种新兴行业，才衍生出新职业。如，是先有了航空服务这个行业，才出现空姐这个职业；先有了互联网行业，才出现了网络游戏工程师这个职业；先有了婴童服务行业，才出现月嫂这个职业；先有了安保行业，才有了保安员这个职业。新兴行业的层出不穷，极大地推动了新兴职业的发展。

因此，在行业大局中，站好位置，结果已定。在较量中，要清楚自己所处的位置、所处行业的趋势如何。在实力差不多的情况下，位置是第一位的。位置决定了个人未来的价值。

二、职业分类

职业分类，是指按一定的规则、标准及方法，按照职业的性质和特点，把一般特征和本质特征相同或相似的社会职业，统一归纳到一定类别系统中的过程。

2022年9月，新修订的《中华人民共和国职业分类大典（2022年版）》（以下简称《职业分类大典》）颁布。其中，职业分类结构包括大类8个、中类79个、小类450个、细类（职业）1639个。新版《职业分类大典》规定，职业大类包括8个，分别是：第一大类，党的机关、国家机关、群众团体和社会组织、企事业单位负责人；第二大类，专业技术人员；第三大类，办事人员和有关人员；第四大类，社会生产服务和生活服务人员；第五大类，农、林、牧、渔业生产及辅助人员；第六大类，生产制造及有关人员；第七大类，军队人员；第八大类，不便分类的其他从业人员。

根据《职业分类大典》，每一职业大类分别包括中类、小类和细类三个层次，所以每一类职业由四个层次构成。如果从第三大类选择职业，大类只是确定了职业方向或职业范围，而不是选了具体职业；还需要继续选择大类下面的中类，以及中类下面的小类。

三、职业匹配

现今影响力最大的两大人职匹配理论分别为"人格—职业匹配"理论和"特性—因素"理论。

（一）人格—职业匹配理论

这是关于人格类型和职业兴趣相匹配的理论，由美国职业指导专家和心理学家霍兰德（John Lewis Holland）于1959年提出。这个理论认为人的人格类型、兴趣与职业密切相关，兴趣是人们活动的巨大动力，凡是具有职业兴趣的职业，都可以提高人们的积极性，促使人们积极、愉快地从事该职业，且职业兴趣与人格之间存在高度关联。将人格划分为现实型、研究型、艺术型、社会型、管理型和常规型六种类型，并划分了相应的六种职业类型。根据该理论，个体的职业兴趣可以影响其对职业的满意程度。当个体所从事的职业和他的职业兴趣类型匹配时，个体的潜在能力可以得到最彻底的发挥，工作业绩也更加显著。该理论融入了霍兰德的职业咨询经验，简单易懂，在国内外应用都比较广泛。❶

---

❶ 参见 https://baike.baidu.com/item/%E4%BA%BA%E6%A0%BC-%E8%81%8C%E4%B8%9A%E5%8C%B9%E9%85%8D%E7%90%86%E8%AE%BA/55217449?fr=ge_ala，2022年12月10日访问。

(二) 特性—因素理论

特性—因素理论（Trait-Factor Theory）的渊源可追溯到18世纪的心理学研究，直接建立在帕森斯（F. Parsons）关于职业指导三要素思想之上，由美国职业心理学家威廉森（E. G. Willianson）发展而形成。

特性—因素理论认为，个别差异现象普遍地存在于个人心理与行为中，每个人都具有自己独特的能力模式和人格特质，而某种能力模式及人格模式又与某些特定职业存在着相关性。每种人格模式的个人都有其相适应的职业，人人都有选择职业的机会，人的特性又是可以客观测量的。

美国波士顿大学教授弗兰克·帕森斯的特质因素理论，又称"人职匹配理论"，是最早的职业辅导理论。[1] 其基本思想是：个体都有自己独特的人格特质；每一种职业也有自己独特要求，个体的能力、性格、气质、兴趣同所从事职业的工作性质和条件要求越接近，工作效率就越高，个人成功的可能性亦越大，反之则越小；个体进行职业决策时，要根据自己的个性特征来选择与之相对应的职业种类，进行合理的人职匹配。

帕森斯的"人职匹配"理论把职业与人的匹配分为两种类型，即条件匹配和特质匹配。条件匹配指职业所需技能和知识与掌握该种技能和知识的人之间要匹配。特质匹配指某些职业需要具有一定特质的人来与之匹配，如，科学家需要富有创造力，歌唱家需要好的听力等。

帕森斯指出，实现合理的人职匹配需要三个步骤。一是评价自己的生理和心理特点。清楚地了解自己的能力、性格、气质和兴趣是人职匹配的前提和基础。求职者要广泛搜集自己身体情况、能力倾向、兴趣爱好、气质与性格以及家庭背景、学业成绩及工作经历等方面的情况，在择业时通过心理测量及其他测评手段对这些资料进行整合分析，找出自身的生理和心理特点。二是分析各种职业对人的要求，并向求职者提供相关职业信息。掌握相关职

---

[1] 参见 https://baike.baidu.com/item/%E5%B8%95%E6%A3%AE%E6%96%AF%E7%9A%84%E7%89%B9%E8%B4%A8%E5%9B%A0%E7%B4%A0%E7%90%86%E8%AE%BA/1444170?fr=ge_ala，2022年12月10日访问。

业信息是人职匹配的必要条件。相关职业信息包括该职业的性质和对人的性格要求、学历要求、能力要求、心理特点要求等。此外，职业的工资待遇、工资条件、为实现职业发展而设置的教育课程计划，以及提供这种课程的教育机构、学习年限、入学资格和费用等都是求职者在进行职业选择时应该考虑的因素。三是人职匹配。清楚地掌握自己的生理和心理特点以及职业的各项指标之后，需对二者进行综合比较分析，从而选择既适合自己的个人特点、又有机会从事的职业。

特性—因素理论强调个人所具有的特性与职业所需要的素质、技能（因素）之间的协调和匹配。特性—因素理论进行职业指导是以对人的特性的测评为基本前提。这一理论奠定了人才测评理论的理论基础，推动了人才测评在职业选拔与指导中的运用和发展。

综上所述，人职匹配的基本原理是：不同个体有不同的个性特征，而每一种职业由于其工作性质、工作环境、工作条件、工作方式不同，对工作者的能力、知识、技能、性格、气质、心理素质等也有不同的要求，所以，在进行职业决策时，应选择与自己的个性特征相适应的职业。这个理论归根结底包含两个方面，一是个人是否喜欢这个职业，二是个人是否能够胜任这个职业。

第二节　安保行业和安保职业认知

一、了解安保行业

安保行业属于产业大类当中的服务业。从广义上讲，安保服务包括人防、技防、物防以及安保咨询等安保相关服务。从狭义上讲，安保服务是指人防，即保安人力服务。因此，在我国特定的背景下，往往将安保称为保安。我国安保服务业经过近40年的发展，已经形成了一支庞大的安保队伍。安保的服务范围已经覆盖社会各行各业，在维护公共安全方面发挥着越来越大的作用。

其中，保安人员是安保服务业最宝贵的资源，也是推进保安业发展的根本力量。但是，我国大多数地区的保安从业人员整体素质低，法制观念淡薄，人员流失严重，这些问题在很大程度上制约了保安业的发展。从现实情况来看，保安职业不是一个能吸引优秀人才的职业，在公众的眼中，保安人员只能提供基本的看护、巡逻等技术含量低的人力保安服务，并不能提供高级安全产品。总体上看，公众对保安职业的认可率不高，保安形象不佳。保安业在我国属于低收入、低文化、低素质的职业，难以吸引高素质人才来从事保安服务业。正是这些消极因素，限制了保安业的进一步发展。

就目前来看，中国安保行业的传统业务范围主要有门卫、守护、巡逻、营业性文体活动的安全服务、武装押运、道路交通协管、特殊性安全服务、保安器材营销、保安咨询、承接安防工程和建立安防系统、社会性保安服务等。在改革的背景下，保安服务业已朝着物业小区、中小学、大型活动保卫、停车场看护、海上安保等新的服务领域延伸，保安服务企业也参与到娱乐场所及网吧等特种行业单位、剧毒爆炸等危险品配送领域、企业事业单位、各类学校、物业小区、金融活动场所、停车场，以及保安技防、特种护卫犬、开锁业、商业性大型活动安保工作、交通协管、废品收购、典当等行业拓展，转变经营理念、拓宽服务领域，已成为越来越多的城市大力发展安保服务业的产业化策略。

二、了解安保职业

按照《职业分类大典》，安保职业应当属于职业大类中的第三大类，即办事人员和有关人员，其中包括安全保卫、消防和应急救援等工作人员。在这个大类之下的中类中，称安全和消防及辅助人员。在这个中类之下的其中一小类称保卫和警务辅助人员，是在机构和公共场所，从事治安保卫、安全防范管理及警务辅助工作的人员。具体对应的职业是保卫管理员，即从事维护机关、团体、企业、事业单位内部治安秩序，开展治安防范，预防违法犯罪，保护单位内部人员和财产安全工作的人员。可见，保卫管理员就是最具体的职业小类。

《职业分类大典》规定保卫管理员的主要工作任务包括：一是组织制定内部治安保卫制度和防范措施；二是维护单位内部治安秩序，预防并制止违法犯罪行为；三是组织保安巡逻防范工作，发现并整改治安隐患；四是组织建设并维护单位物防技防设施；五是制定突发事件应急处置预案，组织演练。

在整个安全保卫职业大类中，若按照工作场所的不同，还可以把其下属中类当中的保卫和警务辅助人员分为不同的类型或名称，具体如下。

1. 航空安保

航空安保分为地面安保和空中安保两方面。地面安保就是通常在机场候机楼从事人员安检和货物安检。通过地面的人防与技防把影响飞机的不安全因素拦截。空中安保是在每个航班里配备一定数量的安保人员与空警，当飞机起飞后，起到反劫机反炸机的作用，同时也负责维护空中的秩序，在航班上直接受机长的领导。

2. 辅助警察（辅警）

辅助警察是指由政府出资，公安机关统一通过笔试、面试、政审、体检招录并与其建立劳动关系，在公安机关及其人民警察的指挥和监督下从事警务辅助工作的人员。

在公安机关及其人民警察的指挥和监督下，按照相应岗位辅助履行下列职责：

（1）治安巡逻检查、卡口值守、接处警、维持大型公共活动以及突发案（事）件现场秩序、现行违法犯罪嫌疑人的扭送、纠纷调解、治安宣传教育等警务活动。

（2）疏导交通，劝阻、查纠交通安全违法行为，维护交通事故现场秩序，开展交通安全宣传教育等警务活动。

（3）社区管理、特种行业管理、养犬管理等公安行政管理活动。

（4）信息采集、数据统计、文字记录等警务活动。

（5）专业技术、后勤等警务保障活动。

（6）公安机关确认的其他辅助性警务活动。

3. 商场安保

职责：检查各商户的消防及治安情况，对商户的违规违法行为进行劝阻、纠正、制止；检查商户装修施工、装修人员证件；做好商场内防火防盗工作；维护停车场秩序。

4. 小区安保

职责：服务小区业主，做好小区秩序维护及安保工作。

5. 企业安保

职责：管理公司停车位及进出车辆，维护保持公司企业良好形象，做好公司内部防火防盗工作。

6. 门卫内保

职责：管理盘查进出工厂货物、进出车辆管理、工厂大门进出人员的登记、工厂车间安全秩序维护及防火防盗工作。

7. 活动安保

职责：负责活动、比赛的现场秩序维护，负责活动人员人身安全，负责消防安全以及现场的防火防盗工作，保证活动顺利进行。

其他类型还包括以下十二个方面：

（1）系统安保。

（2）数位化影像监控安保。

（3）消防安保。

（4）卫星定位安保。

（5）智慧化网路安保。

（6）常驻警卫安保。

（7）现金护送安保。

（8）人身安保。

（9）健康照护安保。

（10）机器人安保。

（11）礼仪安保。

（12）政要保镖等。

三、什么是保安

保安是从事除了警察之外进行保卫治安，防止在生产过程中发生人身事故，从事保卫治安工作的人，是因应工商社会发展下的新兴服务业名称。按照我国最新的职业分类，"保安"规范的称呼是"保卫管理员"。"保安"是在中国的独有称谓。在中国称为保安；在美国称为"私人安全公司"（private security industry）；日本称之为"警备会社"。中国古代称为近身侍卫，及代客运送财物的镖局。目前，保安在中国有狭义和广义之分。狭义的范畴就是专门从事一线的门岗、巡逻、守护等岗位的工作的人；广义的范畴统称为安保人员，包括安保行业各层人员，包括管理者和基层员工。

保安员的要求包括保安员的基本条件要求、素质要求和技能要求。提供常规保安服务的保安员的基本要求是年龄、身高、文化程度、遵纪守法状况以及身体状况等。素质要求是指良好的职业道德和礼节礼貌。技能要求就是针对从事的岗位应该具备的技能。

根据安保的类别不同，职责也不一样。如商城保安的职责就是：检查各商户的消防及治安情况，对商户的违规违法行为进行劝阻、纠正、制止；检查商户装修施工，装修人员证件；做好商场内防火防盗工作；维护好停车场秩序。小区保安的职责是：服务小区业主，做好小区秩序维护及安保工作。企业保安的职责是：管理公司停车位及进出车辆，维护保持公司企业良好的形象，做好公司内部防火防盗工作，等等。

中国国内的安保从业人员必须要遵守中华人民共和国法律和其他地方性法规。从我做起，严管自我，作风正派，以身作则，处事公正，对工作一定要有高度的责任感，决不玩忽职守。严格执行上级领导的指令，坚决完成任务并且要"执行到位"。严格遵守《保安服务管理条例》的相关规定。遇到特殊问题、突发事件，在第一时间立刻上报，极力配合上级机关单位及时处理，全力协调所在责任区域有关部门工作。真实准确提供有关材料，一定要把"问题"事件消除控制在萌芽状态。

第三节 安保择业与就业

随着我国市场经济体系的不断完善，劳动力市场的日趋成熟，劳动者自主择业就业的能力成为实现"民生之本"的关键。作为高校学生，需要树立科学的职业理念，设定合理的职业目标，进行准确的职业定位，这样才能快速地融入社会，找到适合自己的岗位，从而缩短适应社会的周期，并获得职业生涯的理想的可持续的发展。

作为安保专业的学生以及择业倾向安保行业的人员来讲，要了解安保的范畴，明确安保服务的种类，结合就业形势合理择业，树立正确的就业观，理性选择安保行业就业。

一、安保行业种类

安保，一般来讲包括相对于意外损害的安全保卫（safety）和相对于人为损害的安全保卫（security）。Safety 是指安全，通常指保护身体、心理、财物财产等不遭受意外的损害；Security 指保护以防遭受刻意的伤害或损失，如盗窃、抢劫等，又包括物理性安全（physical security）和信息安全（information security）。

当前，我国安保行业普遍是就物理性安全来讲的。自 2001 年之后，全世界的安保意识都有所提高，安保市场空间因而剧增。物理性安全又分为人防、物防、技防。人防包括保安、自我防范、企业员工防范意识、要员保护（VIP protection）等；物防指围栏、围墙等设施；技防分三块，门禁、视频监控（CCTV）、报警。

安保行业属于第三产业的服务业，因此，按照服务内容，安保服务种类包括如下三个方面。

（一）经常性安全保卫

依照法律、法规和国家关于保安服务政策规定，根据客户的环境特点和要求，按照保安服务合同约定，采取巡逻、门卫、守护、押运、技术防卫等形式，为客户提供保卫安全的相关服务，包括以下五种。

1. 警戒巡逻

保安人员对特定区域、地段和目标进行巡查、警戒服务业务。

2. 门卫查验

保安人员对客户单位出入口进行把守、验证、检查的服务业务。

3. 看护守护

保安人员对特定的目标进行看护和守护的服务业务。若按照空间来区分，则包含陆地护卫和海上护卫等。

4. 财物押运

保安人员采取随财物守卫方式，保护客户财物运输安全的服务业务。

5. 技术防范

保安人员运用科技手段和设备，为客户指定的区域和目标，设计、安装各种报警器材并定期维护，提供接警，先期处警和其他相关防范业务。

（二）临时性大型活动安全保卫

有部分安保公司有承担临时性大型活动安全保卫服务的业务。这些大型活动主要包括：赛事活动，如国际范围的奥运会、各种层次的公开赛等；贸易展示活动，如国际范围的贸易会等；影视娱乐活动等。

（三）安保咨询

有的安保公司除了承担相应的保安系列服务外，还承担安保相关工作的咨询服务。这也是现代安保企业对传统业务的拓展。

二、安保行业形势

从国内来看，国内企业除了公安部门重点关注的行业（如金融业），很多行业的安保意识不是很强，国内安保供应商的服务水平和服务质量存在薄弱环节。另一方面，政府机构和公安机关对安保系统的需求非常大，随着技术的发展，这一需求还在不断增长，市场潜力很大。

从国际来看，中国安保公司在海外发展既有机遇，又有挑战，市场潜力巨大但进展较为缓慢。随着我国"一带一路"倡议的推行，中资企业"走出去"成为新常态。"一带一路"倡议为我国安保行业带来了前所未有的机遇与挑战。一方面是机遇，由于中国企业的投资地很多位于局势不稳地区，员工的人身财产安全保障必不可少。另一方面，中国企业应对海外威胁的安保领域有很大的市场空白。与欧美相比，中国安保公司既缺少和外国执法机构打交道的经历，也没有海外从事运营安全业务的经验，更缺乏在战乱地区从事安保行业的知识。企业海外安保急需高素质的安保人才，但国内安保企业在政策、语言、品牌、签证、人员经验等方面，皆难有优势。海外安保是一门学问，需要高素质、高学历的人来完成。"能文能武"是当前海外安保行业用人的理想标准。但是，要找到现成的理想人才并不容易。

从事海外安保业务，需要公司熟悉国际法和各国法律，拥有研究海商法和整个运营体系的团队，同时还要有一支经过严格训练的安保队伍。在中国人传统印象中，到国外从事安保，必须是身怀绝技、奋勇顽强的特种兵。但实际上，海外安保行业最不缺的就是只讲冲锋拼杀的人。

目前，真正在海外中资企业从事安保工作的中国人很少，许多国内所谓的安保集团其实都是中介公司，在海外没有实际业务。在海上护航领域，高峰期全球有500多家安保公司，大部分都是英国公司。自2010年开始，北京华信中安公司注意到海外市场，开始由陆地安保转向海上护卫。2015年，可以看成是中国"海外安保"行业发展壮大的"元年"。总体来看，海外安保市场无疑是有的。仅仅中石油、中石化、中海油三家中资巨头，一年的海外安保费用就在20亿美元左右。"这不只是一个黄金市场，而是一个钻石市场",在一个以"海外安全"为主题的论坛上,一位业内人士如此强调海外安保的市场前景。行业的发展最终还是要靠市场来解决。国内安保公司要想发展,应多向西方公司学习,做到专业化、系统化、制度化,脱离草台班子的路数。

三、择业安保

理性择业和就业,要求个体能够客观面对现实、客观评价自己,在客观认识就业环境并评价自身能力的基础上,适时地调整自己的择业与就业策略。

（一）摆正择业观

1. 克服不良的择业心理

什么样的职业岗位最适合自己,怎样才能发现适合自己的职业,应当根据自身和职场的具体情况进行科学的心理调适,摆正自己的择业观。不良的择业心理主要包括:过于自信、盲目攀高、执拗心理、自卑畏缩、过度依赖、盲目从众等。

2. 树立正确的求职择业心理

只有培养良好的求职择业心态,才能正确地把握自身优势,提升求职的能力和水平,实现科学择业和就业。一要主动适应,敢于竞争。要积极主动融入社会,正确看待竞争并参与竞争。二要正视挫折,积极进取。在市场经济的环境中,机遇和挑战并存。对待择业求职,要有充分的思想准备和应对策略,即使遇到挫折,也能够正确对待,继续积极进取。三要注重发展,不能只看薪资待遇。求职者要把个人的职业发展放在主要地位,薪资待遇放在其次。要看择业单位或职位能提供给个人的发展空间和前景。

（二）树立正确的就业观

实现理性就业,要注意几个方面。一是可以先就业后择业。在就业形势较为严峻时期,有些人可能很难一步到位找到符合自己兴趣和人生追求的理想岗位。因此,必须树立先就业后择业的观念。先胜任工作,从而认识社会,积累经验，然后根据自身情况和客观实际再调整自己的事业选择。二是要树立终身学习取代一次就业定终身的观念。当今世界瞬息万变，知识更新迅速，要适应不断发展变化的新世界，就必须不断学习，树立终身学习的观念。这是人类生存和发展的重要手段，是实现职业素质不断提升的重要途径，是职业生涯持续发展的必然选择。三是不过于追求物质条件。实践证明，发展空间比某些当前福利更为重要。择业和就业时，不能盲目追求物质条件，要在科学的世界观、人生观、价值观的基础上，树立正确的就业观，拓展全方位的就业思路。

当前，中国安保行业吸纳人才的一个瓶颈，还在于人才本身的观念。如中国的一些退役军警，退役后似乎更愿意"当公务员，谋个铁饭碗"，对于发挥特长进入安保行业，并不是这些怀有特殊技能的专业人士的主流选择。因此，在择业安保时，可以全方位衡量自身情况，并分析就业前景，理性择业和就业。

我国安保行业属于起步晚、发展快、潜力大的一个非显性行业。任何行业的发展，都离不开当前所处的国际国内形势，包括政治形势、经济形势以及社会形势等。客观地了解安保行业和安保职业，对于更好地规划自己的职业生涯具有非常重要的指导作用。

对于有志于从事安保行业的人，可以运用SWOT（参见第十二章第二节内容）分析进行职业生涯规划。

▶ 课后实训 ◀

◆ 实训项目一

一、实训目标

1. 加深对安保行业与职业的理解。
2. 锻炼调查分析能力。

二、实训内容

根据个人具体情况，调查了解国内一家安保企业的经营项目并从择业目的角度访谈一位安保职业人。

三、实训步骤

1. 小组分工：学生分组，每组推选组长一名，组长组织小组成员进行分工。分工建议：前期调查了解、选择企业和人员访谈，后期写作、讲述。

2. 全班交流：每组推选一位代表在全班讲述调查成果，其他小组进行点评。

3. 教师总结点评。

◆ **实训项目二**

一、实训主题

描述自己的理想工作。

二、实训目标

1. 加强对自我的了解和探索。

2. 在自我认知的基础上明确对未来理想工作的要求。

三、实训步骤

1. 发散式联想。运用创造性思维进行职业理想的想象。注意不要想象任何特定的职业。

2. 从工作性质、教育与培训层次、技能和能力、薪酬福利、理想的工作环境与工作地点、发展前景、个人满意度、利弊等方面展开对理想工作的思考。

3. 将步骤2的提示点进行制表，把思考答案填在表格里。

4. 以小组为单位进行探讨。每人分享自己对理想工作的描述并分条对比。

5. 教师总结评价。发现理想和现实的差距，确定努力的方向。启发思考：理想工作的描述与现实中哪些工作相对应？对于理想工作的实现，还需要在哪些方面作出怎样的努力？

第二章 安保人员的职业认同

职业认同是学生形成良好职业价值观的重要基础之一。相关研究表明，职业认同感对职业能力起到正向作用。安保专业学生要培养良好的思想道德价值观并确立职业认同感，为个人职业发展乃至行业健康发展而努力。

第一节 职业认同

一、职业认同的内涵

什么是职业认同？学者们界定职业认同内涵时所选取的着力点存在差异。

认同一词在哲学上的含义是指同一性，表示在动态变化中的同一问题。而职业认同最初是一个心理学术语，其概念最早是从美国心理学家埃里克森（E. H. Erikson）的"自我同一性"理论发展而来。在他的人格发展理论中提出，在青少年时期（12~18岁）人面临着自我同一性和角色混乱的冲突，这一阶段个人自我意识的确定及自我概念的形成称为"自我同一性"。❶

美国学者阿瑟·萨尔兹（Arthur Salz）认为"职业"是人们为了获取经常性的收入而从事连续性特殊活动，是社会分工体系中人们所获得的一种劳动角色，是最具体、最精细、最专门的社会分工。作为一种社会群体的表现形式，职业群体内部成员对职业的认同遵循社会认同的基本规律。以色列学

---

❶ 参见 https：//baike. baidu. com/item/% E8% 81% 8C% E4% B8% 9A% E8% AE% A4% E5% 90% 8C/5263303#reference - 1 - 6643673 - wrap，2022年12月10日访问。

者莫尔（Moore）和霍夫曼（Hofman）则从认同的内容出发，认为职业认同是"个体在多大程度上认为自己的职业角色是重要的有吸引力的与其他角色是融洽的"。而阿什福思（Ashforth）和梅尔（Mael）等认为，在一个组织中个体具有复合的群体特征，个体认同的实体可能是工作单位、子单位、组织或专业团体。对不同工作、专业团体的认同，可以认为是对某一专业领域或职业的认同。❶

有的研究是从职业认同的评价角度来界定的。如有的学者认为，职业认同是指个体对所从事职业的肯定性评价，它评定了个人自我认同中职业角色的重要性。具体地说，就是知道并认可自己所从事的职业的功能、意义和价值，就是在从事该职业过程中明确自己该做什么、不该做什么、什么值得做、什么不值得做、什么必须坚持、什么必须避免，并从内心真正珍视这些价值，坚守这些原则❷。还有研究认为，职业认同是一个反映从业者对其职业的自我确证和价值体认的概念和范畴，它一方面与从业者的自我发展相联系，涉及其真实自我、现实自我和理想自我之间的一致性建构等问题；另一方面又和其与社会文化环境之间的适应性问题相关联，涉及对从业者的职业存在感（明确我是谁和我的位置）与方向感（职业导向的目标意识）的观照。❸

综上所述，可以将职业认同的内涵界定如下：职业认同是从业者对自己的职业身份、职业价值和职业特征等的综合性职业心理状态，反映了从业者与其职业持续地、动态地相互作用的社会化过程。

二、职业认同的构成要素

根据职业认同研究者的认识，可以看出，职业认同既是一种过程，又是一种状态。❹ 从过程层面来讲，职业认同是一个从业者与其职业持续地动态

---

❶ 转引自朱伏平、张宁俊：《职业认同与组织认同关系研究》，载《商业研究》2010年第1期。
❷ 樊亚平：《从历史贡献研究到职业认同研究——新闻史人物研究的一种新视角》，载《国际新闻界》，2009年第8期。
❸ 同上。
❹ 高艳、乔志宏、宋慧婷：《职业认同研究现状与展望》，载《北京师范大学学报（社会科学版）》，2011年第4期。

地相互作用的过程，这种相互作用开端于个体从事该职业之前（有的开始于接受该职业的职前教育之日；有的则更早，如某些从业者从小就有从事该职业的理想），加速发展于从业者的从业生活中，且始终伴随其职业生涯的全过程。在这个过程的每一时间节点上，从业者职业认同程度各不相同。从状态层面上讲，职业认同是从业者对自己的职业身份、职业价值和职业特征的认同状态，是其职业认知、情感、动机、期望、意志、价值观、满意度、忠诚度等构成的综合性的职业心理状态。状态层面的职业认同的主要构成要素包括以下七个方面。

（一）职业认知

职业认知是指从业者对自己所从事职业的性质、功能意义、价值、要求规范等的认识。

（二）职业情感

职业情感是指从业者对自己所从事的职业是否喜欢、职业活动中的情感体验是积极还是消极等。

（三）职业动机与期望

职业动机与期望是指从业者选择该职业的目的和在该职业中希望达到的目标。

（四）职业意志

职业意志是指从业者克服从业过程中的各种困难和抵御各种有可能使其离弃该职业的因素或力量的职业定力。

（五）职业价值观

职业价值观是指从业者对所从事职业的价值与意义的认识，它既反映了从业者的职业认知，又与职业动机相关联。

（六）职业满意度

职业满意度是指所从事的职业满足从业者职业动机与期望等的程度。

（七）职业忠诚度

职业忠诚度是指从业者对其职业矢志不渝和尽职尽责的程度。

三、职业认同的影响因素

人是认识的主体，其意志、感情和认识能力相统一。其中，人的非理性因素也会参与到人的认识活动中，影响人的认识的形成与发展。马克思主义认识论强调非理性因素受到理性因素的制约，引导非理性因素发挥积极作用。职业认同作为一种观念状态，随着人们工作条件、生活条件、社会关系、社会存在的改变而改变，受到来自家庭、社会、组织和工作环境等外部因素的影响。因此，职业认同是一个认识主体能根据内外部不同因素而及时调整自身行为的动态过程。

综观学术界对职业认同影响因素的研究，大体可以从家庭因素和个人因素两个角度来进行分析。

（一）家庭因素

家庭因素一直是人们研究职业认同的前因变量中的重要部分。其中，家庭关系模式对于职业认同的影响的关注度较高。家庭关系模式主要分为冲突、凝聚和表达三种形式，其中表达型的关系最利于大学生职业认同的形成。

（二）个人因素

职业认同水平是个体自我同一性在职业领域内的体现，因此必然受到个体自身特点的影响。总体来看，研究者多从人口统计学变量、自我效能感、应对风格等角度探讨个体特征对职业认同的影响。主要表现如下。

人口统计学变量角度。随着个体年龄越来越大，对职业选择方面的思考会越多，相应的职业认同水平也会越高。

自我效能感角度。自我效能理论是指一个人在特定情况和环境下，对自己是否有足够能力完成某一目标和行动所进行的主观推测与判断。自我效能感是调节兴趣、目标和行为的关键因素，自我效能感会深刻影响个体职业认同的变化发展。

四、职业认同的维度和重要性

根据对职业认同内涵的界定，职业认同包括职业认知、职业情感、职业信念、职业意志、职业行为五个维度。若根据安保从业人员对自身职业角色的认同和对岗位的坚持，着重关联职业情感和职业意志两个维度。

建立职业认同的目的是什么？范伦特认为，职业认同形成与确立的四个标志是：胜任感（能够胜任、成长、有成就感），承诺（愿意投入、忠诚、将之视为自己的一部分），报酬（报酬要和投入匹配），满足感（工作和自我不违和，自然而然）。由此可见，职业认同不仅能提高员工的工作积极性，还能让员工获得成就感，并能够帮助企业和员工建立紧密联系。因此，建立职业认同，意味着主体接受职业涉及的人际关系。这种人际关系不仅包括主体与共事者的关系，同时还包括主体与服务对象的关系。

职业认同感作为一种情感、心理活动的状态与结果，它时刻影响着员工的忠诚度、向上力、成就感和事业心。

职业认同感一般是在长期从事某种职业活动过程中，对该职业活动的性质、内容，职业的社会价值和个人意义，甚至对职业用语、工作方法、职业习惯与职业环境等都极为熟悉和认可的情况下形成的。职业认同感是人们努力做好本职工作，达成组织目标的心理基础。随着职业的发展及对职业研究的深入，对职业认同感的界定也越来越朝着社会化、多元化、人性化的方向发展，而不再是单一的心理角度。

研究成果表明，职业认同感既是人们职源性（即源于职业）心理健康问题的重要来源，也是人们获得和拥有积极健康心理状态的重要保障。有调查发现，职业认同感与个体生命意义的关系非常紧密，人们可以从职业认同感着手强化其生命意义，以预防自杀，维护其心理健康。还有调查发现，职业认同感与自我肯定呈显著的正相关的关系，与忧郁、焦虑呈显著的负相关的关系，拥有高度职业认同感的大学生则具有较高的学业满意度和总体生活满意度，并且其对未来的担忧较少。

良好的职业认同感能够使相关专业的学生提前对相应职业建立一个正确的认识和态度,能够在知识和能力上为未来的职业生涯做好准备,并顺利度过职业生涯初期的适应阶段,早日进入职业角色。因此,在专业教育中加强职业认同感的培养尤为重要。在培养专业学生的过程中,应注重培养学生坚定的职业信念和高远的职业理想,从而增强其职业认同感。

如果从业者不认可自己的职业及其工作,在工作之中不能获得职业认同感和自我认同感,则工作对于他而言,只会是身外之物,是一种负担,是一种不得不为的行为。反之,如果从业者以自己的工作为荣,如作为一名教师,在工作中可以获得自我满足感和教师职业认同感,那么教育教学工作对他来说就不再是一件不得不为的事情。一般而言,职业境界可以分为三个层次,即生计、事业和使命。生计是不得不为的,对于自己是一种负担;在事业中,人和服务对象是平等的;而使命感则是人对服务对象的服务和奉献。建立职业认同,一定不是将职业当作维持生计的手段,至少应当是将之当作一项事业,而将之作为自己的使命,则为职业奋斗的最高境界。

第二节 安保人员的职业认同

近年来,各个行业都比较关注从业者的职业认同感问题,并进行了一定的研究,进而欲为行业的健康有序发展提供有益的参考。安保行业亦如是。随着经济社会的发展,安保服务业蓬勃发展,安保队伍在维护社会治安稳定、服务经济建设、保障人民安居乐业等方面作出了不可磨灭的贡献,已成为千行万业中的重要组成部分。当前,在全面建设现代化强国的进程中,安保服务业的发展前景广阔,大有作为。在新的发展阶段,关注并研究安保职业认同感认同观问题具有非常重要的现实意义。

一、保安与安保的区分

要认识安保职业认同问题,先要对保安和安保的差异进行分析。二者既有联系,又有区别。二者在性质和范围上均有不同之处。一是性质不同。安保指的是安全保卫工作，侧重的是性质，可以是一种工作，一项任务，或一个部门。保安是指保卫治安，是主动保护别人的安全，它指的是一种岗位，一种职业，或一种行业。二是范围不同。安保的工作范围大于保安，从工作者（员工）的角度而言，保安是安保人员的一种。从二者的区别也可以看出其联系。保安属于安保的范畴，而安保的范畴则比保安的更大、更广。因此，与之相关的保安与安保人员的职业认同问题，也要加以区分。

二、安保人员的职业认同现状及分析

（一）保安人员的价值体现

保安人员的价值体现是整个职业价值的缩影，是保安人员职业的共同价值追求，也是职业认同的来源。保安人员职业的价值是通过保安人员的群体或个人的行为直接实现的。保安人员在满足社会安全和秩序需求的基础上，获得自身以及利益相关者的生存与发展所必需的物质条件和精神满足。当保安人员的价值从个性化转向社会化时，保安人员职业的价值也得以逐步实现。一方面，在我国，保安人员是社会治安、社会治理的重要力量。在社会治安领域，保安人员作为协助公安机关维护社会治安、开展治安基础工作的重要力量，参与社会治安治理。而安保行业的发展更是构建新型治理格局过程中弥补警力不足、支撑警务改革的现实需要，对于打造共建共治共享的社会治理格局，实现公共安全治理创新具有重要意义。另一方面，安保行业在社会治安治理中尽管占有重要地位，但同时也是一个地位和合法性充满不安全感的行业，仍然受到声誉问题、地位、合法性等问题的困扰，属于社会声望较为低下的行业与工作。截至目前，在安保行业内部也尚未形成对这个工作应有的凝聚力，从而难以有力地形成积极的职业认同。

（二）不同的安保工作岗位存在不同的职业认同感

当前保安人员职业发展在市场化、法律制度、行业管理等方面面临诸多挑战，但根本的问题是保安人员的职业认同。长期以来，人们对保安职业存在偏见，对保安职业的认同感较低，认为其不能提供高级安全产品，保安在大多数人眼中还等同于看门者，保安职业缺乏魅力、诱惑力，难以吸引高素质人才，频频发生的对保安负面报道事件也对保安职业形象造成了不良的影响。而那些属于安保范畴中的安保业务咨询、海上护航以及其他高端安保工作从业人员来讲，其职业认同感则相对较高。

（三）缺乏职业认同导致人员流失率高

保安行业人员流失率高的现象，不仅与保安人员的临时从业想法、利益缺乏保障相关，更与其职业认同有关。目前，保安行业还没能成为吸引大量高端人才的职业，农民工是保安人员的主要来源。而农民工又大多只是将从事保安当成融入城市的跳板，并没有真正认为自己是保安服务业的一员，缺乏应有的职业认同。因缺乏正式管理，保安企业也往往缺少对保安人员的教育，忽视保安人员的心理，这不仅影响了保安人员的心理和行为，也使行业处于恶性循环中。如何增强保安人员对职业的归属感，形成职业凝聚力，提高其职业认同，是当前保安行业发展的重要一环。保安人员也期待社会认同感。"保安在我们眼里，但不在我们的心里。"这就是保安行业当前面临的尴尬地位。"为什么老百姓的眼睛能看见，保安却没能真正走进老百姓的心里？这因为保安职业地位偏低，社会认同感有待提高。"一位业内人士这样认为。

（四）保安职业认同与保安行业面临的问题是正向相关的关系

从市场化的角度而言，随着我国经济的发展，安全领域的需求越来越大，但目前我国保安行业的规模与质量难以满足市场需求，而且存在市场内部恶性竞争与脱钩改制不完全的现象，从而导致市场调节失灵的问题。因此，需要进一步推进保安行业的市场化，以打破市场与政府在安保领域双重失灵的困境。除了宏观层面法律制度的不完善和行业管理的不足等阻碍了行业发展，对于保安行业而言，保安人员职业认同的欠缺是一个根本性问题。当前，保安人员的职业认同感低，是阻碍行业发展的主要因素之一。相关研究表明，作为一种激励性因素，职业认同决定着保安人员提供安全服务时的积极程度与幸福指数，而且与保安行业在复杂场域中的适应能力以及在公共治理中的嵌入程度正向关联。

三、安保人员职业认同感的培育

通过对安保从业人员的职业认同状况分析可以看出，要促进安保行业的健康有序发展，必须提升安保从业人员的职业认同感。针对我国的国情以及安保行业的现状，可以从宏观和微观两大层面着手。

（一）宏观层面

1. 健全相关法律法规，在法律制度层面保障安保行业的正常发展

从法律制度角度而言，虽然现行的《保安服务管理条例》（2022 修订）使保安行业有了系统化的管理依据，但对具体内容并未有详细和明确的规定，如服务类型、人防技防比例、信息化水平等方面的细则较少或缺乏，这在一定程度上限制了行业的发展。同时在"一带一路"倡议的大背景下，中国安保企业开展海外业务缺乏具体的法律法规依据，无法高效合法地为本国企业提供安全服务。为此，应进一步明确安保企业开展海外业务的资质条件的认证与业务范畴的拓展等活动，同时完善安保行业的市场、信用等相关规范，推动安保行业的合法发展。

2. 理顺行业管理关系

从行业管理角度而言，相比于安保行业发达的国家，无论是政府监管还是市场调节，我国安保行业的审查评价制度都难以为行业的发展提供强大驱动力，而当前对其松弛的监管反而阻碍了行业的发展。因此，应当理顺安保行业管理的关系，打破政府与市场的双重失灵困境。

3. 从文化角度进行培育

（1）加强学校的专业人才培养教育。安保专业学生如何才能真正从内心意识到从事安保工作的价值与意义，并从中找到乐趣，体验职业快乐，形成良好的职业认同感呢？强化学生对安保职业认同的教育途径，培养学生对安保工作的职业认同，可以从专业教育、职业道德、课程设置和校园文化等方面入手，全方位影响学生职业观念的形成，从而取得更好的培育效果。如进

行校企合作，推动企业文化进课堂，建立大师工作室等途径，能够促进专业学生对行业的了解和认可，有利于提升职业认同感。还可以举行"请进来，走出去"活动，让专业学生聆听行业榜样现身说法，并且走出校园进入企业参观体验等，也能增进学生对安保职业的认同。

（2）加强安保从业人员的职业共同体文化培育。当人们形成一个职业共同体时，会在多人之间建立一种共存共荣团结感，这种团结感得到增强，人们之间的吸引力、互动频率、联结方式则会相应增多。反之，当没有形成职业共同体时，职业规范、职业价值即没有确立，职业内部和外部就缺乏对"职业圈子"的认同。因此，职业共同体的一个功能就是对职业产生认同，但目前保安职业正因缺乏职业共同体的培育而缺乏职业认同。所以，要通过构建职业认同的制度环境，发挥行业协会的"软连接"作用等，加强安保从业人员尤其是保安人员的职业共同体文化培育，以增进其职业认同。

（二）微观层面

1. 从企业内部来讲，要采取一系列保障措施，提升职业认同感

（1）适当提升保安人员的薪酬待遇。当谈起对保安职业的认同时，北京某银行保安人员的回答是"首先应该是收入吧""对职业认不认同，先要讲实际一些的，那就是对于收入认不认同，毕竟所从事的工作首先要能满足生计"。这位保安人员告诉记者，当初他选择保安工作主要是由于收入还可以，而且也比较稳定。当前，保安业务已经不仅仅局限于简单的门卫、巡逻及押运等传统业务类型，随着更多高端业务的开展，如涉外安保、随身护卫等，高端安保人才的收入会更高。随着行业的发展，越来越多高端业务的开展，将会吸引更多高端人才的加入，安保从业人员的收入也会随之水涨船高。但是不容忽视的是，在保安人员工资待遇方面，由于二、三线城市的保安人员多数以本地人为主，且消费水平、生活成本较低，其在收入满意度上较高。而在北京、上海等一线城市，普通工资仅能够维持那些单身保安人员的日常生活，部分面临成家或已经成家的保安人员表示生活比较拮据。因此，要通过薪酬待遇的保障来提升职业认同感。

（2）加强企业组织文化认同。主要通过企业文化建设来促进员工的认同感、归属感和荣誉感等。

（3）加强业务技能培训，促进员工的自主发展和自主管理，在职业规划上实现自我价值。

（4）积极开拓高端业务，吸引高素质人才的加盟，从而起到行业典范引领的作用，提升员工的职业认同感。例如，小张从新西兰梅西大学市场管理专业毕业回国，经人介绍，他应聘到了某管理有限公司，开始从事保安工作。上海世博会期间，他和许多一线保安人员一起进驻世博园，承担世博安保工作。后来在公司的各个职能部门熟悉保安企业的运营，最后成为一名营运经理，主要负责外企客户的业务拓展。很多人很奇怪，作为一名"海归"人员，为何会到保安企业工作。小张说，安保行业是一个朝阳产业，它有着很广阔的发展前途，未来需要更多高素质的人才。目前，他已经配合公司成功拿下了微软、可口可乐、德国大众等外企的安保合同，而他出色的外语能力和沟通能力是其为公司赢得客户单位信任的重要因素。很多外企在竞标时的硬性指标是要用英文交流，标书等必须都是英文。因此，小张说，自己的知识充分运用到了工作当中，并不是"大材小用"。对于未来的职业规划，他希望通过自己的努力可以进入公司决策层，他也坚信自己与安保行业的发展一样，有着光明而美好的未来。

2. 从安保从业人员自身来讲，要树立科学的劳动观和正确的职业价值观

劳动观是人们对劳动的根本看法和观点，包括关于劳动的目的，劳动的价值，劳动的意义以及对待劳动的态度。劳动观也并不是一成不变的，是随着时代的变迁，顺应时代发展而变化的。科学的劳动观一定是符合历史发展的客观规律的。历史上很长一段时间内，人们认为劳动仅仅是体力劳动，今天人们所说的劳动既包括体力劳动也包括脑力劳动。而体力劳动者和脑力劳动者也没有高低贵贱之分，只有产生价值大小的区别。因此，作为决定入职安保行业的人来讲，一定要树立科学的劳动观。同时，要合理看待自身所具备的素质条件，正确认知自我，根据自身的条件和付出衡量职业价值。也要

加强自身的思想道德修养，抵制价值取向功利化现象，发扬传统美德。还要对职业价值的预期灵活看待，实事求是，以免出现巨大落差而导致对自身发展的不利局面。

▶ **课后实训** ◀

◆ **实训项目**

一、实训主题

案例分析。

二、实训目标

提升职业认同感。

三、实训时间

15 分钟。

四、实训步骤

1. 小组分工：分成 5~6 人的小组若干。

2. 小组内进行案例讨论。组员轮流谈谈自己对案例的看法，并结合自身实际谈谈如何培育职业认同。

3. 分组派代表展示。

4. 学生代表进行点评。

5. 教师总结点评，针对安保专业学生谈如何提升职业认同。

◆ **案例分享**

潍坊保安队伍期待更多年轻人[1]

记者　刘昊

潍坊保安小伙张斌深夜练拳解乏走红网络，引发了市民们对于保安行业

---

[1] 参见 https://baijiahao.baidu.com/s?id=1718211788531530555&wfr=spider&for=pc，2022年12月10日访问。

的关注。

记者采访发现，从第一家保安公司的成立至今，潍坊的保安行业已经走过了 30 多个春秋。如今，保安行业也早已发展成了与市民日常生活密不可分的现代服务业，尽管在我们身边经常涌现出舍己救人、见义勇为的保安员，但保安的社会认同感仍有待提高，期待更多年轻人的加入。

全市 3 万多名保安优秀典范频现

说起保安，很多人的第一印象可能就是小区门口的门卫大哥，停车场里维持秩序的大叔。很少有人知道，保安这一职业在潍坊已经存在了 30 多年。

1991 年，潍坊市公安局创办了潍坊第一家保安服务公司。"现在潍坊全市共有保安服务公司百余家。"潍坊市公安局保安监管支队副支队长刘振波说："经过 30 年的发展，如今的保安服务行业已经成长为集人防、科技、武装押运、安全检查于一体的现代服务业。"

小区日常管理、车站安检、重大活动安保，保安行业早已深入日常生活的方方面面。

2020 年 8 月 8 日晚，潍坊某小区内一名三岁男童不慎跌入污水井中。危急时刻，64 岁的保安张军行奋不顾身跳入近 8 米深的污水井中，最终落井男童成功获救，张军行却不幸牺牲。

在 2021 年 10 月 11 日潍坊市召开的见义勇为表彰大会上，受表彰的 24 人中 23 名都是负责河道景区巡逻的保安员。

30 多年来，潍坊保安队伍中涌现出了无数的优秀典范，受到广大市民的一致好评。"30 多年来，保安队伍已经遍及社会的各个角落，成为了我们生活中不可或缺的一部分，是社会治安防控体系中的重要一环。"刘振波说。

今年 45 岁的邢金华曾被评为第四届全国先进保安员，他向记者表示，在很多人看来保安还是中下等的工作，一说是干保安的，对象都不好找。

"现在潍坊 3 万多保安员中 30 岁左右的年轻人只占了不到 20%，而且大部分都集中在押运行业。"刘振波说，"其实现在很多人对于这个行业还是有点偏见的。"

提升社会认同感需提升专业化水平

山东大学社会学教授王忠武表示,保安行业的社会认同感低、老龄化问题突出,其根本原因在于过去保安队伍缺乏专业化、职业化。

"保安行业的出现,是因为所有人都有安全的需求,但过去由于缺乏专业化职业化的保安队伍,导致保安员提供的服务达不到业主的预期目标,这是保安行业社会认同感低的最主要的原因。"王忠武教授表示,"同时,用人单位为了压缩成本,雇用一些年龄偏大的保安员,素质又相对一般,更是加重了这一情况。"

为了留住更多优秀的人才,潍坊各大保安公司也纷纷采用更多科学的管理办法,通过提高薪资待遇,建立培养晋升体系等方式,吸引更多的年轻人加入到保安行业中来。"我们公司成立党支部、工会,通过定期组织团建等方式留住更多的人才。"潍坊中鼎保安服务公司经理马全忠说,"单位现在年轻保安每个月能发4000多元,少点也能到3000多元。"

对于如何提高保安行业认同感,王忠武教授认为,最根本的方法还是要建立一支专业化、职业化、资质化的保安队伍,同时提高保安员的待遇,只有这样才能留住优秀的人才,提高保安队伍的服务质量。"有了优秀的人才,建立了专业的保安队伍,保安行业的整体服务质量必然会得到提高。有了良好的服务,对于这一职业的社会认同感肯定也会随之提高。"

第二篇
职业道德篇

　　道德是立身兴国之本，具有无形的力量，对个人和社会都具有基础性意义。道德有不同类型，社会主义道德吸收借鉴人类优秀道德成果，是人类道德发展史上一种崭新类型的道德。作为安保从业人员，要以社会主义道德为指导，遵循安保职业道德规范，践行社会主义核心价值观，为社会主义现代化建设服务。

第一篇
基础文化用品

第三章 道德认知

道德是立身兴国之本，具有无形的力量，对个人和社会都具有基础性意义。道德有不同类型之分，社会主义道德吸收借鉴人类优秀道德成果，是人类道德发展史上一种崭新类型的道德。当今中国，弘扬社会主义道德，坚持以为人民服务为核心，以集体主义为原则，提高全社会道德水平，是全面建设社会主义现代化国家的战略任务，是适应社会主要矛盾变化、满足人民对美好生活向往的迫切需要，是促进社会全面进步、人的全面发展的必然要求。作为安保从业人员，要以社会主义道德为指导，遵循安保职业道德规范，践行社会主义核心价值观，为社会主义现代化建设服务。

第一节 道 德

了解道德的含义、道德的起源和本质、道德的功能和作用，有助于大学生或者安保从业人员的安保职业道德定位和安保职业道德理想追求，进而更好地学习、工作和生活。

一、道德的含义

马克思主义认为，道德是一种特殊的社会意识形态，它是以善恶为评价方式，主要依靠社会舆论、传统习俗和内心信念来发挥作用的行为规范的总和。作为人类社会发展到一定阶段的必然产物，道德对人和社会发展具有重要的促进作用，并随着社会的发展而不断进步。准确把握道德的起源和本质，正确认识道德的功能和作用，深刻理解社会主义道德是对人类以往所有道德形态的超越，是大学生建立正确道德认知的前提，马克思主义道德观是科学的世界观、人生观、价值观在道德领域的反映与体现。

二、道德的起源和本质

（一）道德的起源

道德起源是指道德在人类历史上发生和形成的过程。中外伦理思想史上对道德的起源有着各种不同说法。

在西方古代文化中，"道德"（morality）一词起源于拉丁语的"mores"，意为风俗和习惯。后来，基督教神学的伦理学把道德归结为上帝或神灵的意志和启示。

在我国，从词源来看，"道德"一词，在汉语中可追溯到先秦思想家老子所著的《道德经》一书。老子说："道生之，德畜之，物形之，势成之。是以万物莫不尊道而贵德。道之尊，德之贵，夫莫之命而常自然。"

其中"道"指自然运行与人世共通的真理；而"德"是指人世的德性、品行、王道。但是，德的本意实为遵循道的规律来实现自身发展变化的事物。当时，道与德是两个概念，并无道德一词。

"道""德"二字连用始于荀子《劝学》篇，"故学至乎礼而止矣，夫是之谓道德之极"。

《论语·学而》认为，"其为人也孝弟，而好犯上者，鲜矣；不好犯上，而好作乱者，未之有也。君子务本，本立而道生"。由此可见，中国传统文化中的"道"，是人关于世界的看法，应属于世界观的范畴。

总之，在马克思主义产生之前，以上这些关于道德起源的观点，要么是主观唯心主义或者客观唯心主义的注解，要么是旧唯物主义形而上学的分析，均无法正确揭示道德的起源。而马克思主义科学地揭示了道德的起源。

马克思主义道德观认为，道德起源于劳动，劳动创造了人和人类社会，是人类道德起源的首要前提。道德是人类社会的特有现象，动物的本能行为中不存在真正的道德。劳动将人与动物区分开来，创造了人的社会和社会关系，也创造了道德。劳动，在创造人的同时也形成了人与人的关系。原始的劳动分工与协作使人与人之间的相互依赖、相互扶持，自觉不自觉地成为当时最自然、最朴实的道德生活状态。随着劳动的进一步发展，劳动分工与协作不断增强，各种劳动关系逐步明确，人与人之间、群体与群体之间的利益关系日渐清晰，包含自由、责任等内容的道德逐步得到确认。因此，劳动创造了人和人类社会，它是道德起源的第一个历史前提。

马克思主义道德观认为，社会关系是道德赖以产生的客观条件，人的自我意识是道德产生的主观条件。在生产、生活的实践活动中，人类必然要发生各种各样的人际交往和社会关系，其中各种利益关系更为凸显。随着社会分工的不断发展，个人利益和社会利益的界限逐步明确，要求规范、协调或制约利益冲突的意识更为强烈，由此促进了人类道德的不断进步和发展。可以说道德正是适应社会关系，尤其是利益关系调节的需要而产生的。从道德产生的主观条件来看，意识是道德产生的思想认识前提。人只有在社会实践中，意识到自我作为社会成员与其他动物的根本区别，意识到自我在社会中的角色与地位，意识到自我与他人或集体不同的利益关系，并由此产生调节利益矛盾的迫切要求时，道德才得以产生。

马克思主义道德观认为，道德是反映社会经济关系的特殊意识形态。道德的产生、发展和变化，归根结底源于社会经济关系。一是道德的性质、基本原则和规范反映了与之相应的社会经济关系的性质和内容。有什么样的社会经济关系，就有什么样的道德。二是道德随着社会经济关系的变化而变化。一般来说，新旧经济关系更替之后，新的道德必将取代旧的道德而居于主导地位。在人类道德史上，一切道德上的兴衰起伏、进退消长，从根本上说都是源于社会经济关系的变革。三是道德作为一种社会意识，在阶级社会里总是反映着一定阶级的利益而不可避免地具有阶级性。同时，不同阶级的道德，会存在一些共同之处，这反映着道德的普遍性。四是作为社会意识的道德一经产生便具有相对独立性。这种相对独立性既表现为道德的历史继承性，也表现为道德对社会发展具有能动的反作用。

马克思主义道德观认为,道德既是社会利益关系的特殊调节方式,又是一种实践精神。作为一种调整人与人、人与社会、人与自然以及人与自身之间关系的特殊的行为规范,道德与法律规范、政治规范的不同之处在于,它是用善恶标准去评价,依靠社会舆论、传统习俗、内心信念来维持的,因此是一种非强制性的规范。道德是处于同一社会或同一生活环境中的人们在长期共同生活过程中,逐渐积累形成的要求、秩序和理想,它通过社会的道德风尚和个人的道德风范来调节利益关系。同时,作为实践精神的道德,它是一种旨在通过把握世界的善恶现象,而规范人们的行为,并通过人们的实践活动体现出来的社会意识。道德是一种以指导人的行为为目的,以形成人的正确行为方式为内容的精神,因此是知行合一的。道德把握世界的方式不是被动地反映世界,而是从人的需要出发,从特定的价值出发来改造世界;不是简单地再现世界或描述世界,而是对世界进行价值评价。

马克思主义在人类思想史上第一次科学而全面地论述了道德的起源问题,强调道德属于上层建筑的范畴,是一种特殊的社会意识形态,为正确认识和理解道德的本质奠定了基础。

(二)道德的本质

根据马克思主义对道德起源的论述,可以认为,道德的本质是社会经济关系的反映,归根到底是由经济基础决定的。一方面,社会经济关系的性质决定着相应的道德体系的性质,它所体现的利益关系决定着道德的基本原则和主要规范。社会经济关系的变化必然引起道德的变化。在阶级社会中,社会经济关系主要表现为阶级关系,因此道德或多或少地会打上阶级的烙印。另一方面,道德对社会经济关系的反映不是消极被动的,而是积极能动的。

三、道德的功能和作用

(一)道德的功能

道德在人类社会中居于特别重要的地位,具有特殊的功能和作用。道德的功能，是指道德作为社会意识的特殊形式对于社会发展所具有的功效与能力。道德的功能是多元的，同时也是多层次的。道德的功能集中表现为，它是处理个人与他人、个人与社会之间关系的行为规范及实现自我完善的一种重要精神力量，其中，最基本的功能主要包括认识功能、规范功能和调节功能。

道德的认识功能是指道德反映社会关系特别是反映社会经济关系的功效与能力。道德往往运用善恶、荣辱、义务、良心等范畴，为人们的行为选择提供指南。在日常生活中，人们正是借助道德认识自己对他人、家庭、社会的道德义务和责任，使人们的道德选择、道德行为建立在明辨善恶的道德认识基础上，从而正确选择自己的道德行为，积极塑造自身的良好道德品质。

道德的规范功能是指在正确善恶观的指引下，规范社会成员公共领域、职业领域、家庭领域的行为，并规范个人品德的养成，引导并促进人们崇德向善。

道德的调节功能是指道德通过评价等方式，指导和纠正人们的行为和实践活动，协调社会关系和人际关系的功效与能力。道德评价是道德调节的主要形式。道德主要是通过调节人与人、人与社会、人与自然以及人与自身之间关系而使之逐步完善和谐的。但在社会生活中道德调节功能并不是孤立进行的，而是和其他社会调节方式密切配合，共同发挥作用，如道德和法律二者就是相辅相成、相互促进地发挥着作用。

除了上述主要功能，道德还具有其他方面的功能，如导向功能、激励功能、辩护功能、沟通功能等。

(二) 道德的作用

道德的作用主要指对社会的作用。道德的社会作用是指道德的认识、规范、调节、激励、导向、教育等道德功能的发挥和实现所产生的社会影响及实际效果。

道德的社会作用主要表现在：道德能够影响经济基础的形成、巩固和发展；道德是影响社会生产力发展的一种重要的精神力量；道德对其他社会意识形态的存在和发展有着重大的影响；道德是影响社会生产力发展的一种重要的精神力量；道德通过调整人们之间的关系维护社会秩序和稳定；道德是提高人的精神境界、促进人的自我完善、推动人的全面发展的内在动力；在阶级社会中，道德是阶级斗争的重要工具。

道德发挥作用的性质并不都是一样的。道德发挥作用的性质与社会发展的不同历史阶段相联系，由道德反映的经济基础、代表的阶级利益所决定。只有反映先进生产力发展要求和进步阶级利益的道德，才会对社会的发展和人的素质的提高产生积极的推动作用；反之，就不利于甚至阻碍社会的发展和人的素质的提高。

第二节　社会主义道德

一、社会主义道德是崭新类型的道德

没有任何一种道德是永恒不变的。迄今为止人类社会先后经历了五种基本社会形态。与此相应，出现了原始社会道德、奴隶社会道德、封建社会道德、资本主义社会道德、社会主义社会道德。而且在社会主义社会有一部分先进分子，还身体力行共产主义道德。纵观道德发展的历史，进步与落后、善良与邪恶、顺利与曲折交织其中，使得数千年来的道德现象纷繁复杂、矛盾重重。尽管这个进程复杂，但是人类道德的发展总体趋势呈现螺旋式上升、波浪式前进。人类道德发展的历史过程与社会生产方式的发展进程大体一致，这是道德发展的基本规律。社会主义道德是人类道德发展史上的一种崭新类型的道德，它是对人类道德传统的批判与继承，随着人类社会的发展而与时俱进。

（一）我国社会主义道德传承中华传统美德

中华优秀传统文化中有很多思想理念和道德规范，有着永不褪色的价值。中华传统美德是人类文明发展的重要精神财富，是我国社会主义道德建设的

源头。这些基本精神主要表现在五个方面。一是重视整体利益，强调责任奉献。如《诗经》提出的"夙夜在公"，认为日夜为公家办事，是一种高尚的道德品质。西汉贾谊提出的"国而忘家，公而忘私"，清代林则徐提出的"苟利国家生死以，岂因祸福避趋之"等，均体现了为国家、为民族献身的精神。总之，它强调从国家利益和整体利益出发，处理"义"和"利"的关系。二是推崇仁爱原则，注重以和为贵。如孔子强调"己欲立而立人，己欲达而达人"，孟子强调"亲亲而仁民，仁民而爱物"，荀子强调"仁者自爱"，墨子提出"兼相爱，交相利"，等等。从仁爱精神出发，我国古代思想家强调社会和谐，讲求和睦友善，倡导团结互助，追求和平共处。这种精神体现在人际交往、民族关系以及对外关系上，都要求和平和谐友爱。三是注重人伦关系，重视道德义务。中华传统美德非常重视每个人在人伦关系中的地位及其价值，强调每个人都必须根据规范的要求来尽自己应尽的义务。《尚书》中阐述了"五教"的思想，即父义、母慈、兄友、弟恭、子孝；战国时期孟子提出"五伦"说，即"父子有亲、君臣有义、夫妇有别、长幼有序、朋友有信"；汉代董仲舒提出了"仁、义、礼、智、信"；宋代提出了"忠、孝、节、义"四大德目……均在不断强调人伦关系中每个人的责任和义务。四是追求精神境界，向往理想人格。从先秦儒家所强调的孔颜之乐，"大丈夫"人格，到范仲淹所提出的"先天下之忧而忧，后天下之乐而乐"，这种精神已经凝聚成为中华民族一种稀有的价值追求。五是强调道德修养，注重道德践履。《礼记》明确提出，"修身"是"齐家、治国、平天下"的前提和基础；孔子强调"修己"、"克己"和"慎独"，提倡"见贤思齐焉，见不贤而内自省也"；孟子更主张，"善养吾浩然之气"；墨家也非常重视修身，强调"察色修身"和"以身戴行"。

  总之，中华传统美德已经深入全民族的思维方式、价值观念、行为方式和风俗习惯之中，具有重要的当代意义。它既可以为我们今天的道德建设提供有益启发，为治国理政提供有益启示，也为解决当代人类面临的道德难题提供了重要启迪，更为当代大学生的成长提供了宝贵的精神营养。我们要结合现代生活赋予其新的时代内涵，努力推动中华传统美德的创造性转化和创新性发展，用中华传统美德滋养社会主义道德建设。

（二）社会主义道德继承和发扬中国革命道德

中国革命道德是对中华传统美德的延续和发展。中国革命道德是指中国共产党人、人民军队、一切先进分子和人民群众在中国革命、建设、改革中所形成的优秀道德，是马克思主义与中国革命、建设、改革的伟大实践相结合的产物，是中华民族极其宝贵的道德财富。它作为一种精神力量，对中国的革命事业发挥了极其重要的作用，也对中国的建设、改革事业发挥了极其重要的作用，并将继续发挥其重大而独特的作用。

中国革命道德主要包括五个方面。一是为实现社会主义和共产主义的理想信念而奋斗。无数革命先烈，正是为了实现这一崇高的理想，排除万难、坚持斗争、无私无畏、不怕牺牲，甚至献出自己的生命。二是全心全意为人民服务。强调要为群众服务、为大众谋幸福、为人民利益献身，并认为这是对一切革命人士和先进分子的要求。三是始终把革命利益放在首位。在个人利益与社会革命的发生矛盾时，要"以革命利益为第一生命，以个人利益服从革命利益"。[1] 四是树立社会新风，建立新型人际关系。这主要体现在社会生活层面，包括破除等级观念和特权思想、破除鄙视劳动和劳动人民的旧观念，树立平等意识，保护妇女、儿童和老人的合法权益，引领建立新型家庭关系和培育良好家风。五是修身自律，保持节操。主要包括要以中国革命事业为重，严于律己、谦虚谨慎、淡泊名利、清正廉洁、襟怀坦荡、光明磊落，始终保持高风亮节，展现高尚的人格力量。

践行中国革命道德有利于加强和巩固社会主义和共产主义的理想信念，有利于培育和践行社会主义核心价值观，有利于引导人们树立正确的道德观，有利于培育良好的社会道德风尚，净化社会人际关系，抵制各种腐朽思想，树立浩然正气，凝聚崇德向善的正能量。

---

[1] 《毛泽东选集》（第二卷），人民出版社1991版，第361页。

（三）社会主义道德借鉴人类文明优秀道德成果

文明因交流而多彩，文明因互鉴而丰富。一个国家或民族的道德进步，既要注意在文明交流中坚守自身优良道德传统，也要在文明互鉴中积极吸收其他民族有益的优秀的道德成果。人类文明优秀道德成果是由世界各国各民族共同创造的，中华民族的优良道德传统和其他各国的优良道德传统都是其重要组成部分。中华文明要同世界各国人民创造的丰富多彩的文明一道，不断为人类社会共同进步作出新的贡献。

二、社会主义道德的显著特征

与以往社会的道德形态相比，社会主义道德具有显著的先进性特征，主要表现在以下三点。

第一，它植根于社会主义经济基础，与社会主义的经济、政治、文化状况相适应，广大人民在政治上实现了当家作主，在道德上实现了由被动到主动的转变。

第二，社会主义道德是对人类优秀道德资源的批判继承和创新发展，以当代中国的社会主义道德体系为例，我们今天倡导的社会主义道德规范不仅与中华传统美德相承接，与中国共产党人在革命战争年代创立的革命道德相延续，同时也是对人类优秀道德成果的吸收和借鉴。

第三，社会主义道德克服了以往阶级社会道德的片面性和局限性，坚持以为人民服务为核心，坚持以集体主义为原则，展现出真实而强大的道义力量。

三、社会主义道德以为人民服务为核心

为什么人服务是道德的核心问题，决定并体现着道德建设的根本性质、发展方向和主要任务，规定并制约着道德领域中的所有道德现象。为人民服务是社会主义道德观的集中体现，是全体中国人民共同遵循的道德要求。

（一）社会主义道德的本质要求

作为社会主义道德的核心，为人民服务是社会主义经济基础和人际关系

的客观要求。在社会主义社会，每个劳动者和建设者都在"人人为我，我为人人"地劳动和工作着，既是服务者，又是被服务的对象；各行各业的劳动者和建设者只有社会分工不同，没有高低贵贱之分。

为人民服务是社会主义市场经济健康发展的要求。在社会主义市场经济条件下，市场主体必须通过向社会和他人提供一定数量、质量的产品或服务，建立满足社会和他人需求的良好信誉。即社会主义市场经济不排斥为社会和他人服务，而且需要日益优质的服务以更多实现市场主体的利益。因此，为人民服务与社会主义市场经济并不必然对立。社会主义市场经济要求人们在一切经济活动中正确处理个人与社会、竞争与协作、效率与公平、先富与共富、经济效益与社会效益等关系，形成健康有序的经济和社会生活规范，而且强调在社会主义物质文明和精神文明的引导下，每个市场主体都要有为人民服务的思想，自觉、积极地为人民服务、为社会服务，把自身利益同国家和人民的共同利益结合起来。

（二）为人民服务是先进性要求和广泛性要求的统一

为人民服务既高尚又普通，既伟大又平凡。那种认为为人民服务只适用于党员干部，而不能推广到全体人民的看法是一种误解。同事之间、师生之间、同学之间，互相关心、互相爱护、互相帮助，是为人民服务；热心公益、助人为乐、见义勇为、扶贫帮困、扶残助残，是为人民服务；遵纪守法、诚实劳动并获取正当的个人利益，同样也是为人民服务。只要一个人时时处处想到他人、想到社会、想到国家，从而能够推己及人、与人为善、服务他人、奉献社会，使他人能够因自己的所作所为而得到益处，使社会可以因自己的努力而发生积极改变，这就是在践行着为人民服务的道德理念。

（三）大学生要坚持为人民服务

为人民服务是社会主义道德区别并优越于其他社会形态道德的显著标志。当代大学生要坚持为人民服务，可以从四个方面着手。首先，要树立为人民服务的价值取向。这是人生首要的、根本的问题。社会主义道德观认为，人生的真正意义在于奉献，在于为社会、为他人多做贡献，这是大前提，也是做人的根本问题,这个问题解决了,其他问题才有可能正确解决。其次,要锻炼为人民服务的本领,提高为人民服务的能力。为人民服务水平的高低、贡献的大小,不仅与一个人的人生价值观相联系,也与其以知识、素质为基础的能力相联系。只有努力学习科学文化知识,提高自己的知识水平和业务素质,大学生才有可能更好地为人民服务,为祖国、为社会、为人民作出更多的贡献。有些人不注重学习和锻炼,不提高自身的能力和素质,因此就不可能做出太大的贡献。在科学技术日新月异、"知识爆炸"的今天,加强学习有着特别重要的意义。再次,要积极从事为人民服务的实践。人们认识世界的目的在于改造世界,掌握知识和提高能力的目的在于实践。一个人有了为人民服务的思想,又有了为人民服务的本领,还必须积极投入到为人民服务的社会实践中去,在实践中让为人民服务成为现实。否则只能是空谈。最后,要正确处理个人利益与人民利益的关系。在社会主义初级阶段,合理的、合法的、合乎政策的个人利益追求是允许的,但基本前提是保证国家、集体和人民的利益。社会主义国家的国家利益和集体利益都是人民的利益。个人利益不能凌驾于人民利益之上,当个人利益与人民利益发生冲突时,要以人民的利益为重,勇敢地牺牲个人利益。同时,要同一切危害人民利益的思想和行为作斗争。

总之,作为当代大学生,坚持为人民服务,就是践行为人民服务的道德理想,弘扬为人民服务精神,就要尊重他人、理解他人、关心他人,为人民、社会和国家努力奉献自己应有的力量。

四、社会主义道德以集体主义为原则

社会主义道德坚持集体主义原则。道德原则是道德规范体系的总纲,它最直接、最集中地反映着一定社会经济关系和利益关系的根本要求,代表着一定阶级的根本利益和长远利益。在我国,国家利益、社会整体利益和个人利益根本上是一致的,使得集体主义应当而且能够在全社会范围内贯彻实施。

(一)集体主义是调节社会利益关系的基本原则

集体主义强调国家利益、社会整体利益和个人利益的辩证统一。在社会中，人既作为个体而存在，又作为集体中的一员而存在，个人和集体是不能分割的。一方面个人离不开集体，集体把每个劳动者的智慧和力量凝聚在一起，形成巨大的创造力。另一方面集体是由个人组成的，不调动个人的积极性，也就不会有集体的创造力。在社会主义社会中，国家利益、社会整体利益和个人利益也是不能分割的。国家利益、社会整体利益体现着个人根本的长远的利益，是所有社会成员共同利益的统一，同时每个人的正当利益又都是国家利益、社会整体利益不可分割的组成部分。

集体主义强调国家利益、社会整体利益高于个人利益。在实际生活中，个人利益和国家利益、社会整体利益难免会发生矛盾，这种矛盾有的是可以缓和化解的，有的则会发生或大或小的冲突。集体主义强调在个人利益与国家利益、社会整体利益发生矛盾，尤其是发生冲突的时候，必须坚持国家利益、社会整体利益高于个人利益的原则。社会主义集体主义之所以强调个人利益要服从国家利益、社会整体利益，归根结底既是为了维护国家社会的共同利益，最终也是为了维护个人的根本利益和长远利益。例如，在历次的抢险救灾中，涌现出很多可歌可泣的英雄事迹，这些事迹之所以被人们传颂，就是因为这种将国家、社会和人民的整体利益放在首位，牺牲个人利益的集体主义精神是极为可贵的。

集体主义重视和保障个人的正当利益的实现，使个人的才能价值得到充分的发挥。那种把集体主义看作对个人的压制、对个性的束缚的观念，是与集体主义的本意相违背的。集体主义为培养个人的健全人格、鲜明个性和创新精神提供道义保障。

（二）集体主义有不同层次之分

随着社会主义市场经济的发展，我国的经济生活和道德生活正在发生着深刻的变化，必须适应实际变化，不断补充、完善和丰富集体主义原则。根据我国目前的实际，集体主义可以分为三个层次的道德要求。一是无私奉献，一心为公，即时时处处为集体着想，并甘愿为集体牺牲一切，这是集体主义的最高层次。二是先公后私，先人后己，即自觉把集体利益放在个人利益之上，在维护集体利益的前提下实现个人的正当利益。三是顾全大局，遵纪守法，热爱祖国，诚实劳动，以正当合法的手段保障个人利益。

在具体的学习、工作、生活之中，人人都可以而且应当践行集体主义原则，沿着社会主义道德的阶梯循序渐进地不断攀登。

▶ 课后实训 ◀

◆ 实训项目

一、实训主题

观点辨析。

二、实训目标

提升对集体主义的认识。

三、实训内容

请对以下观点进行辨析：

1. 在市场经济时代，集体主义已经过时了。

2. 在历次抢险救灾中，集体主义发挥了不可替代的作用的。

实训时间：10分钟。

四、实训步骤

1. 小组分工：分成5~6人的小组若干。

2. 小组内对以上观点进行讨论。组员结合自己的实际轮流谈谈对以上观点的看法。

3. 分组派代表阐述本组的看法。

4. 学生代表进行点评。

5. 教师总结点评，针对安保专业学生如何发扬集体主义精神。

第四章　安保职业道德

弘扬社会主义道德，必须坚持以为人民服务为核心，以集体主义为原则，推进社会公德、职业道德、家庭美德、个人品德建设。其中，职业道德建设是公民道德建设的一个着力点。现代社会分工发展和专业化程度提高，市场竞争日趋激烈，整个社会对从业人员执业观念、职业态度、职业纪律和职业作风的要求越来越高。职业生活中的道德规范，不仅对各行各业的从业者具有引导和约束作用，而且也是促进社会持续健康有序发展的必要条件。安保人员职业道德修养对于个人、单位和社会至关重要。

第一节　职业道德

一、职业和职业活动

职业是指人们由于社会分工所从事的具有专门业务和特定职责，并以此作为主要生活来源的社会活动。职业是人类社会出现分工之后而产生的一种社会历史现象，也是一个人的社会角色，是认识个人的社会身份、地位、才能的重要参照，即职业是对人们的生活方式、经济状况、文化水平、思想观念、行为方式等方面的反映。职业活动则是人们参与社会分工，用专业的知识和技能创造物质财富或精神财富，获取一定的报酬，丰富社会物质生活或精神生活的活动方式。

职业在社会活动中，主要体现出三方面的要素。一是职业职责，即每一种职业都包含着一定的社会责任，必须承担一定的社会任务，为社会贡献物质财富与精神财富。二是职业权利，即每一种职业人员都有一定的职业业务权利，也就是只有从事这种职业的人才有这种权利，而在此职业之外的人一般不具有这种权利。三是职业利益，即每种职业人员都能从职业工作中获得物质需求与精神需求的满足，取得工资、奖金、荣誉等利益。任何一种职业都是职业职责、职业权利和职业利益的统一体。

二、职业道德的含义

职业道德的概念有广义和狭义之分。广义的职业道德是指从业人员在职业活动中应该遵循的行为准则，涵盖了从业人员与服务对象、职业与职工、职业与职业之间的关系。狭义的职业道德是指在一定职业活动中应遵循的、体现一定职业特征的、调整一定职业关系的职业行为准则和规范。不同的职业人员在特定的职业活动中形成了特殊的职业关系，包括了职业主体与职业服务对象之间的关系、职业团体之间的关系、同一职业团体内部人与人之间的关系，以及职业劳动者、职业团体与国家之间的关系等。

职业道德不仅是从业人员在职业活动中的行为标准和要求，而且是本行业对社会所承担的道德责任和义务。职业道德是社会道德在职业生活中的具体化。职业道德总是要鲜明地表达职业义务、职业责任以及职业行为上的道德准则。职业道德是长期以来自然形成的一种职业规范，受到社会普遍认可。它没有确定的形式，通常体现为观念、习惯、信念等，依靠文化、内心信念和行为习惯，通过员工的自律实现，大多没有实质性的约束力和强制力。职业道德主要是对员工义务的要求，承载着企业文化和凝聚力，影响深远。

三、职业道德的内容

按照2019年中共中央、国务院印发的《新时代公民道德建设实施纲要》的规定，职业道德的主要内容包括爱岗敬业、诚实守信、办事公道、热情服务、奉献社会。

（一）爱岗敬业

爱岗敬业就是对自己的职业、自己的岗位工作认真负责，热爱自己的本职工作，以恭敬、严肃的态度对待自己的职业，对本职工作一丝不苟、尽心尽力、忠于职守，为实现职业目标而努力奋斗。职业人要做好自己的本职工作，没有爱岗敬业的职业精神是做不好的。现代社会人与人之间只是分工不同，职业无贵贱之分，这是职业道德所要倡导的首要规范。

（二）诚实守信

诚实守信是指实事求是地为人做事，为人处世以诚相待，讲信用、守诺言，这是职业道德的最基本准则，也是做人的基本准则。

（三）办事公道

办事公道是指处理各种职业事务时要公道正派、客观公正、不偏不倚、公开公平；对不同的对象一视同仁、秉公办事；不因对方的职位高低、贫富、亲疏的差别而区别对待。

（四）热情服务

热情服务是指听取群众意见、端正服务态度，改进服务措施，提高服务质量，这是职业道德的重要原则。

（五）奉献社会

奉献社会是指要履行对社会、对他人的职业义务，自觉地努力地为社会、为他人作出贡献。当社会利益与单位利益、个人利益发生冲突时，要求每一个从业人员把社会利益放在首位。这是职业道德的出发点和归宿。

四、职业道德的特点

不同的职业有不同的职业道德，它是在长期职业生活中逐步形成的道德规范。职业道德具有鲜明的特点，其中最主要的表现为以下五个方面。

（一）职业性

职业道德反映着特定职业活动对从业人员行为的道德要求。每种职业都担负了一种特定的职业责任和职业任务,由于各种职业的职业责任和义务不同,从而形成各自特定的职业道德的具体规范,有些规范只有在特定的职业范围内起作用,对其他职业不具有约束力。新职业的出现,就会形成新的职业道德。同时,职业道德的职业性也反映了行业的特殊要求,因此,职业道德的职业性特点,具有鲜明的行业性。每一种职业道德都只能规范本行业从业人员的职业行为,在特定的职业范围内发挥作用。

(二)继承性

在长期实践过程中,由于职业具有不断发展和时代延续的特征,不仅其技术世代延续,其管理员工的方法、与服务对象打交道的方法,也有一定的历史继承性。同样一种职业因服务对象、服务手段、职业利益、职业责任和义务相对稳定,职业行为的道德要求的核心内容将被继承和发扬,从而形成了被不同社会发展阶段普遍认同的职业道德规范。同时,职业道德反映职业关系时往往与社会风俗、民族传统相联系,也因此随之具有继承性。

(三)多样性

职业道德是与社会职业分工紧密联系的,不同的行业和不同的职业,有着不同的职业道德标准。社会行业和职业的多样性决定了职业道德的多样性。每个行业都根据行业的服务对象、工作宗旨、职能等方面的不同,制定符合本行业特征的行业规范、工作守则、规章制度,用来维护该行业的道德信誉,获取社会的信任。各行各业都有适合自身行业特点的职业道德规范。

(四)普遍性

职业道德具有从业者共同遵守基本职业道德行为规范的普遍性特征。如爱岗敬业、忠于职守、诚实守信、团队合作、遵守职业纪律、遵守所在国法律、勤俭节约、奉献社会等精神,都具有世界职业道德的特征。

(五)纪律性

纪律也是一种行为规范,但它是基于法律和道德之间的一种特殊的规范,它既要求人们能自觉遵守,又带有一定的强制性。它既具有道德色彩,又带有一定的规章制度色彩，即一方面遵守纪律是一种美德，另一方面遵守纪律又带有强制性，具有规章制度的要求。例如工人必须服从操作规程和安全规定，安保人员要有严明的纪律等。因此，职业道德有时又以制度、规章、条例的形式表达，以纪律的方式在从业人员中贯彻职业道德规范。

五、职业道德的作用

职业道德是社会道德体系的组成部分，它一方面具有社会道德的一般作用，另一方面又具有自身的特殊作用，具体表现在以下四个方面。

（一）调节职业交往中从业人员内部以及从业人员与服务对象之间的关系

职业道德的基本职能是调节职能。一方面它可以调节从业人员内部的关系，即运用职业道德规范，约束本职业内部人员的行为，促进职业内部人员的团结与合作。如职业道德规范要求各行各业的从业人员都要团结互助、爱岗敬业、齐心协力地为发展本行业、本职业服务。另一方面，职业道德又可以调节从业人员和服务对象之间的关系。如职业道德规定了制造产品的工人要怎样对用户负责、营销人员怎样对顾客负责、医生怎样对病人负责、教师怎样对学生负责、保安怎样对业主负责等。

（二）有助于塑造企业形象，维护和提高本行业的信誉

企业形象是指人们通过企业的各种标志，如产品特点、行销策略、员工风格等而建立起来的对企业的总体印象。企业形象是企业精神文化的一种外在表现形式，它是社会公众与企业接触交往过程中所感受到的总体印象。这种印象是通过人体的感官传递获得的。

企业形象能否真实反映企业的精神文化，以及能否被社会各界和公众舆论所理解和接受，在很大程度上取决于企业自身的主观努力。对于企业来说，一方面要努力扩大正面形象，另一方面又要努力避免或消除负面形象，两方面同等重要。因为往往不是正面形象决定用户一定购买其企业的产品或接受某项服务，而是负面形象一定使得他们拒绝购买该企业的产品和接受其服务。

因此，职业道德能够规范企业行为，促进企业治理，树立良好的企业形象。

职业道德规范企业员工的行为，敬业的员工形象是塑造良好企业形象的重要基础。企业创造有利于各类人才脱颖而出的环境和平等团结、和谐互助的人际关系，可以增强企业的凝聚力、向心力，以员工良好的精神风貌，赢得企业良好的社会形象和声誉。

而一个行业、一个企业的信誉，就是它们的重要形象。信用和声誉，是指企业及其产品与服务在社会公众中的信任程度。提高企业的信誉，主要靠产品的质量和服务质量。而从业人员职业道德水平高，是产品质量和服务质量的有效保证；若从业人员职业道德水平不高，很难生产出优质的产品和提供优质的服务。

（三）促进本行业的持续长远发展

企业是指依法设立的、以营利为目的的从事商品的生产经营和服务活动的独立核算经济组织。在商品经济范畴，企业通过提供产品或服务换取收入，以实现投资人、客户、员工、社会大众的利益最大化为使命。它是社会发展的产物，因社会分工的发展而成长壮大。行业企业的发展有赖于一定的经济效益，而较高的经济效益源于较高的员工素质。员工素质，主要包含知识、能力和责任心三个方面，其中责任心是最重要的，而责任心是职业道德水平的重要衡量标准。从业人员责任心强，能够促进本行业的持续长远发展。

同时，职业道德有助于企业承担社会责任，有利于企业的持续、长期发展。一个企业存在于社会，在获取社会资源（如人办、市场资源等）、赚取企业利润的同时，应注重其自身对社会的回报与贡献，这就是企业所应承担的社会责任，简称为"企业责任"。良好的职业道德有助于企业承担社会责任。一是明理诚信、确保产品货真价实的责任。二是科学发展与缴纳税款的责任。三是可持续发展与节约资源的责任。四是保护环境和维护自然和谐的责任。五是公共产品与文化建设的责任。六是扶贫济困和发展慈善事业的责任。七是保护职工健康和确保职工待遇的责任。八是承担发展科技和创造自主知识产权的责任。良好的职业道德有助于引导企业行为，企业在追求利润的同时，兼顾利益相关者的利益，实现互相合作、互利互惠。兼顾企业利益和社会利益，勇于承担社会责任，服务和回馈社会。企业在制定目标时从整体利益出发，制定长期发展战略，避免为了追求短期利益而牺牲长期的持续发展。

总之，良好的职业道德促进企业精神的确立，引导并激励员工为实现企业宗旨而共同奋斗；良好的职业道德有助于引导企业行为，塑造良好的企业形象，同时有助于企业员工形象、产品形象的塑造；良好的职业道德有助于创造和谐的人际关系，强化企业的凝聚力，维护和提高企业的信誉，促进企业承担更多的社会责任。因此，职业道德可以转化为企业持续发展的内在动力。

（四）有助于提高全社会的道德水平

职业道德是整个社会道德的重要内容之一。一方面，职业道德涉及每个从业者如何对待职业，如何对待工作，同时也是一个从业人员的生活态度、价值观念的表现，是一个人的道德意识、道德行为发展的成熟阶段，具有较强的稳定性和连续性。另一方面，职业道德也是一个职业、集体甚至一个行业全体人员的行为表现，如果每个行业、每个职业集体都具备优良的道德，那么，对整个社会道德水平的提高必定会发挥重大的促进作用。

第二节　安保职业道德

一、安保职业道德的含义

安保职业道德是一种特殊的职业道德，是指在安保职业活动中，安保行业及安保人员应当遵循的、具有行业职业特点的道德准则和道德规范。安保从业人员要在所从事的安保职业中自觉遵守安保职业道德规范，实现自我价值，逐步形成并不断增强自己的职业道德观。

二、安保职业道德的体现形式

在我国，职业道德的基本内容包括五个方面，即爱岗敬业、诚实守信、办事公道、服务群众、奉献社会,这是一个普遍意义上的表述。对于具体的某一行业或者职业来讲,职业道德的体现形式往往比较具体、灵活、多样,一般是从本职业交流活动的实际出发,采用制度、守则、公约、承诺、誓言、条例,以至标语口号之类的形式展现出来,这些灵活的形式既易于为从业人员所接受和实行,而且易于形成一种职业的道德习惯。

安保职业道德通常以规章制度、工作守则或纪律、服务公约、劳动规程、行为须知等形式表现出来,这样比较易于贯彻执行和持续有效运行。

三、安保人员职业道德素养

(一)职业道德素养

道德素养是人的道德意识、道德行为、道德品质、道德修养的总和。这四者的内涵、功能和意义各异,但又相互影响、相互促进。

1. 职业道德意识

职业道德意识,即职业道德观念,是指对职业道德意义的理解和掌握,是优良职业道德品质形成的思想基础。培育职业道德品质,首先要知道其要求、原则和规范,获得道德经验,经过头脑加工形成概念,用于评价自己和他人的行为,分析什么是应该做的,什么是不应该做的,作出正确的道德判断。职业道德意识水平越高,辨别是非的能力越强,行动也越自觉。反之,若没有职业道德意识作指导,人们的行为必然是盲目的。因此,要形成良好的安保职业道德,职业道德意识的培育是首要的。

2. 职业道德行为

职业道德行为是在一定的职业道德意识、情感、意志、信念的支配下,在职业活动中所表现出的涉及人与人利益关系的有道德意义的实际行动和作为。一个人的职业行为如果不涉及与他人的利害关系,就不属于职业道德行为的范畴。

3. 职业道德品质

职业道德品质是人们在长期反复的职业活动实践中,形成的一种相对稳定的道德行为倾向和特征。职业道德品质是人们职业道德素养的标志和根本内容。

职业道德品质的形成，是指以道德认同为前提，以心理机制为基础，以行为选择为要求，通过职业道德意识指导职业道德实践，而不断积累、积淀，形成相对稳定的道德行为倾向和特征。道德品质的形成过程，是道德意识和道德行为相互作用的过程。道德意识指导着道德行为，而道德行为又为道德意识的升华提供丰富的实践资料，两者互促互动，接连不断地进行着将道德实践内化为人的道德意识，把道德意识外化为人的道德行为过程，职业道德品质由此处于不断形成和完善的过程中。

4. 职业道德修养

职业道德修养是指人们为了达到一定的职业道德品质，所进行的自我锻炼、自我改造、自我陶冶和自我教育的过程及其所达到的境界。职业道德修养的目的是提高个人的职业道德水平，通过职业道德修养把职业道德教育的内容转化为个人的道德品质，形成个人的性格特征和为人处世的行为准则，成为一个具有高尚道德情操的人。

（二）安保人员职业道德素养培育的意义

良好的职业道德素养不仅是个人事业成功的保证，同时，也对企业的生存、发展和壮大具有重要意义。

1. 促进安保员个人的良好发展

良好的职业道德素养能够促进人际关系的和谐。安保人员如果具有助人为乐、先人后己、说话和气、办事公道、谦虚谨慎、努力进步、文明礼貌、团结奉献的职业道德素养，就能够加强自律、互相合作与支持、互相尊重与信任，达到同事之间内部人际关系的和谐；安保人员如果具有客户至上、热情服务、敬业爱岗、忠于职守、廉洁奉公、不谋私利、机智勇敢、不怕牺牲、艰苦朴素、抵制歪风的职业道德素养，就能够使安保人员与服务对象之间互相理解与合作，这不仅可以提高工作质量，而且可以提高工作效率，形成和谐共荣的外部人际环境。

安保人员具有良好的职业道德素养，能够促进个人事业的发展。安保人员的职业道德素养最终会通过职业道德行为来体现，良好的职业道德行为，必然会提高工作质量与工作水平，有助于成就事业。良好的职业道德素养，有利于促进其全面提高职业素养和综合职业能力，不断提高竞争力、挖掘潜能，为事业发展创造条件，也为社会的安全保障多做贡献。安保人员只有具备良好的职业道德素养，才会拥有事业有成的未来。

安保人员具有良好的职业道德素养，有助于实现人生价值、提升人生境界。人生价值分为自我价值和社会价值两个部分。人是社会中的人，个人的追求只有融入到社会的事业中，人生才更有价值和意义。而人生价值往往是在职业实践当中实现的。具有良好的职业道德素养，可以激发安保人员的工作积极性与创造性，在自己所从事的职业中具有顽强的毅力与拼搏进取的精神，在平凡的岗位上创造出不平凡的业绩，在奋斗中实现自己的人生价值。人的职业道德素养的提高有利于其思想道德素养的整体提高，提高职业道德水平是人格升华的重要途径。良好的职业道德素养可以使安保人员在面临挫折、经历打击时，磨练坚强的意志，增强人生前进的动力，从而提升人生的境界。

2. 对安保行业和企业发展的重大意义

安保人员的职业道德素养是提高安保企业竞争力的重要内容和有效途径。安保企业通过提供安保产品或服务换取收入，安保人员的职业道德素养对安保行业健康有序发展以及安保企业的生存、发展和壮大至关重要。良好的职业道德素养是市场经济发展的需要。市场竞争日趋激烈的今天，处理好各方面的关系是企业间接的生产力。因此，优良的职业道德素养有利于提高安保产品和服务的质量；有利于促进安保企业技术进步、适应知识经济时代的要求；有利于降低产品成本、提高劳动生产率和经济效益；有利于安保企业摆脱困难、实现经营目标；有利于树立安保企业的良好形象，提高安保企业的信誉，促进安保行业健康有序发展。

安保人员良好的职业道德素养有助于增强企业的凝聚力。企业的凝聚力是指企业全体员工团结的状况，全体员工对于共同的企业目标和企业领导的认同程度，是企业基本思想在每个人心目中的体现。企业凝聚力包括职工对经营者的满意程度，全体人员积极性、主动性及创造性发挥的程度，职工公平感及工作满意度，企业内部和谐程度等因素。企业凝聚力属于企业文化的范畴，它的大小强弱决定着企业员工的士气，影响着员工工作的精神状态。安保人员的职业道德素养决定了员工是否能积极主动有效地进行创造性工作，相互间是否能很好地配合以提高工作效率以及安保企业目标是否能够实现。当安保企业处于危难关头，员工良好的职业道德素养使员工仍能团结合作、攻克难关，使企业焕发应有的生命力。安保企业给予员工一个平台，员工在这个平台上自由地发挥，赋予了企业的生命活力，让企业能够生存和发展。一般地，充满凝聚力的企业往往是一个焕发着生机与活力的企业，往往有着浓厚的企业文化、完善的企业制度，使员工对企业充满信任，充满希望，能充分调动员工工作的积极性。在强大凝聚力的推动下，企业才能在日趋激烈的竞争中立于不败之地。

安保人员的职业道德素养有助于促进本行业的发展，维护和提高本行业的信誉。安保行业及其企业的发展有赖于较高的经济效益，而较高的经济效益则依靠较高的员工素养。因此，安保人员的职业道德素养能促进本行业的发展，良好的职业道德素养能够维护并进一步提高安保行业的信誉。

四、端正安保人员的劳动观、择业观和创业观

安保人员或者即将择业走上岗位的安保专业毕业生，一定要端正自己的劳动观，并在此基础上树立正确的择业观和创业观。

要认识到人类是劳动创造的，社会也是劳动创造的。劳动没有高低贵贱之分，任何一份职业都很光荣。正确的劳动观念是维系人们职业活动和职业生活的思想观念保障。在安保职业生活中，必须牢固树立劳动最光荣的观念，通过劳动创造更加美好的生活。无论从事什么劳动，什么岗位，都要干一行爱一行。只要踏实劳动、勤勉工作，即使在平凡岗位上也能干出不平凡的业

绩。在现实社会中，只要有志气、有闯劲，普通劳动者都可以在宽广的舞台上实现自己的人生价值。

要树立正确的择业观和创业观。就业牵涉个人自身和千家万户的利益，也影响国家和社会的发展，每个大学生都要面临就业的现实。树立正确的职业观和创业观，有利于大学生顺利走进职业生活，具有重要的现实意义。一要树立高尚的职业理想。职业活动不仅是人们谋生的手段，也是人们奉献社会、完善自身的必要条件。树立高尚的职业理想，有利于激励、指引自身实现人生价值。二要服从社会发展的需要。择业和创业固然要考虑个人的兴趣和意愿，同时也要充分考虑现实的可能性和社会的需要，要把自己对职业的期望与社会的需要、现实的可能结合起来，为经济社会发展贡献智慧和力量。三要做好充分的择业准备。素质是立身之基，技能是立业之本。只有具备真才实学，才能在未来适应多种岗位。要有真才实学，就需要勤于学习，不断提高综合素质，练就过硬本领；既要向书本学习，也要向实践学习。应认识到任何一名劳动者，无论从事的劳动技术含量如何，只要兢兢业业、精益求精，就一定是闪光的人生。四要培养创业的勇气和能力。创业是通过发挥自己的主动性和创造性，开辟新的工作岗位、拓展职业活动范围、创造新业绩的实践过程，因此，大学生还应当树立正确的创业观。要有积极创业的思想准备，积极关注经济社会发展的趋势，了解国家鼓励自主创业的有关政策，为今后自主创业打下良好基础。

总之，安保人员或者即将择业走上岗位的安保专业毕业生，只有树立正确的劳动观、择业观和创业观，才能在本职岗位上遵循职业道德规范，为自身乃至社会的发展努力奋斗。

▶ **课后实训** ◀

◆ **实训项目**

一、实训目标

1. 加深对择业从事安保工作的理解，并树立正确的劳动观、择业观和创业观。

2. 锻炼从大局思考的能力。

二、实训内容

请对以下观点进行辨析：

1. 当保安丢人吗？

2. 当保安不需要任何技能就能当。

3. 从事安保工作也能够有创业的机会。

三、实训步骤

1. 以小组为单位进行讨论，每人都要发言。

2. 小组派代表当众发表本小组的看法。

3. 教师总结评价。

第五章　安保职业守则

在现实社会中，职业道德往往是通过公约、守则等形式对职业生活中的某些方面加以规范。

第一节　职业守则与安保职业守则

一、职业守则的内涵及其与职业道德的关系

职业守则是国家机关、人民团体、企事业单位为了维护公共利益，向所属成员发布的一种要求自觉遵守的约束性条文。职业守则有其自身特点。它是根据国家的各项方针、政策、法律、法规的精神，结合本单位、本部门、本系统的实际情况而制定的用以规范、约束人们的道德行为的条文，因此具有约束性和规范性的特点，但不具备直接的法律制约作用。

因行业不同，其职业守则也不一样。每一个行业都有必须遵守的行为规则，作为企业内部约束员工行为的基本规则。把这种规则用文字形态列成条款，形成规定，并且每一个加入的成员都必须遵守。职业守则一般包括以下内容：一是员工的道德规范。包括维护公司信誉、严谨操守、爱护公物、不得泄露公司机密等。二是员工的考勤制度。包括工时制度、上下班的规定、打卡规定等。三是员工加班值班制度。四是休假请假制度。

对于职业守则，各个行业都有其共同点和特殊性的规定，这往往体现出职业道德的共性和特殊性。职业守则是职业道德的体现和固化；严格遵守职

业守则的员工，其职业道德修养水平则相应很高。

二、安保职业守则的内涵及我国的行业标准

（一）安保职业守则的内涵

安保职业守则是指安保行业所共同遵守的规则。虽然不同安保企业有不同的职业守则规定，然而，就如同职业道德在同一行业有共性一样，不同的安保企业虽然某些业务有所区分和不同，但在整个安保行业中，其职业守则具有共性的一面。安保职业道德往往是通过安保企业的职业守则来体现和固化的。因此，学习和遵守安保职业守则，是提升安保人员职业道德素养的必要途径之一，也是保障企业正常运行和发展的基础。

（二）我国关于安保职业守则的行业标准

虽有专家认为职业守则首先是职业道德，即该岗位应该具有的责任心，其次就是根据岗位的特点应该遵守的规定；同时认为职业守则一般用于特殊岗位。言下之意，一般的安保工作无须职业守则。显然，这种看法有失偏颇。安保职业守则是我国安保职业道德的表现形式。我国政府十分重视安保工作，并颁布了关于安保职业守则的条文。如，2019年4月22日，《人力资源社会保障部办公厅、公安部办公厅关于颁布保安员国家职业技能标准的通知》（人社厅发〔2019〕60号）颁布的《保安员国家职业技能标准》，在"基本要求"中规定了保安职业守则，而且职业守则是被列入"职业道德"部分，其中该职业守则规定的四项内容是我国保安职业道德的基本内容。

第二节　我国安保职业守则基本内容及其实施

明确安保职业守则的基本内容及其具体的含义，培养遵守职业守则的基本素质，才能提升安保从业人员的职业道德素养，促进安保企业乃至安保行业的健康有序长远的发展。

对于安保行业来讲，应以《保安员国家职业技能标准》（2019年版）所规定的保安职业守则作为行业职业道德的共性标准。主要包括遵纪守法、诚实守信，爱岗敬业、乐于奉献，文明执勤、热情服务，强健体魄、见义勇为四项内容。

一、遵纪守法、诚实守信

（一）遵纪守法的含义及其意义

遵纪守法，释义是遵守纪律和法律。顾名思义，遵纪就是遵守服务单位的规章制度和劳动纪律，守法就是遵守国家的法律法规。

在社会主义制度下，遵守纪律是每个公民的义务。提高遵守纪律的自觉性，养成遵守纪律的习惯，加强纪律观念，敢于同一切违反纪律的现象进行斗争，也是职业人组织纪律修养的重要内容，能够促成良好社会风气的树立。

守法具体表现为知法、守法、护法三个方面。知法，是遵守法律的前提和基础。知法是了解宪法和其他一些基本法律的内容和本质，了解法治在国家建设中的地位和作用，增强守法的自觉性。护法，就是在提倡守法的同时，敢于同违法乱纪的行为作斗争。这样才能维护法律的尊严，发挥法律的威力，保证社会的正常秩序。

遵纪守法是每个公民应尽的义务，也是社会主义道德的起码要求和在职业生活方面的道德规范，这对个人职业生涯的健康发展以及加快我国社会主义物质文明和精神文明建设，均具有重要意义。

（二）诚实守信的含义及其意义

诚实，即忠诚实在，就是忠于事物的本来面貌，不隐瞒自己的真实思想，不掩饰自己的真实感情，不说谎、不作假，言行一致，表里如一。守信，就是讲信用、讲信誉，信守承诺、忠实于自己承担的义务，答应了别人的事一定要去做，不虚伪欺诈。忠诚地履行自己承担的职业义务是每一个现代公民应有的职业品质。

诚实守信是中华民族传统美德的一个重要规范，是社会主义职业道德的首要内容。随着时代的不断发展和变化，诚实守信也不断被赋予体现时代精神的新内涵。如在先秦时代，所谓"诚"主要是指"诚实"、"真诚"和"忠诚"，强调心里想的和实际做的相一致。所谓"信"，主要是"真实"、"诚实"和"信守诺言"，强调一个人要"言而有信"等。后来，思想家们往往把"诚"和"信"相互通用。在中国古代传统道德中，"诚信"占有很重要的地位。在现代革命和建设时期，诚实守信具有体现时代精神的新内容，其现实意义更加重要。中国共产党成立后，在民主革命、社会主义革命和建设中，进一步加深和丰富了对"诚信"的认识，把"诚信"提高到党的建设的高度。例如，"实事求是"，就是"诚信"的现代表达。

诚实守信是人和人之间正常交往、社会生活能够稳定、经济秩序得以运行和保障的重要力量。在个人层面，诚实守信既是一种道德品质和道德信念，也是每个公民的道德责任，更是一种崇高的"人格力量"。在企业和组织层面，诚实守信代表着形象、品牌和信誉，是企业兴旺发达的基础。在国家和政府层面，诚实守信是国格的体现。对国内，它是人民拥护政府、支持政府、赞成政府的一个重要的支撑；对国际，它是显示国家地位和尊严的象征，是良好国际形象和国际信誉的标志。在经济生活层面，诚实守信是经济秩序的基石，是企业的立身之本和一种无形的资产；在政治道德层面，诚实守信是极其重要的品性，是政治意识和责任意识的体现，是一个从政者必须具有的道德品性和政治素质；在人际关系层面，诚实守信是人和人在社会交往中最根本的道德规范，也是一个人最主要的道德品质。

在现代社会中，随着社会主义市场经济的不断发展，诚实守信在社会政治生活、经济生活、文化建设和道德风尚等各个方面，日益显示出它的重要地位。

诚实守信是建立市场经济秩序的基石。市场经济是交换经济，竞争经济，又是一种契约经济。如何保证契约双方履行自己的义务，是维护市场经济秩序的关键。一方面，我们强调市场经济是法治经济，用法律的手段，来维护市场秩序；同时，我们还必须用道德的力量，以"诚信"的道德觉悟，来维护正常经济秩序。在社会主义社会中，诚实守信对克服市场的消极负面影响、保证社会主义市场经济沿着社会主义道路向前发展，有着特殊的指向性作用。

总之，诚实守信是一切职业道德的立足点。在我国公民道德建设中，应把诚实守信融入职业道德的各个领域和各个方面，使各行各业的从业人员，都能在各自的职业中培养诚实守信的观念，忠诚于从事的职业，信守承诺。在职业道德总的要求中，诚实守信是其中的立足点。一个企业的工作人员，如果能够树立起"诚信为本""童叟无欺"的形象，企业就能够不断发展壮大。一些企业之所以能兴旺发达，甚至在世界市场也占有重要地位，尽管影响的因素很多，但以诚信为本，是其中的一个决定因素；相反，如果为了追求最大利润而弄虚作假、以次充好、假冒伪劣和不讲信用，虽可能得利于一时，但最终必将身败名裂、自食其果。

（三）安保人员如何做到遵纪守法、诚实守信

安保行业的特殊性决定了安保从业人员必须首先做到遵纪守法、诚实守信。安保人员做到遵纪守法、诚实守信，具体可以从两个方面着手。

1. 认真学习法律法规，多读有利于提升自身道德修养的书籍

通过学习，提升遵纪守法、诚实守信的思想意识。缺乏诚信的社会不可能是法治的社会，也不可能是和谐的社会。因此，"诚信"被作为和谐社会的特征之一，早已被载入我国的《民法典》《合同法》等法律法规之中。在推进依法治国、构建和谐社会的过程中，应当大力倡导诚信理念，褒扬诚信行为，惩戒失信行为，使诚实守信成为每个公民的行为准则。在构建诚信社会、和谐社会的过程中，公民遵纪守法是必要条件之一，只有个人遵纪守法，各行各业才能和谐有序，诚信社会才能有保障。诚实守信与遵纪守法是并行不悖的。国家把诚实信用的原则用法律的形式规定下来，使诚实守信的道德规范同时成为国家机关、企事业组织、社会组织和全体公民遵纪守法的行为准则。遵纪守法必定要求诚实守信，诚实守信必然同时要求遵纪守法。诚实守信和遵纪守法都是公民必须遵行的行为规范。

2. 在具体工作中带头遵纪守法，对企业忠诚

安保人员的个人忠诚体现在要在所属企业岗位上诚实劳动，关心企业发展，并遵守合同和契约，维护本身所属国家、团体、集体的信誉。例如，通过提升产品和服务质量、信守承诺、保守企业秘密等树立企业信誉和形象。

诚实守信与遵纪守法，既是对每个社会公民的要求，更是对安保从业人员的要求；既是个人道德素养问题，也是从业品质问题，是从业人员最起码的职业道德。安保人员一方面要做遵纪守法、诚实守信的好公民，另一方面在职业行为中更要体现和履行这个准则。正人者必先正己，执法者须先守法。因此，安保人员作为维护社会安全的重要力量，更要做遵纪守法的表率，使诚实守信与遵纪守法并行不悖，做到忠于职守不渎职，忠于事实不偏差，忠于法律不违法，通过客观公正地履行职责达到忠实于国家、忠实于人民、维护社会公平正义的目的。

在安保行业中，近年来涌现出很多安保人员拾金不昧的感人事迹。

◆ **案例分享**

近日，江南农村商业银行武进高新区支行营业部收到了一面客户送来的锦旗，感谢该行营业部保安周师傅拾金不昧。

事发傍晚5点30分，高新区支行营业部的保安周师傅进行每日例行巡查，检查自助设备时发现有台存取款一体机上遗留了一摞百元面值的现金。周师傅估计是哪个粗心的客户遗落下来的，立即将现金交给了该行运管员。经运管员清点，正好1万元整。

该行工作人员随即调取监控录像，经查是当天下午5点20分一位男性客户到自助设备存款，因未携带银行卡而未能办理业务，离开时客户的1万元现金也忘记收回。

头疼的是，由于该客户未办理业务，故没有留存任何信息，监控画面中仅显示客户模糊的车牌号。"攒点钱不容易，弄丢了该多着急。"周师傅急客户所急，想客户所想，积极联系附近小区物业，请他们协助，一起寻找客户。

经过多方打听寻找，终于在 3 天后找到了客户本人。看着失而复得的钱财，客户惊喜之余，也对江南农村商业银行的优质服务大加赞赏。

（转引自《常州日报》，2022 年 4 月 23 日）

二、爱岗敬业，乐于奉献

（一）爱岗敬业、乐于奉献的内涵及其意义

爱岗敬业是爱岗与敬业的总称。爱岗和敬业，互为前提，相互支持，相辅相成。"爱岗"是"敬业"的基石，"敬业"是"爱岗"的升华。爱岗敬业就是热爱本职岗位，勤奋敬业，积极肯干，乐于为本职工作而奉献。乐于奉献就是热衷于牺牲自我去做对群体有意义的事，它是爱岗敬业体现出的高级层次。乐于奉献既是一种崇高的道德境界、高尚的道德情操，又是一种基于对事业对工作全身心投入的表现。它既凝聚着中华民族的传统美德，又集中体现了社会主义市场经济的根本目的。一个人只要达到一心为社会做奉献的境界，他的工作就必然能做得很好，就是全心全意为人民服务。

爱岗敬业是安保职业道德最基本、最起码、最普通的要求。

爱岗敬业，是中华民族的传统美德，也是社会主义核心价值观的重要内容。纵观中国历史长河，有无数"爱岗敬业"的楷模之士。"爱岗敬业"有很多种，有人忠于事业、有人乐于奉献，但凡能千古传名之士，无一不是"爱岗敬业"之人，只是"爱岗敬业"的方式不同而已。

我国"爱岗敬业"精神历史悠久，是人们所追求和向往的高尚情操。传说时代的盘古开天、女娲造人、大禹治水等故事，其中包含着热爱和敬业的思想。春秋战国时期，越王勾践不忘国耻，卧薪尝胆，灭吴而后称霸，后人对越王勾践的卧薪尝胆用以形容刻苦自励、发愤图强之人，对于一个不忘自身职责，敢于在逆境中坚持和努力的人，人们总会冠以美誉。汉朝的"文景之治"离不开汉高祖及其后的汉文帝、汉景帝的努力，文景时期提倡节俭，重视"以德化民"，经几代君主的坚持不懈，才终得盛世。三国、魏晋南北朝、隋唐五代、两宋辽金、元明清无论哪个历史时期都不乏"爱岗敬业"的

典范。直至当今社会，更浮现出了无数"爱岗敬业"的楷模，他们用自己的忠诚履行职责，将中华民族的伟大传统和高尚情操融入人生。

爱岗敬业是个人生存和发展的需要，也是社会存在和发展的需要。一个工作岗位，能够保障个人的基本生存和发展，也是人类社会存在和发展的需要。只要在自己既得的工作岗位上认真负责、尽心尽力，遵守职业道德，这就是一种奉献精神。在我国，如果每一个职场中的人都能够表现出这种奉献精神，人民就会更加富裕，社会就会更加发达，国家就会更加强盛。

当前严峻的就业现实要求人们爱岗敬业。用人单位挑选人才的一项重要标准就是能否具有"爱岗敬业"精神。只有那些干一行，爱一行的人，才能专心致志地做好工作。如果只从兴趣出发，见异思迁，"干一行，厌一行"，不但自己的聪明才智得不到充分发挥，甚至会给工作单位带来损失。

发扬乐于奉献的精神有助于弥补市场经济的不足之处，对促进公益事业发展具有极大的现实意义。随着市场经济的深入发展，公益事业会面临越来越严重的自下而上与发展的挑战，同时又会有越来越多的企业与个人具备做出奉献的经济实力。因此，发扬甘于奉献精神可以弥补市场经济的不足，体现社会主义社会的优越性。

（二）如何做到爱岗敬业、乐于奉献

爱岗敬业、乐于奉献是安全保卫职业守则内容的第二个方面，它是做好安全保卫工作的核心。爱岗就是热爱自己的工作岗位，热爱自己的本职工作；敬业，就是以恭敬、严肃、负责的态度对待自己的工作。爱岗敬业就是忠于职守的事业精神，这是职业道德的基础。乐于奉献就是在爱岗敬业过程中，自愿损失个人利益而为集体付出自己的努力。

爱岗就是要热爱自己的岗位，即俗话说的"干一行，爱一行"。每一个岗位都是平凡的，没有高低贵贱之分。平凡并不意味着平庸，从平凡起步，把每一件平凡的事做好就是不平凡。而要把每一件平凡的事情做好，就需要热爱自己的本职工作，做到工作有热心、坚持有耐心、职责尽到心、勤学肯上心，哪怕是在极其平凡的岗位，也能发挥出自己的最好水平，让自己从工作中感受到幸福感，满足感。提倡爱岗敬业，就是选定一行就应爱一行。但这并不是要求人们终身只能干"一"行，爱"一"行，也不排斥人的全面发展。它要求工作者通过本职活动，在一定程度上和范围内做到全面发展，不断增长知识，增长才干，努力成为多面手。我们不能把忠于职守、爱岗敬业片面地理解为绝对地终身只能从事某个职业。而合理的人才流动，双向选择可以增强人们优胜劣汰的人才竞争意识，促使大多数人更加自觉地忠于职守，爱岗敬业。

敬业的核心要求是对待工作严肃认真，一心一意，尽职尽责。有人曾言："敬业"就是"凡做一件事，便忠于一件事，将全副精力集中到这事上头，一点不旁骛"。一个不尊重自己工作、没有任何敬业精神的人，就会不用心、不动脑，得过且过，混时度日，也无法赢得他人和社会的承认和尊重。相反地，倘若每一领域、每个岗位上的人都能怀有主人翁意识，把爱岗敬业变成一种习惯和坚持，就能从中学到更多的知识，积累更多的经验，以自己的工作业绩得到相应的回报，社会发展也更有生机活力。

爱岗敬业是行业对安保人员的基本要求，是安保从业人员做好各项工作的动力，是开展工作的前提和条件，也是提高安保服务的必然要求。爱岗与敬业紧密相连，它们也是对职业责任的深刻认识。不爱岗的人，很难做到敬业。因此，不论做什么工作，都应该干一行，爱一行，做到干什么都认真负责，不辞辛苦。爱岗敬业，就要以工作为核心，以集体荣誉为己任，认真学习业务知识，带头履行岗位职责。安保队伍中，难免有个别同志对工作没有热情，对自己的工作没有定位，没有规划，当一天和尚撞一天钟，这样下去会很难有所作为。

爱岗敬业精神是从一点一滴的工作中积累起来的。一个爱岗敬业、以工作为大局的安保员，对安保工作会有深刻的认识。就拿训练来讲，虽然偶尔会产生无聊、枯燥的想法，但却能锻炼技能和本领，又能练就作风，增强责任感和集体荣誉感。一名爱岗敬业的安保员首先会把自己的责任和企业的荣誉联系在一起，发自内心地认识到自己的岗位不仅是工作，更重要的是责任。

安保人员只有爱岗敬业，才能担当起保一方平安的重托，发挥社会治安辅助作用，为客户提供优质服务。因此，安保人员只有形成强烈的责任感，爱岗敬业，才能更大程度地挖掘个人潜能，更好地发挥自己的作用。

安保人员要真正做到爱岗敬业不是轻而易举的小事。爱岗敬业不是一句空话，而是一种精神，必须在具体工作中矢志不移，任劳任怨，不辞辛苦，不怕劳累，一心一意把工作做好。爱岗敬业精神，实际上是为客户提供优质服务的具体表现，尤其是在安保企业服务竞争日益激烈的今天，对每个安保人员的礼节礼貌、工作能力都提出了更高要求。在自已岗位上除了熟悉本职工作和业务技能外，必须树立爱岗敬业精神。

总之，安保人员必须从自身做起，爱岗敬业、善于学习、熟悉业务，充分发挥自己的特长，转变工作作风，提高工作效率，不计较个人一时的得失，能够为集体甘于奉献。爱岗敬业、乐于奉献做为一种规范、一种精神，应该在工作中大力弘扬，使其化成为每个安保安人员的思想信念和自觉行动，从而为安保事业的发展作出努力和贡献。

三、文明执勤，热情服务

（一）文明执勤、热情服务的内涵及其意义

文明执勤、热情服务是安全保卫职业守则内容的第三个方面，它是做好安全保卫工作的基本要求。文明执勤就是在执行岗位任务时，在言谈、举止、待人、接物等方面能够做到文明礼貌，即语言规范、谈吐文雅、衣冠整洁、举止端庄。热情服务就是以发自内心的热忱，在服务过程中体现热情和善意，向用户提供主动、周到的服务。

能否文明执勤、热情服务，它不仅是衡量安保人员个人道德水准高低和修养程度的尺度，而且也是衡量安保公司服务质量好坏的重要标志。良好的举止行为，对塑造安保队伍的良好形象，赢得公司声誉和客户信赖，乃至取得良好的社会效益具有重要作用。

文明执勤是塑造服务口碑的重要基础。安保服务行业主要作用是人民群

众的人身财产安全和社会秩序稳定,是第三产业的重要组成部分,属于服务性行业。因此,安保服务队员的表现和态度是安保服务公司水准和服务质量的直接代表。面对日益激烈的市场竞争,优化安保服务质量,从而提升客户单位的服务体验,对塑造公司服务口碑和树立品牌形象具有十分重要的作用。而树立企业良好的品牌形象是企业增加企业竞争力和客户信任度的重要手段,同时也为企业带来相应的利益。

热情服务有利于企业维系与客户之间关系,从而为企业创造利润、提高市场份额、扩大市场范围奠定基础。提供热情的服务,客户就会增加对企业的好感度和忠诚度;服务质量的提升是满足客户需求的重要保证,也可以使目标市场的客户更为稳定,同时通过企业对自身服务质量的严格要求,使得自身服务质量提升,获得良好口碑,从而发展新客户,扩大企业的市场规模。

目前,现代安保业日军突起,安保队伍的整体素质不断提高。但是安保队伍中目前仍存在一些问题,有些还相当严重。安保人员与社会和群众接触最广泛、最直接,从某种意义上讲还代表了公安机关主管部门的形象。其素质的高低、服务形象的好坏对整个安保队伍有重大影响。因此,提高安保人员的素质,要求做到"文明执勤、热情服务",是充分发挥安保公司的职能作用、正确履行职责和提高服务质量的需要。

(二) 如何做到文明执勤、热情服务

1. 文明执勤就要求安保人员必须学习文明礼仪规范,执勤时需要严格按照职业守则以及客户单位的要求文明地执行各项任务

文明执勤主要体现在以下三个方面:

(1) 用语文明。在值勤中与人交谈时,态度要和善,语气要亲切,言辞要得体,给人以礼貌相待。安保人员执勤文明用语很多,如检查验证时,应说"请您出示证件";需进行登记时说"麻烦您登记一下";如遇对方不友好时说"请不要生气,有话好好说";遇对方表示感谢时,应说"不用谢,这是我们应该做的"。要用好基本文明用语,如:您好,请,谢谢,不客气,感谢您的支持,再见,祝您愉快等。

一些具体文明用语列举如下。

①接电话。

文明用语：您好，请讲。某某不在，有事我可以帮您转告。

禁忌用语：喂，找哪个。人不在，快点讲。

若接到语言粗鲁、不礼貌、无休止纠缠的电话时。

文明用语：请不要讲粗话，注意文明礼貌。我们这里很忙，请不要妨碍我们工作。

禁忌用语：粗语、脏话、恶语伤人。

②接待外人来客户单位找人。

文明用语：请稍等，请问您找谁，我帮您找。对不起，我们有规定执勤中不准代转（存放）物品，请您另想办法。

禁忌用语：干什么事？找哪个？你是什么人？找他干什么？不在。不知道。

③接待人员或车辆进出。

文明用语：同志，请留步，请出示证件；请停车验证；谢谢合作。

禁忌用语：没有证件不能进，没有商量余地。

④遇到客户单位工作人员没带证件。

文明用语：同志，请您以后注意，下次别忘带证件，希望您自觉遵守门卫制度。

禁忌用语：单位制度你不知道吗？

⑤与小区业主、客户单位领导、职工打招呼。

文明用语：您早，您好，请进，再见，您慢走。

禁忌态度：不理不睬，只点头，不招呼。

⑥遇到有人携带大件物品外出，产生怀疑。

文明用语：同志，请留步，请出示一下携物证，这是单位规定，耽误您的时间了，谢谢您理解支持。

禁忌用语：嗨，拿啥东西，不准出门。

⑦遇到群众问路。

文明用语：请就近坐某路公交车或请往某方向走。这儿我不熟，请您问一下别人。

禁忌用语：不知道，问别人去。

⑧接到业主或客户单位职工紧急求助电话。

文明用语：请您不要着急，我们马上来帮助您；我们马上联系有关部门帮您解决。

禁忌用语：这事不归我们管，我们忙的很，又不是只为你一个人服务。

⑨遇到业主或客户单位职工对某事办理或处理不理解。

文明用语：您对某事处理有意见，可直接向单位领导反映，或我们代您反映。

禁忌用语：这件事不归我管；你想到哪儿去告，就到哪儿去。

⑩执勤中接待多名业主。

文明用语：对不起，请稍等，我马上给您办。

禁忌用语：没看到我忙啊，急什么，等着。

⑪接待处理纠纷。

文明用语：请冷静一点，有话好好说，不要争吵。

禁忌用语：吵什么！要吵到外面吵，吵完再处理。

⑫接报警。

文明用语：请您慢慢讲，把情况（经过）讲清楚，我们马上到现场。

禁忌用语：现在才来，你早干什么了！我也没办法。

⑬接报不属于管辖范围的事项。

文明用语：请您不要急，我们帮您联系一下。

禁忌用语：这个不归我管，你到某某地方去。

⑭门岗前维护交通秩序。

文明用语：同志，这不让停车，麻烦尽快挪一下。

禁忌用语：喂，你眼睛长哪儿啦，看不见这不能停。

(2) 坐姿端正、站姿端庄、行走稳健。

在执勤执行坐岗时，坐姿要舒展、精神饱满、自然大方。坐时上体要挺直，勿弯腰驼背，不要垂肩、跷腿、抖腿、晃身子，双膝应并拢，双手不可随意扶拉桌、椅，来人交谈时，应迅速站立，问好，热情接待和处理情况。

站立执勤时，应收腹、直腰、挺胸，双肩稍后放平，双臂自然下垂，保持身体端正，给人一种轻松、自然的感觉，体现出保安员的雄姿。切忌站得东歪西斜、弓背挺肚。

执勤行走时，身体要直立，抬头挺胸，平视前方，两腿有节奏地交替向前迈进，步伐应自然、稳健。在公共场合行走，要遵守交通规则；行人之间要礼让；与人交谈时要靠边站立；两人走路时不要勾肩搭背；穿制服走路时，不要吃东西、吸烟或将手插在裤兜内。

(3) 谈话自然。安保人员无论在任何场合谈话，态度都要诚恳大方，亲切自然，语气平和。问候注意使用礼貌语言，切忌装腔作势，高声谈笑，大呼小叫。

2. 热情服务，就要主动了解用户需求，努力为用户排忧解难，同时能够做到服务中耐心周到，问多不烦，事多不厌，虚心听取意见，耐心解答问题，服务体贴入微，面面俱到，尽善尽美

热情服务的基本要求包括"热情四到"，即眼到、口到、身到、意到。眼到是指目中有人、眼中有事。口到是指把对服务对象的全心全意、善心善意不遗余力地用语言表达出来，而这就需要讲好普通话、说话因人而异，注意场合。身到是指要尽可能及时、迅速满足服务对象的要求，做到姿正、脚勤、手快。意到就是指表情和行动一致，做到自然、互动、大方。

在安保工作中，会遇见形形色色的顾客，他们的脾气性格各不相同，但只要在待人接物时始终保持热情和真诚，就能让人感受到亲切、自然，从而缩短与顾客之间的情感距离，创造出良好的交流思想与情感环境。当然，热情也要得体，不能过度，否则可能适得其反。

安保工作是比较复杂的工作，要与各种类型的人打交道，受委屈也可能

是常有的事。基层保安服务队员不论面对什么情况，只有保持温和冷静的工作态度和谦和忍让的工作精神，才能够妥善快速地处理、消除纠纷矛盾，进一步提升服务质量。

总之，文明执勤、热情服务是提高安保从业人员素质的基本途径，是保安人员队伍建设规范管理的标志和行业形象工程。熟练运用好文明执勤、热情服务这一项守则，并结合人际沟通技巧以辅助实现。安保工作并不意味着对别人态度严肃以及用语生硬，应当树立文明、服务至上的观念。掌握文明执勤、热情服务的基本内容和要求，逐步形成适应岗位所必须遵守该项职业守则的意识，提高遵守本项守则的自觉性，从而依法规范自己的职业行为。

四、强健体魄，见义勇为

（一）强健体魄、见义勇为的含义及其意义

强健体魄，就是通过有效锻炼，增强体格和精力。见义勇为是指为保护国家、集体利益或者他人的人身、财产安全，不顾个人安危，与正在发生的违法犯罪行径作斗争或者抢险救灾的行为。

见义勇为是职业道德中的最高境界，同时也是做人的最高境界。而强健体魄是见义勇为的基础。强健体魄、见义勇为是安保职业守则内容第四部分，要求安保人员在具备健康体魄的基础上，认真履行安保人员义务的同时，在工作中要以国家利益、人民利益、服务单位的利益为重，关键时刻能够挺身而出，同扰乱社会秩序、侵害国家和人民利益的行为做斗争。

而见义勇为既是安保职业守则之一，又是一种崇高的道德追求。道德调节的作用不仅表现在将市场主体经济利益的行为限制在遵守市场规则、尊重人伦常规的范围内，还要在处理利益关系时追求高尚的道德。

发扬见义勇为精神有助于抑制极端利己主义和享乐主义的蔓延。市场经济的求利原则能够激励人们的积极性和创造性，促进经济的发展和效率的提高，但同时又会刺激极端利己主义，或是只知索取、不讲奉献的享乐主义。发扬见义勇为精神，可以抑制极端利己主义的膨胀，调节人与人之间的利益冲突，促进社会的和谐与发展。

　　安保队伍是维护社会安全的重要力量，发扬见义勇为精神能够充分激励安保企业以及安保人员的社会责任感，并提升安保行业、企业的社会地位。发扬见义勇为精神有助于营造互助友爱、安定和谐的社会风气。在他人危难之际，人人伸出救援之手，为社会奉献出爱心，在社会上扶危济困，营造出一种互助友爱的社会风气，从而大大提高社会凝聚力，提升安保行业、企业的社会地位，保证社会主义市场经济健康有序发展。

　　强健体魄是能够更好地为践行见义勇为精神提供体力和精力的前提基础。没有好的体魄，便不可能做好见义勇为，即便盲目去做，也可能为自身和他人的安全埋下隐患，甚至造成不可估量的损失。因此，发扬见义勇为精神的前提就是要先强健体魄，提供体力和精力的基础条件。

　　（二）如何做到强健体魄和见义勇为

　　安保人员要通过掌握技能、强健体魄打下扎实的业务基础，同时为发扬见义勇为精神提供体力和精力的支持。掌握技能、强健体能是做好安全保卫工作的基础。安保人员在执行任务的时候，必须要有强健的体魄和充沛的精力作保证，强化体能训练的重要性是勿庸置疑的。掌握技能、强健体能就是熟练学习并掌握与本专业相关的技术和能力，并且通过努力锻炼和相关练习提高自身体能，以保障顺利完成各项工作任务。体能和技能是相辅相成的，也是现代安保业对人员素质的基本要求，二者不可或缺。安保从业人员必须全面了解掌握技能、强健体能的基本内容和要求，强化基本功，提高业务技能。应当严格按照训练计划执行，以体能训练为基础，以新式擒敌拳、队列、押解、看管、安检等项目为重点，扎扎实实地开展训练活动，在训练中应当一招一式地做，一拳一腿地练，不叫苦、不叫累。在基本技能训练过程中，应当总结经验、互帮互学、相互交流。要通过狠抓体能训练，提高身体素质。应当加强日常集中强化训练，锻炼体能，尤其是新加入到安保队伍的人员，更应当做到提高认识、思想重视、态度端正、行动落实，积极参加集中强化训练。在进行俯卧撑、仰卧起坐、队列、跑步等体能训练课目时，不但按照要求完成规定的训练量，还应当有计划地安排新参加的队员增加训练量。

▶ 课后实训 ◀

◆ 实训项目一

一、实训目标

1. 加深对职业道德中诚实守信、遵纪守法的理解和掌握实际中运用的方法。

2. 锻炼思考、解决问题的能力。

二、实训内容

请收集身边诚实守信、遵纪守法的两个经典案例,要求一个正面的,一个反面的。

三、实训步骤

1. 小组分工:将学生分成 5~6 人为一个小组,每位同学都在本组内就两个正、反案例阐述自己的观点,分析对比和总结。

2. 全班交流:每组同学推选一位代表在全班讲述本组讨论的过程与结论,并请其他组的同学进行点评。

3. 教师总结点评。

四、实训考核

教师根据学生的讲述、写作情况以及其他小组的点评情况作出评价。

◆ 实训项目二

一、实训目标

1. 加深对职业守则中爱岗敬业、乐于奉献的理解和实际中的运用的方法。

2. 锻炼思考、解决问题的能力。

二、实训内容

案例:某保安人员上夜班期间,晚会开场前在卫生间发现一名男子,当该名保安员上前询问时,该名男子解释说自己是保洁人员。由于该名保安员安全防范意识淡薄,并未意识到此时保洁员根本不可能进场,待返回办公室感到不对返回卫生间时，该名男子已从卫生间窗口逃走。事发后，公司给予该名保安员辞退并扣除当月工资的处理。

该保安员在工作过程中存在哪些过错？该保安员与公司存有的合同或者协议是怎么规定的呢？扣除工资对吗？

请根据本案例，讨论回答问题。请结合保安职业守则分析评论该保安员的做法，并评析该公司的做法以及该保安员如何应对公司的处理。

三、实训步骤

1. 小组分工：将学生分成5~6人为一个小组，每位同学都阐述自己的观点，并写出本组解决问题的方案。

2. 全班交流：每组同学推选一位代表在全班讲述本组讨论的过程与结论，并请其他组的同学进行点评。

3. 教师总结点评。

四、实训考核

教师根据学生的讲述、写作情况以及其他小组的点评情况作出评价。

◆ 实训项目三

一、实训目标

1. 加深对文明执勤、热情服务这项安全保卫职业守则内容的理解和运用。
2. 提高自身素质，逐步形成遵守该项职业守则的意识。

二、实训内容

小品设计与表演：请根据以下提供的文明用语，设计一个与安保工作有关的小品，正反面皆可；并组织本组人员进行角色扮演。

思考（知识准备）

1. 掌握安保职业守则（文明执勤，热情服务）。
2. 掌握相关人际沟通技巧。
3. 安保人员执勤常用文明用语：

请留步，您找谁？

请您出示证件，谢谢合作。

您贵姓？

请稍等，我帮您联系一下。

请到门卫室登记一下。

对不起，这是内部电话不外借。

对不起，这里不允许停车。

对不起，这里不能停留，谢谢合作。

对不起，我们执勤中不能离开岗位。

很抱歉，我们执勤中不能代存（代转）。

没关系，不必客气。

这是我们安保人员应该做的。

对不起，现在已经下班，请您明天再来吧。

对不起，今天是休息日，请您下周一再来吧。

请慢走，欢迎您再来。

对不起，这里不能吸烟。

对不起，这里不能拍照。

对不起，您带的东西有放行条吗？

请您去开一个证明吧。

请您不要误会，这是公司的规定。

对不起，耽误了您的时间，谢谢合作。

请问您找谁？我给您去找。

对不起，您找的人不在，如有事我可以转告吗？

对不起，请您容我解释一下好吗？

对不起，我是新来的，还不认识您，请原谅。

对不起，我不清楚，请您问一下别人好吗？请协助我们搞好门前的秩序，谢谢合作。

对不起，您不要这样，以免伤了和气。

请您有话慢慢讲，不要着急，有事好商量。

非常感谢。

三、实训步骤

1. 小组分工：将学生分成 3~4 人为一个小组，每小组根据要求设计一个小品，并安排小组成员进行角色扮演，最后在班级内表演。表演完备后，各小组进行讨论交流。

2. 全班交流：每组同学推选一位代表在全班讲述本小组的设计，并请其他组的同学进行点评。

3. 教师总结点评。

四、实训考核

教师根据各组学生的表演、讲述和点评情况作出评价。

◆ 实训项目四

一、实训目标

1. 加深对职业守则中强健体能的理解和实际中对强体能方法的运用。

2. 锻炼思考、解决问题的能力。

二、实训内容

根据本章学习内容，讨论回答问题并完成练习任务。假设你是一位执勤安保人员，在值班时候突遇他人发生紧急安全事故，但是你身体不适，这时该怎么办？请设计不同行为导致不同结局的局面。

三、实训步骤

1. 小组分工：将学生分成 5~6 人为一个小组，每位同学都阐述自己的观点，并写出本组的解决问题方案。

2. 全班交流：每组同学推选一位代表在全班讲述本组讨论的过程与结论，并请其他组的同学进行点评。

3. 教师总结点评。

四、实训考核

教师根据学生的讲述、写作情况以及其他小组的点评情况作出评价。

◆ **实训项目五**

一、实训目标

1. 加深对见义勇为这项安全保卫职业守则内容的理解和探讨实际运用。

2. 提高自身素质,逐步形成遵守该项职业守则的意识。

二、实训内容

结合所附的"见义勇为好保安"案例,组织讨论安保工作人员如何做到见义勇为,并分析评价当前社会对待"见义勇为"行为的看法。

三、知识准备

1. 掌握安保工作人员的职业守则(见义勇为)。

2. 掌握相关职业道德。

四、实训步骤

1. 小组分工:将学生分成3~4人为一个小组,各小组进行讨论交流,按照要求进行分析评价。

2. 全班交流:每组同学推选一位代表在全班讲述本小组的讨论评价情况,并请其他组的同学进行点评。

3. 教师总结点评。

五、实训考核

教师根据各组学生的讲述和点评情况作出评价。

◆ **案例分享**

爱岗敬业乐奉献　见义勇为真英雄[1]

记者　宋美君

"如果以后遇到这种危险情况,我还是会毫不犹豫地跳下去救人。"回忆起

---

[1] 参见 https://mp.weixin.qq.com/s?__biz=MzIwOTA2ODY2Ng==&mid=2650310004&idx=5&sn=58fe53e4b0c880a463e9f97d7cb87bdd&chksm=8f755261b802db772e099bdfdf8ef0c715eb04de1c591e6528a5c35810c962f8a5d199232332&scene=27,2022年12月10日访问。

4年前惊险的一幕，被网友亲切地称为"最美保安大哥"的陈运启如是说。

陈运启是衡阳新天地保安服务有限公司保安队伍中的一位"老大哥"，在22年的保安工作中，他真情奉献、辛勤耕耘，感人事迹一桩桩、一件件，历历在目。

"救命呵！"2018年7月7日下午，轮休的陈运启和几个朋友在老家衡山县东湖镇石碑村幽幽谷游玩，正要下山时，突然听到一女子撕心裂肺的呼叫声。陈运启脑海里第一反映就是：不好了，上面一定出事了。险情就是命令，他不顾一切地拼命往女子呼救的地方跑。

只见女子旁边的水潭里有三个人正在水里挣扎，其中有一个浮在水上已经不能动了。在生死攸关的时刻，陈运启来不及多想，直接跳入水中，先将一名成年男子抱住往水潭边游去，因男子太重，经过几番努力，才将男子推了上去，成年男子得救了。陈运启来不及喘息，又拼尽全力将另一名落水男孩托出水面，被上面的人拉了上去。一连救出两人后，陈运启已是筋疲力尽，但看到还有一人没有救出，便又向水潭深处游去，这次被救的男孩年纪小，嘴唇已经发紫，身子一动不动，已是生命垂危。他抓住小孩的胳膊拼命地往水潭岸边游，游到岸边后，被陈运启在岸上的朋友将小孩拉上岸。

连续救出三人的陈运启已是力气全无，最后在几个朋友的帮助下，陈运启拼尽全力爬出水潭，当他看到三个落水的人都已经得救了，终于松了一口气。

虽然手机因为泡水报废了，但是与落水的父子三人相比，心中的天平偏向了生命。

"救人嘛，根本没注意自己身上的东西，钱也好，手机也好，根本都没管，直接跳下去了。"陈运启如是说道。

事后同事问他"面对危险，第一反应是什么，有过后怕吗？"他回道："怕，当然怕，当意外事件来临的时候，容不得多思考，脑子里只有一个想法——救人。"

危急时刻，陈运启敢于挺身而出，并不是一种偶然。1991年，21岁的陈运启光荣地成为了一名边防武警。1992年参与破获6.8公斤毒品案件，荣立三等功。退伍后，2000年7月入职衡阳新天地保安服务有限公司，成为了一名保安员。他说："军旅这一程不是人生的落脚点，而是人生的加油站，不怕苦不怕累的精神已经深深地刻进我的骨髓。"人防队员、押运员、守库员……在22年的保安工作中，无论身处哪个岗位，陈运启都能迅速掌握岗位特点，以及相应的执勤技能，出色完成任务，在工作中从未出现过任何差错。

陈运启作为公司的"老大哥"，不仅自己的工作干得有声有色，遇到同事有困难，他总是热心地伸出援助之手。2021年农历大年三十，本已准备回家吃团圆饭的陈运启，听说队员杨小红家中有事，他主动申请加班，直到大年初四才吃到"迟到的团圆饭"。虽然不能和家人一起吃团圆饭，但陈运启说："我们是保安员，我不值班其他同事也要值班，总会有人不能回家吃团圆饭。既然选择了这份职业，就应当具有舍'小家'为'大家'的敬业精神。"

工作上爱岗敬业，生活中乐于助人，危急时刻见义勇为……陈运启的用心付出也收获了属于他的回报，他先后荣获"衡山县见义勇为模范"、衡阳市"第五届道德模范"提名奖、湖南省"优秀保安员""全国优秀保安员"等荣誉称号。

第六章 安保工作纪律

纪律和法律有所区别，每个集体或组织都有相应的纪律约束成员的行为。安保从业人员必须遵守工作纪律。理解安保工作纪律每一条文的含义，才能更好地遵守纪律。而遵守纪律，也是安保人员具有良好职业道德素养的一个重要标志。

第一节 纪律认知

一、纪律的含义

纪律是指在一定社会条件下形成的一种为维护集体利益并保证工作顺利进行而要求成员必须遵守的规章、条例的总和，是要求人们在集体生活中遵守秩序、执行命令和履行职责的一种行为规则。一般来讲，纪律基本内涵包含三个层面，即纪律具有惩罚性；纪律通过施加外部约束达到纠正行为的目的、手段；纪律是对自身行为起作用的内在约束力。这三层意思反映出良好纪律的形成过程是一个由外在的强迫纪律逐步过渡到内在自律的过程。

纪律与法律不同。法律通常是指由社会认可、国家确认、立法机关制定规范的行为规则，并由国家强制力（主要是司法机关）保证实施的，以规定当事人权利和义务为内容的、对全体社会成员具有普遍约束力的一种特殊行为规范（社会规范）。法律是以权利和义务为主要内容的，调整人们相互关系的行为准则。人们一旦触犯法律，便会受到相应的惩罚，并且要接受教育和改造。

二、纪律的特点

纪律具有社会性、历史性、阶级性和强制性的特点。

纪律作为一种人们的行为规则，是伴随着人类社会的产生而产生，伴随着人类社会的发展而发展的，因此具有社会性和历史性的特点。

纪律既然随着人类社会的发展而发展，那么，当人类社会出现阶级后，纪律就必然打上阶级的烙印。纪律是统治阶级的权利和意志的体现，统治阶级总是按照他们的需要，运用手中的权力，制定出一定的纪律。所以，纪律在阶级社会里具有鲜明的阶级性。纪律的阶级性并非是一定存在的，对于一些不涉及阶级的集体而言，其内部纪律完全可以和阶级性无关。

纪律既然是维持人们一定关系的规则，要求一定集体成员必须执行，它就必然带有强制性。纪律是以行为的限制、以服从为前提的。无论是象征着统治阶级权力和意志的政治纪律，还是反映社会化大生产规律的各行各业的职业纪律；无论是维护社会正常秩序的规章制度，还是机关团体的各种公约章程，都具有强制性。一定集体的纪律一经制定，每个成员就必须执行；违反了纪律，就要受到批评或者惩罚。

三、纪律的分类

按照不同的标准，纪律可以分为好多种。按照内容划分，可以分为政治纪律、经济纪律和生活纪律等；按照性质可以划分为组织纪律、廉洁纪律等；按照对象可以分为党的纪律、群众纪律、工作纪律等。

第二节 安保工作纪律

本节所述的安保工作纪律，是根据国务院颁布的《保安服务管理条例》

(2022修订，中华人民共和国国务院令第752号），所提炼出的安保公司共性的职业纪律要求。

一、遵守国家法律法规，积极协助公安机关维护社会治安

（一）如何理解

遵守国家法律法规，顾名思义就是遵守国家颁布的各项法律和法规。当发生干扰、破坏客户单位正常的生产、生活、工作秩序的特殊情况时，安保人员应按照应急工作预案，迅速将有关情况报告客户单位或当地公安机关。协助做好疏导工作，维护正常秩序。

作为安保从业人员要遵守国家的法律法规，应了解掌握并在一定程度上运用以下基本法律法规知识，以协助公安机关维护社会的安全与稳定，主要包括：一是《宪法》，主要明确中华人民共和国的国家基本制度、中华人民共和国公民的基本权利与义务、中华人民共和国的国家机构、宪法实施的保障等；二是《刑法》，主要了解犯罪与犯罪构成、排除犯罪性的行为、犯罪形态、刑事责任与刑罚、常见的犯罪类型等；三是《刑事诉讼法》，主要了解刑事诉讼基本制度、刑事诉讼程序、第二审程序、死刑复核程序、审判监督程序、执行程序等；四是《民法典》，主要了解民事法律关系、民事主体、民事法律行为、时效与期限、物权、债权、继承权、民事侵权等；五是《民事诉讼法》，主要了解民事诉讼基本制度、民事诉讼程序等；六是《行政诉讼法》，主要了解行政主体、行政行为与行政立法、行政责任与监督行政、行政诉讼法等；七是《治安管理处罚法》，重点掌握治安管理处罚的种类和适用、违反治安管理的行为与处罚、治安管理处罚的程序、执法监督等；八是《劳动法》《劳动合同法》，主要了解社会保障、劳动合同相关法律；九是保安业管理法律规范，包括《保安服务管理条例》《企业事业单位内部治安保卫条例》《物业管理条例》等。

（二）如何遵守

安保服务就是指为满足公民、法人和其他组织的安全需求，依照法律、法规、规章和国家有关规定，由依法设立的企业、组织提供的专业化安全防范服务及相关服务的行为。安保服务一般按照合同约定，采取门卫、守护、巡逻、押运、随身护卫、人群控制、技术防范、安全咨询等形式，保护客户人身、财产和信息等安全，维护客户合法权益。因此，安保服务操作应按照国家法律、法规、规章及政策规定进行，并遵守组管行政机关的有关管理规定。属于安保服务职责范围内的事项按本标准实施，不属于保安服务职责范围的事项，依法交有关部门处理。

《保安服务管理条例》第30条规定，保安员不得有下列行为：（一）限制他人人身自由、搜查他人身体或者侮辱、殴打他人；（二）扣押、没收他人证件、财物；（三）阻碍依法执行公务；（四）参与追索债务、采用暴力或者以暴力相威胁的手段处置纠纷；（五）删改或者扩散保安服务中形成的监控影像资料、报警记录；（六）侵犯个人隐私或者泄露在保安服务中获知的国家秘密、商业秘密以及客户单位明确要求保密的信息；（七）违反法律、行政法规的其他行为。因此，安保从业人员一定要严格遵守国家的法律法规以及相关行政条例，依法依规办事。

《保安服务管理条例》第31条规定，保安员有权拒绝执行保安从业单位或者客户单位的违法指令。保安从业单位不得因保安员不执行违法指令而解除与保安员的劳动合同，降低其劳动报酬和其他待遇，或者停缴、少缴依法应当为其缴纳的社会保险费。因此，安保从业人员要准确掌握"遵守国家法律法规、积极协助公安机关维护社会治安"这条工作纪律的含义和基本要求。应当尽职尽责地做好本职工作，积极协助公安机关维护社会治安，制止不法行为，及时将违法犯罪嫌疑人扭送公安机关处理，保护服务单位的人身财产安全。应当遵守国家的法律法规，不得充当某个组织或个人的保镖、打手或私自为他人提供保安服务；不得行使警察的职权；不得阻碍国家机关工作人员依法执行公务；不得非法剥夺、限制他人人身自由；不得罚款或没收财物；不得扣押他人证件或者财物；不得处理民事纠纷、经济纠纷或者劳动争议；不得侵犯他人人身权利；不得私藏、持有和使用警械及杀伤性武器。应当自觉遵守法律法规，依法履行职责。当国家、集体和个人的生命财产受到非法侵害时，应挺身而出。应当积极锻炼和总结如何在复杂的情境下恰当处理问题、遵守本条工作纪律的意识和能力。并逐步形成适应岗位所必需的法律意识和严格遵守工作纪律的意识，提高遵守本条纪律的自觉性，从而依法规范自己的职业行为。

二、尽职尽责做好本职工作，按照合同规定保护客户的人身、财产、信息安全

（一）如何理解

尽职尽责做好本职工作，按照合同规定保护客户的人身、财产、信息安全是安保工作纪律内容之一。尽职尽责做好本职工作，就是按照本人所从事的岗位职责完成工作任务；按照合同规定保护客户的人身、财产、信息安全就是能够在从事安保工作过程中按照合同规定的内容确保客户的人身、财产、信息等方面的安全，否则就是失职，会受到道德的斥责、单位的惩罚甚至是法律的制裁。

◆ 案例分享

银行保安尽职尽责　亮枪伤阻止骗局挽回损失[1]

记者　黄河

重庆晚报讯　面对持枪抢劫的周克华，银行保安马志忠奋不顾身上前追赶，被对方开枪击中负伤后，又回到银行安抚疏散群众。近日，马志忠被评为我市先进保安。

2015 年 9 月 20 日，一位老人来银行办理 9 万元转账，马志忠发现这很可

---

[1] 参见 http://cq.cqwb.com.cn/sh/2016-08/24/content_650864.html，2022 年 12 月 10 日访问。

能是电信诈骗，但老人不信。他挽起衣袖，露出自己的枪伤，老人这才相信他的话，挽回了损失。

人物档案：

马志忠，汉族，57岁，中共党员，2010年11月参加保安工作。2012年，重庆市政府授予马志忠同志重庆市见义勇为英雄光荣称号。

（二）如何做到

本条纪律主要体现的是要求安保工作人员具有敬业精神。要认真对待本职工作，应常怀敬畏之心，专心、守职、尽责，干一行、爱一行、钻一行，尽心竭力、全身心地投入工作。对待工作要着眼于大局，立足于小事，努力在平凡的岗位上做出不平凡的业绩。

具体要求包括：一是要文明执勤，礼貌待人，保护他人隐私；二是要廉洁奉公，不谋私利；三是要遵守服务单位的各项规章制度，严守服务单位的商业机密。

总之，安保人员要准确掌握"尽职尽责做好本职工作，按照合同规定保护客户的人身、财产、信息安全"这一条工作纪律的含义和基本要求。积极运用安保基本知识以及专业综合素质应对突发事件，锻炼恰当处理问题与遵守本条工作纪律之间关系的能力。逐步形成爱岗敬业、为客户信息严守秘密的工作意识，提高遵守本条纪律的自觉性，从而规范自己的职业行为。

三、文明执勤，礼貌待人，以理服人

（一）如何理解

"文明执勤，礼貌待人，以理服人"属于从具体操作层面提出的工作意识或规范要求。它要求从业者首先要树立文明、礼貌、民主的工作意识，并在具体的工作过程中加以贯彻实施，不能蛮横无礼、不讲程序、不讲道理。此项纪律对安保从业者尤为重要，因为安保工作的性质决定了从业者的工作首先是为客户服务，而服务就要求强化文明礼貌、以礼待人等意识。

◆ **案例分享**

国航西南地服部保安认真文明执勤获旅客赞扬[1]

尹涛、杨文全

"杜鑫涛：您好！对今天所发生的一切，我深感歉意！也一定请您原谅！顺祝您一切都平安顺利！许巍 2006.3.23"这是 4 月 2 日四川广播电台某工作人员受她朋友许巍之托亲手转交给国航西南分公司地面服务部保安杜鑫涛的致歉信，她再三向杜鑫涛道歉并送上一盒精致的礼品，还表示要在电台点歌再次感谢和致歉。

3 月 23 日，国航西南分公司地面服务部保安杜鑫涛向往常一样在成都双流机场值机大厅认真执勤，可能是长期以来养成的一种职业习惯，他不停观察着过往旅客随身携带的行李。突然，一位旅客携带的超大行李引起他的注意，他上前向旅客恭敬地行了一个举手礼，然后向旅客耐心地解释民航总局关于旅客随身携带行李限制的规定，并请旅客前往值机柜台办理托运。可旅客非常气恼地说："我不托运，这里面装的是价值近 10 万元的乐器。我走过许多机场，都没有托运，为什么在成都就非要托运……"任凭杜鑫涛怎么解释，旅客始终不愿托运，他便请旅客到值班经理柜台再作咨询，旅客坚持不去并再三强调要记下他的姓名作投诉。双方僵持不下，他只好请来值班主任帮助解决旅客的问题。值班主任了解情况后，按规定为旅客办理了贵重乐器运输的相关手续，旅客非常满意，并带着对杜鑫涛深深的歉意踏上了旅途。

随后，那位旅客就写了那封致歉信寄给他在四川广播电台的那位朋友，反复叮嘱朋友要亲手把信和礼品交给杜鑫涛本人，并转达他的内疚和歉意。那位旅客的诚恳和保安杜鑫涛认真文明的职业精神感动了那位电台的朋友，她于 4 月 1 日带着信和礼品亲自来到机场国航值机大厅寻找杜鑫涛。可那天恰好遇到杜鑫涛休假。在国航西南分公司地面服务部保安队的同事处了解到他的电话后，她于是又打电话给杜鑫涛，讲明了找他的原因是代朋友许巍 3

---

[1] 参见 http：//news.carnoc.com/list/69/69183.html，2022 年 12 月 10 日访问。

月 23 日在国航值机大厅因携带行李一事专程前来道歉,再三强调受朋友之托一定要将许巍的致歉信和礼品亲自送到。为显示保安队员的宽襟胸怀,不再耽误那位电台朋友的上班时间,杜鑫涛答应约好第二天在四川广播电台见面。于是,就发生了前面那一幕。

"这件事的发生,使我们更进一步认识到了文明执勤、礼貌待人和以理服人的重要性,只要我们尽最大的努力去服务旅客,总会得到旅客的理解……"杜鑫涛捧着那封辗转而来的致歉信,感觉从未有过的充实和欣慰。

(二)如何做到

文明执勤、礼貌待人、以理服人,是安保从业人员工作纪律内容之一。创建和谐社会是我们的宗旨,在当今较为复杂的社会局势之下,做为维护社会安全的重要力量,安保从业人员在言、行、举、止几个方面都必须做到文明、礼貌、合理。例如,保安员在执勤时应讲普通话或当地通用语言,这是语言方面的基本要求。

《保安服务管理条例》第 30 条规定,保安员不得限制他人人身自由、搜查他人身体或者侮辱、殴打他人;不得扣押、没收他人证件、财物。因此,要结合条例规定,准确掌握"文明执勤,礼貌待人,以理服人"这一条工作纪律的含义和基本要求,就要主动学习相关知识,及时总结工作中的经验和教训,树立良好的工作意识,提升工作能力。在日常工作中,积极体会和总结如何运用安保基本知识以及专业综合素质应对复杂事件,锻炼恰当处理问题与遵守本条工作纪律之间关系的能力。逐步形成文明、礼貌、民主的工作意识,提高遵守本条纪律的自觉性,从而规范自己的职业行为。

四、廉洁自律,不谋私利

(一)如何理解

廉洁是指一个人在道德、行为和职业等方面保持清正、公正、无私、不受贪欲诱惑的状态。自律是指个人能够自我管理和自我控制,根据自己的价值观、人生目标和行为准则来规范自己的行为,不断提高自我修养和自我约束能力，达到自我完善和自我提高的目的。廉洁自律就是在职务上保持清正廉洁，不受贪欲诱惑，自觉地遵守职业道德规范，弘扬正义、公正、诚实、守信的职业精神和道德风尚。不谋私利就是指不利用自己所从事的职位和岗位便利，为自己谋取个人利益。廉洁自律，不谋私利既是一种道德观念，又是一种行为准则。

综观中国五千年的文明史，清正廉洁一直为人们所倡导。东汉杨震拒受贿赂，宋代包拯不畏权贵、秉公执法，他们也是廉洁自律的典型。"廉洁自律，不谋私利"做为安保工作纪律内容之一，就是在从事本职工作时要分清工作利益和自身利益的关系，做到清正廉洁，自我约束，不利用个人工作之便从事为自身谋利益的行为。否则就会陷入道德的职责、甚至受到纪律的惩罚或者法律的制裁。

◆ **案例分享**

苍南一公司仓库 6 万元电缆失窃 竟是保安监守自盗[1]

编辑 周智捷

温州网讯 老话说"日防夜防家贼难防"，浙江省苍南县某电力工程公司的徐先生近日发现仓库内价值 6 万余元的电缆莫明其妙失踪，让他意想不到的竟是仓库保安员监守自盗。6 月 21 日，犯罪嫌疑人李某被警方刑拘。

徐先生是浙江省苍南县某电力工程公司的管理人员。近日，他发现公司位于灵溪镇的仓库内的电缆莫明其妙地少了，后经清点，竟少了价值 6 万多元的电缆。该仓库存放着大量电缆，平时有两名保安员日夜看守，而仓库的门窗均完好无损，这让徐先生感觉很是蹊跷。徐先生和同事调取监控查看后，竟发现偷电缆之人很像仓库保安员李某，遂报案。接报后，苍南县公安局灵溪中心派出所立即着手调查，并将李某"请"进了派出所。被抓获后，李某很干脆地如实供述了自己全部犯罪事实。

现年 52 岁的李某是河南省南阳市人，已在浙江省务工多年，目前是苍南

---

[1] 参见 https://www.sohu.com/a/84899475_119665，2022 年 6 月 22 日访问。

县某物业公司的一名保安。今年初,李某被物业公司派驻到苍南县某电力工程公司负责看管仓库。"平时喜欢喝酒,烟瘾又特别大,买烟时都要一次买两包,每月2000元的工资根本不够花"。"靠山吃山",李某便萌生了从自己看管的仓库偷电缆的念头。3月4日晚上,李某趁独自一人值班之机,从窗户爬入仓库,先找了一把钢丝钳,将成捆的电缆线剪断,从门缝中塞出去。次日下班后,李某将电缆以每斤12元的价格卖给收购废旧物品的流动商贩,获得400余元。第一次如此轻易得手,让李某"既兴奋又提心吊胆了好一阵子"。几天后,仍无人提及电缆被盗之事,这让尝到甜头的李某一发而不可收拾,从2016年3—6月,他先后13次潜入仓库施贼技,所盗窃得电缆,均被当废铜低价甩卖,共获得赃款5000余元。

现李某已被警方刑拘,案件还在进一步审理中。

(二)如何做到

安保从业人员要准确掌握和理解"廉洁自律,不谋私利"这条工作纪律的含义和基本要求,必须做到如下几个方面:

一是增强自律意识。古人云,"欲少仁存,欲多仁亡。正身直行,众邪自息"。必须正人先正己,努力做到自重、自省、自警、自励。

二是以德为先。古人云,"才者,德之资也;德者,才之帅也",因此必须做到"正以处人,廉以律己,信以接物,宽以待下,敬以处事"。

三是要积极体验和总结本条工作纪律在具体工作过程中的实际运用。形成在诱惑面前能够保持廉洁、不谋个人私利的自律能力,逐步形成廉洁、自律的工作修养和道德意识,提高遵守本条纪律的自觉性,从而规范自己的职业行为。

五、遵守客户单位的规章制度,严守客户的商业秘密和个人隐私

(一)如何理解

遵守客户单位的规章制度,严守客户的商业秘密和个人隐私是安保工作纪律内容之一,它也是安保工作的基本目标之一。安保工作最终目标就是按照合同的规定，确保服务对象的安全，为达到这个目标，就要按照客户单位的规章制度办事，严密保守客户的商业秘密以及涉及的个人隐私等，以免为客户带来不必要的损失。

（二）如何做到

《保安服务管理条例》第 25 条规定，保安服务中使用的技术防范产品，应当符合有关的产品质量要求。保安服务中安装监控设备应当遵守国家有关技术规范，使用监控设备不得侵犯他人合法权益或者个人隐私。保安服务中形成的监控影像资料、报警记录，应当至少留存 30 日备查，保安从业单位和客户单位不得删改或者扩散。第 26 条第 1 款规定，保安从业单位对保安服务中获知的国家秘密、商业秘密以及客户单位明确要求保密的信息，应当予以保密。第 30 条第 6 款规定，保安员不得侵犯个人隐私或者泄露在保安服务中获知的国家秘密、商业秘密以及客户单位明确要求保密的信息。

因此，安保从业人员要准确掌握"遵守客户单位的规章制度，严守客户的商业秘密和个人隐私"这条工作纪律的含义和基本要求，积极体会和总结在具体任务的执行中按照纪律规定，如何运用相应知识应对复杂事件，形成自己的职业敏感性，逐步形成遵守制度、严守秘密、尊重隐私的工作意识，提高遵守本条纪律的自觉性，从而规范自己的职业行为。

▶ **课后实训** ◀

◆ **实训项目一**

一、实训目标

1. 加深对"遵守国家法律法规、积极协助公安机关维护社会治安"这条工作纪律的理解和探讨实际运用的方式方法。

2. 提高自身素质，提高遵守本条纪律的自觉性。

二、实训内容

体验尽职尽责做好本职工作，按照合同规定保护客户的人身、财产、信息安全，进行角色扮演，并对结尾对白进行补充设计。

【情景剧】 夜间遇到守护范围突然停电。

表演角色：某高档楼寓物业安保员、不明身份者甲和乙、旁白。

情景：某高档楼寓物业安保员：我是本楼寓的物业保安员，刚从大学毕业求职到泛海集团所属的物业管理公司，从事本楼寓的安保工作。一切从零开始。今晚我值班，工作经验不足，可要提高警惕。

旁白：紧急情况出现，负责区域突然停电、守护灯光突然熄灭。楼道有人吆喝："停电了！"

旁白：在楼寓门口出现不明身份者甲。

甲声称：我是电工，放我进去。

旁白：在楼寓内出现不明身份者乙。

乙声称：我是本楼寓工作人员，我要出去。

实训任务：面对本情境，请帮助某高档楼寓物业安保员分别设计三个以上针对甲、乙的对白以及应当采取哪些应急措施。

三、实训步骤

1. 小组分工：将学生分成 5~6 人为一个小组，各小组推荐一人组成表演小组，进行演示。各小组其他同学观看后进行讨论交流，按照要求进行设计。

2. 全班交流：每组同学推选一位代表在全班讲述本小组的讨论情况和设计思路，并请其他组的同学进行点评。

3. 教师总结点评。点评要点：一是执勤期间，遇有夜间突然停电或守护灯光突然熄灭，属于紧急情况，要特别加强门卫和要害部位的守护，在照明恢复前，严格控制人员进出。二是要尽职尽责，按照合同规定保护客户的人身、财产、信息安全，不能马虎大意。

四、实训考核

教师根据各组学生的讲述和点评情况作出评价。

◆ 实训项目二

一、实训目标

1. 加深对"廉洁自律,不谋私利"这一条工作纪律的理解和运用。

2. 提高自身素质,提高遵守本条纪律的自觉性。

二、实训内容

分析理解"廉洁自律,不谋私利",结合本章第四节中的案例《苍南一公司仓库6万元电缆失窃 竟是保安监守自盗》,设计出解决问题的程序和方法。

实训任务:假如你是李某的同事,是该大厦的一名保安。在一次夜间执勤时,你发现李某形迹可疑,手中提着一个笔记本电脑。李某也知道你发现了他。为了让你保密,李某找个借口要送给你一部名牌手机并邀请你一起吃饭。面对这种情况,你应当如何对待和处理?请设计出解决问题的程序和方法。

三、实训步骤

1. 小组分工:将学生分成5~6人为一个小组,各小组结合案例进行讨论交流,按照要求进行设计。

2. 全班交流:每组同学推选一位代表在全班讲述本小组的讨论情况和设计思路,并请其他组的同学进行点评。

3. 教师总结点评。

四、实训考核

教师根据各组学生的讲述和点评情况作出评价。

第三篇
职业意识篇

我国推进全面依法治国,是为了建设信仰法治、公平正义、保障权利、守法诚信、充满活力、和谐有序的社会主义法治社会。因此,提升全民法治意识是带动全民守法的题中要义,也是全面推进法治社会建设的关键内容。安保行业作为特殊性质的服务行业,在中国担负着社会治安和其他安全服务功能,安保人员一定要认识到法治意识的重要性,并注重日常法治意识的养成。

DER
ROCKING

第七章　安保人员法治意识

我国推进全面依法治国，是要建设信仰法治、公平正义、保障权利、守法诚信、充满活力、和谐有序的社会主义法治社会。在这个过程中，全民守法是实现全面依法治国的基础。尊法守法、依法办事，不仅是我国治国理政的基本理念，也应成为全体社会成员的信念与信仰；不仅体现在各级党组织依法执政和政府依法行政的实践中，也存在于每一个公民的日常生活实践中。因此，提升全民法治意识是带动全民守法的题中要义，也是全面推进法治社会建设的关键内容。

经过40多年的改革开放，我国经济社会发展已经进入新阶段。改革发展稳定的难度在加大，社会治理的复杂性在加深，利益冲突在加剧，各种矛盾的关联性、积聚性、突发性进一步增强。再加上互联网、手机媒体、微博、微信等新媒体的广泛运用，个体性事件极易引发大范围的矛盾冲突和社会治理的局部危机。而且，随着法治进程的深入，社会成员的民主法治意识、权利保护意识也在不断增强。

安保行业作为特殊性质的服务行业，在中国担负着社会治安和其他安全服务功能，其工作服务对象以及所处环境复杂多变，安保工作人员不懂法律、没有法治意识而处理不当，不仅会对当事人自身带来不利影响，也会对所在企业带来经济利益或者声誉的受损，甚至影响政府乃至国家的形象。因此，安保人员一定要认识到法治意识的重要性，并注重日常法治意识的养成。

第一节　法治意识的内涵及价值

法治意识属于法学术语。推动全社会树立法治意识,增强全社会厉行法治的积极性和主动性,形成守法光荣、违法可耻的社会氛围,使全体人民都成为社会主义法治的忠实崇尚者、自觉遵守者、坚定捍卫者,对于全面推进依法治国、建设社会主义法治国家具有重要意义。

法律要发生作用,首先全社会要信仰法律。如果一个社会大多数人对法律没有信任感,认为靠法律解决不了问题,那就不可能建成法治社会。因此,一定要引导全社会树立法治意识,使人们发自内心地对宪法和法律的信仰与崇敬,把法律规定内化为行为准则,积极主动地遵守宪法和法律。只有这样,才能为全面推进依法治国,实现科学立法、严格执法、公正司法、全民守法奠定坚实的思想基础。

一、法治意识的含义及特点

(一)法治意识的含义

综合学术界关于法治意识含义的界定,法治意识是指作为独立主体的社会成员在实践中所形成的关于法治的知识、态度和思想体系的总称。它是符合法治社会建设要求的法律意识,是人们对法律现象的看法,对法律的服从、对法律规范的认同以至内化为自觉程度的一种意识。从这个界定可以看出,法治意识主要靠人们自觉形成而不是靠外力强制实现的。这为我们探讨如何养成法治意识提供了理论认知前提。

(二)法治意识的特点

法治意识体现出以下四个方面的特点。

1. 法治意识是规则意识

法律实际上是一种规则。法律规则具有明确性、稳定性和可预测性,可以为人们提供基本的行为准绳。有了这种法律思维,人们对于自己乃至他人的行为及其法律后果就有了稳定的预期，便会依此对自己的行为进行调整和规范。

2. 法治意识是平等意识

法律的一个重要价值取向是平等。平等思维要求每个人都要抛弃特权思想，自觉将自己置于法律的监督和制约之下。不允许个别人或集团将自己的特权法制化，任何人或集团不得有法外特权。

3. 法治意识是权力受制约意识

权力受制约思维要求制定科学的制度机制，使权力得到制约，使权力的行使具有明确的边界。依据法治思维，权力体制与机制必须保证权力在相互制约的前提下相互配合。

4. 法治意识是程序意识

程序正义是实体正义的重要保证。程序思维要求分析问题特别是处理问题按照法定程序进行。必须遵循规律，并确立违反程序的制裁性后果，从而防止破坏法定程序的行为。

二、法治意识的作用及其教育意义

（一）法治意识的作用

充分认识法治意识的作用，对于我国建设市场经济和依法治国目标的实现，有着重要意义。法治意识的作用主要体现在两个方面。

1. 法治意识有利于国家意识的强化，激发各族群众国家主人翁意识，自觉维护国家统一和民族团结

2. 法治意识有利于公民意识的强化，增强各族群众树立共同体理念

个体对自己在国家和社会中所处政治地位和现实生活的直接感受，对法与法治的直观认识，增强了个体对公民身份的情感认同和自豪感，也增强了对社会共同体的认同和归属感。

（二）开展法治意识教育的意义

在全面推进依法治国的过程中，对高校学生进行法治意识教育有着重要

意义。在高校学生中深入开展法治意识教育的意义主要体现在以下两个方面。

1. 法治意识教育有助于形成尊法学法守法用法的浓厚氛围

尊法学法守法用法的关键是尊法，尊法是法治意识生成的内驱力，法治意识教育把法治观念融入青年学生的行为中，将社会主义法治原则内化为公民的法治意识。学法懂法是前提，守法用法则体现法治意识与行为的统一。法治意识教育能够使青年学生形成对法的权威、法的社会效用的服从、信任和依赖，从而作出正确判断和行为，形成办事依法、遇事找法、解决问题用法、化解矛盾靠法的良好习惯，成为坚定的法治模范执行者。

2. 法治意识教育为国家法治建设凝心聚力

法治意识是一种积极的社会责任和态度，包括对法律权威、权力制约与监督、法律面前人人平等意识的尊崇。因而，法治意识教育在了解和遵守现有宪法法律的基础上，主动、广泛地参与到法治建设中，成为法治的坚定捍卫者，如准确判断并利用法律手段与不法行为作斗争，通过法律途径理性解决矛盾纠纷等。

一个国家的法治发展程度决定着公民法治意识的强弱，公民法治意识的强弱反过来也影响法治建设的质量和水平。法治意识很大程度上体现在人们对法律的尊崇和信任程度上。

法治意识的强弱不只体现在思想观念上，更体现在处理矛盾和解决纠纷的实际行动中。在多年法治建设进程中，我们坚持法律面前人人平等，不断完善社会公平正义法治保障制度，推动全社会形成办事依法、遇事找法、解决问题用法、化解矛盾靠法的行为习惯。

第二节 安保人员法治意识的养成

安保服务业的健康稳定发展与安保行业从业人员的专业化职业化密不可分。而专业化职业化的一个重要标志是从业人员法治意识的增强。安保专业的学校人才培养模式是安保职业化教育人才培养模式的重要形式。虽然目前安保职业教育有了一定的进步和发展，但我们必须认识到，在对安保专业的教育中，存在过度重视专业技能教育，而忽视法律素质教育培养的问题。对学生法治意识的培养力度明显不足，在一定程度上致使学生法律意识和法律观念的淡薄，这对个人的全面发展和职业发展都会产生不利的影响，也不利于整个安保服务行业的健康稳定发展。

当前，在国家大力推进职业教育改革发展和推进国家治理体系和治理能力现代化建设的时代大背景下，国家"一带一路"倡议为企业"走出去"提供了新的机遇。安保服务业的人才市场需求加大，但保安服务业的人才培养也面临新的挑战，尤其是国家的法治化建设水平不断提高，对保安服务行业的法治化建设和保安服务企业的依法依规经营都提出了更高要求，社会和企业越来越倾向于具有较高法律知识素养的安保专业高技能人才。提高和加强学校的法治教育，提升相关课程的教学质量，进而从各个层面提升和增强安保专业学生的法律意识和法律思维能力。

面对当前时代背景，安保人员法治意识的养成已经成为安保行业健康发展的一个重要保障。在对某职业院校保安专业中专学生的关于法律素养的调查中发现，"对于是否了解《治安管理处罚法》"，只有5.6%的学生选择"了解"，65.3%选择"部分了解"，20.8%选择"不了解"，8.3%为"不知道"。而对于"当自己的合法权益受到侵害时"，72.4%的学生选择"通过法律途径解决"，7%的学生选择"通过身边社会关系解决"，5%的学生选择"暴力解决"，15.6%的学生选择"自认倒霉"。

对这些选项的回答表明，学生对法律知识的掌握有待加强，法律意识还比较薄弱。因此，必须从学生时期入手，培育我国公民的现代法治意识。可以从以下四个方面着手进行养成教育。

一、尊重法律权威

（一）尊重法律权威的意义

法律权威，是指法律在整个社会调整机制和全部社会规范体系中居于主导地位，一切国家及社会行为均须以法律为依据，法是唯一的权威。

在全社会树立法律权威，坚定不移地实施依法治国方略，保障国家长治久安和社会和谐稳定，在当前尤为重要和迫切。公民对法律知识的认知仅仅是浅层要求，更紧要的是增强公民对法律精神的感悟和体认，更本质的要求是教化社会成员养成一种尊重法律、信奉法律、敬畏法律、认同法律价值的意识和生活方式。公民对于法律的信任与尊重，远比知法懂法更重要。法律知识的获得并不太难，最难的是法治信仰和法治意识的养成。

对于广大人民群众来说，增强法治意识的关键在于形成人民权益要靠法律保障、法律权威要靠人民维护的观念，充分认识到社会主义法治是人民共同意志的体现，法治的核心要求是政府依法行政等法治建设的基本命题。因此，对于普通民众来说，最重要的是通过法治宣传教育和法治实践而相信法律、尊崇法律的权威，在日常生活中能够勇于运用法律来维护自己的合法权利。

全体社会成员尊重社会主义法律权威，不仅是保证法律发挥作用的基本前提和要求，也是保障个人平安幸福的底线和红线。尊重和维护法律权威，是形成社会主义法治观念的必然要求和建设社会主义法治国家的前提条件；是推进国家治理体系和治理能力现代化、实现国家长治久安的重要保证。法律权威是国家治理法治化的坚实基础和关键，是实现人民意志、维护人民利益、保障人民权利的基本途径。我国法律保护和实现的是人民的根本利益。从本质上讲，尊重和维护法律权威，就是尊重和维护人民的根本利益和其他合法权益的具体实践；就是尊重和保障人权的具体实践；就是维护个人合法权益的根本保障。

（二）尊重法律权威的做法

作为青年大学生，尊重法律权威要做到以下四点。

1. 信仰法律

应当相信法律、信奉法律，树立崇尚法律、信仰法律的牢固观念，增强对法律的信任感、认同感。法律要发生作用，全社会都要信仰法律。

2. 遵守法律

要用实际行动捍卫法律尊严，保障法律实施。参与社会活动，实施个人行为，都要以法律为依据，不得违反法律规范。

3. 服从法律

应当拥护法律的规定，接受法律的约束，履行法定的义务，服从依法进行的管理，承担相应的法律责任。

4. 维护法律

争当法律权威的守望者、公平正义的守护者、深具良知的护法者。

总之，只有全体公民普遍树立法治意识，自觉履行法定义务和社会责任，内心真诚拥护和信仰法律，成为法治精神的忠实崇尚者、坚定捍卫者，中国的法治社会才能得以建成，法治中国才能得以实现。

二、学习法律知识

如果一个人不知道法律的存在，那就谈不上守法，更谈不上运用法律保护自己的权利。简言之，没有法律的一般性知识，就不可能有法治意识，也就实现不了社会主义法治。所以，学习法律知识是增强法治意识，提高法治素养的前提。

法律知识通常包括法律法规方面的知识和法律原理原则方面的知识，这两个部分的法律知识对于培养法治思维、提升法治素养都很重要，只有既了解法律法规在某个问题上的具体规定，又了解法律的原理原则，才能更好地领会法律精神，提升法治素养。除了从书本上获取法律知识，还可以通过收听收看广播电视法治节目，阅读法律类报纸杂志，尤其是运用新媒体等途径学习法律知识。

（一）法律法规

对于即将投身安保行业的学生来讲，则要加强对《保安服务管理条例》的学习。尤其是以下条款，要特别牢记并学会运用。

第二十五条　保安服务中使用的技术防范产品，应当符合有关的产品质量要求。保安服务中安装监控设备应当遵守国家有关技术规范，使用监控设备不得侵犯他人合法权益或者个人隐私。

保安服务中形成的监控影像资料、报警记录，应当至少留存30日备查，保安从业单位和客户单位不得删改或者扩散。

第二十六条　保安从业单位对保安服务中获知的国家秘密、商业秘密以及客户单位明确要求保密的信息，应当予以保密。

保安从业单位不得指使、纵容保安员阻碍依法执行公务、参与追索债务、采用暴力或者以暴力相威胁的手段处置纠纷。

……

第二十九条　在保安服务中，为履行保安服务职责，保安员可以采取下列措施：

（一）查验出入服务区域的人员的证件，登记出入的车辆和物品；

（二）在服务区域内进行巡逻、守护、安全检查、报警监控；

（三）在机场、车站、码头等公共场所对人员及其所携带的物品进行安全检查，维护公共秩序；

（四）执行武装守护押运任务，可以根据任务需要设立临时隔离区，但应当尽可能减少对公民正常活动的妨碍。

保安员应当及时制止发生在服务区域内的违法犯罪行为，对制止无效的违法犯罪行为应当立即报警，同时采取措施保护现场。

从事武装守护押运服务的保安员执行武装守护押运任务使用枪支，依照《专职守护押运人员枪支使用管理条例》的规定执行。

第三十条　保安员不得有下列行为：

（一）限制他人人身自由、搜查他人身体或者侮辱、殴打他人；

（二）扣押、没收他人证件、财物；

（三）阻碍依法执行公务；

（四）参与追索债务、采用暴力或者以暴力相威胁的手段处置纠纷；

（五）删改或者扩散保安服务中形成的监控影像资料、报警记录；

（六）侵犯个人隐私或者泄露在保安服务中获知的国家秘密、商业秘密以及客户单位明确要求保密的信息；

（七）违反法律、行政法规的其他行为。

第三十一条　保安员有权拒绝执行保安从业单位或者客户单位的违法指令。保安从业单位不得因保安员不执行违法指令而解除与保安员的劳动合同，降低其劳动报酬和其他待遇，或者停缴、少缴依法应当为其缴纳的社会保险费。

（二）参与法治实践

参与法治实践是学习法律知识的有效途径。法治实践有助于加深个人对法律知识的认识；脱离了生动的实践，法治素养就成了空中楼阁；只有通过参与各种法律活动，在实践中运用法律知识和方法，思考分析解决法律问题，才能养成自觉的法治思维习惯，提升法治素养。现在，参与法治实践的方式和途径越来越多。学校在对学生进行法治课程教学时，不仅将法治课程教学以课堂讲授的形式开展，还定期开展法治教育实践活动。一是鼓励学生参与立法讨论。我国国家或地方的很多立法都要广泛征求社会意见或者进行听证，届时学生可以参与这些立法讨论，发表自己的有关建议。二是组织旁听司法审判。凡是人民法院公开审判案件都允许公民旁听，大学生可以向人民法院申请旁听法院庭审，了解案件审判过程。三是积极参与校园法治文化活动。大学生可以通过参加法治教育校园活动，参与模拟法庭、法律诊所、法律辩论等方面的活动，增长法律知识，树立法治意识，提升法治素养。

针对安保专业的学生，学校还可以建立安保法律实务实训工作室，邀请法院、公安等司法部门的法律工作者担任课外法律辅导教师，定期开展法治教育实践活动。还可以邀请优秀毕业生或者职场榜样现身说法，增强学生的认知和辨析能力。

发挥保安行业协会的作用。利用好协会的行业优势，发挥其专业培养的应有作用。作为本地区政府、企业的桥梁纽带，协会应积极主动协调各方力量为学生提供实习锻炼的机会和岗位。随着我国对外开放的程度不断加深，政府和企业都会举办大型宣传和交流活动，各种会场的安保勤务工作可以适当选拔学生参与，让学生在具体实践活动中增长见识，提升自己的法治素养。

（三）工作中运用法律知识

对于已经走向工作岗位的安保从业人员，必须以法律为准绳，依法办事，在工作中运用法律知识为客户服务，协助预防犯罪、打击犯罪。同时保障客户的合法利益，也维护自身的合法权益。安保人员所应掌握的法律知识除了基本法律常识之外，还要着重进行以下三个方面的学习。

1. 治安管理

治安管理是必须通过现行的科学技术手段与管理手段，依靠各种先进设备与工具，防止和终止任何危及或影响公司财物和人员生命财产安全，确保公民财物不受损失，工作、生活秩序正常，如预防和终止火警、偷盗、水管破裂、滋扰以及噪声等，还有对自然灾害、人为事故、流氓活动以及各种破坏活动的预防与阻止等。安保人员尤其要认真学习和领会现行的《中华人民共和国治安管理处罚法》（2012修正）以及《保安服务管理条例》（2022修订），依法从事安保工作。

2. 正当防卫

正当防卫指为了使国家、公共利益、本人或他人的人身、财产和其他权利免受正在进行的不法侵害，而采取的制止不法侵害、并对不法侵害人造成必要损害的行为。正当防卫的条件包括：必须是对客观存在的不法侵害行为实施；必须是对正在进行的不法侵害行为实施；防卫的目的必须正当；必须针对不法侵害者实行；不能明显超过必要限度造成重大损害（必要限度为正好足以制止不法侵害者的侵害行为，又不造成不应有的损害）。防卫过当是指正当防卫明显超过必要限度造成重大损害的行为。防卫过当的法律责任是：应当负刑事责任，但是应当减轻或免除处罚。

3. 紧急避险

紧急避险就是为了使国家、公共利益、本人或者他人的人身、财产和其他权利免受正在发生的危险,不得已采取的损害他人人身或财产的行为。紧急避险的民事责任依据《民法典》第182条的规定。因紧急避险造成损害的,由引起险情发生的人承担民事责任。危险由自然原因引起的,紧急避险人不承担民事责任,可以给予适当补偿。紧急避险采取措施不当或者超过必要的限度,造成不应有的损害的,紧急避险人应当承担适当的民事责任。由此可见,紧急避险因具有合理性、正义性而受到法律保护,关键在于要控制损害的程度。

三、养成守法习惯

守法就是任何组织或者个人都必须在宪法和法律范围内活动,任何公民、社会组织和国家机关都要以宪法和法律为行为准则,依照宪法和法律行使权力或权利,履行义务或职责。守法是法律实施的基本形式之一。如果制定出的法律不能在全社会得到普遍遵守和执行,立法便失去了其本来意义。公民的守法习惯往往以公民素质作为直观表现形式,它意味着一个国家和社会的主体严格依法运作的活动和状态的形成,也是我国民主法治建设中一项重要而艰巨的任务。

养成守法习惯,不仅要有基本的法律知识,更要有遵守规则的意识,坚持从具体事情做起。养成规则意识,增强规则意识,坚持守法守规,是每一个法治国家公民的基本素养。大学生在校或者走上社会后,参与社会活动、实施个人行为都要以法律为依据,不得违反法律规范,处理问题作出决定时,要先问问在法律上是否合法可行。在处理守法与违法的关系时,要防微杜渐,防止因小失大。在面临选择的关键时刻,要依法冷静权衡,防止因头脑发热或心存侥幸而铸成大错。在学习和生活中,大学生应做到懂规矩,守规则,依规范,坚持依法办事,守住法律底线。

对于安保从业人员,守法更为重要。

安保职业道德与职业意识

◆ 案例分享

保安队长监守自盗公司66瓶高档白酒后删监控获刑5年[1]

扬子晚报网2021年7月27日讯（通讯员 鼓公宣、张晴溶 记者 任国勇）近日，一名盗窃公司高档白酒的保安队长因盗窃罪被法院判刑。此人在2020年11月盗窃市民董先生存放在公司仓库里的66瓶高档白酒和4条香烟，价值29万元。办案民警接到报案后立即展开侦查。今年7月，追回的30余瓶白酒返还给受害人。

当时案发后董先生告诉民警，这批白酒用于公司招待，于11月12日存入公司位于写字楼内的仓库中，之后仓库钥匙交由后勤部管理。11月20日，公司后勤打开仓库准备拿酒时发现白酒有大量缺失，经统计损失66瓶高档白酒以及4条香烟，价值29万元。经现场勘查发现，仓库门锁完好无损，民警初步怀疑是内部人员所为，同时办案民警第一时间调取写字楼内的公共视频，寻找相关线索。

从11月12日到11月20日的8天时间内，民警查看了其中7天的监控，均没有发现可疑人员，但11月17日的公共视频因为写字楼停电的原因没法调出，于是民警从这批高档白酒的最终去向作为切入点，全面展开调查。

办案民警走访了整个南京鼓楼区30多家烟酒店，最终从一家烟酒店的老板苏某处发现了重要线索。由于每瓶被盗白酒上都有独特的标志，而苏某提供的一批收来的白酒上正好有这种标志，而且经过专业鉴定，苏某提供的正是部分被盗白酒。通过这一线索，民警了解到卖酒人正是写字楼物业保安队队长王某。

2020年12月15日王某被警方抓获归案。经审讯，王某对自己的盗窃行为供认不讳，交代11月17日晚写字楼停电，于是王某开始对楼内进行巡查。巡查过程中，王某发现公司的电动大门以及仓库电动门由于停电原因能够打

---

[1] 参见https://baijiahao.baidu.com/s?id=1706410791433766195&wfr=spider&for=pc，2022年12月10日访问。

开,当他走进仓库发现大量白酒时,顿时萌生了盗窃的念头。事后,王某害怕被发现,删除了作案时的公共视频。

目前,王某因盗窃罪被法院判处有期徒刑 5 年。警方于今年 7 月 11 日将追回的 38 瓶高档白酒发还给了受害人董先生,剩余损失均由王某赔偿。

以上就是典型的保安员不守法案例,作为保安队队长,不仅没有履行好应有的工作职责,还监守自盗,以身试法。安保从业人员一定要引以为诫,要在工作中带头尊法、学法、守法。

四、增强法律意识

学法是为了把对法治的尊崇、对法律的敬畏转化成思维方式和行为方式,做到在法治之下而不是法治之外,更不是法治之上想问题、做决策、办事情,通过运用法律提高解决问题的能力,使法律内化于心,外化于情,维护自身权利。作为大学生,要增强权利意识,用法处理纠纷,依法维权护权。当自身的合法权益受到侵害或者威胁时,既要有遇事找法、解决问题用法、化解矛盾靠法的意识,又要掌握维护权利的途径和手段,如自力救济、协商、和解、调解、仲裁、诉讼等。在具体生活中,面对校园暴力、网贷欺诈、用工纠纷等现象,除了提高防范意识外,还要善于留存法律证据,通过法律途径解决问题,理性维权。

大学生除了要运用法律维护自身权利外,还要通过法律维护社会公共利益,对违法犯罪行为要敢于揭露、勇于抵制,不袖手旁观、畏缩不前,抵制遇事回避的做法。要帮扶弱者、见义勇为,这不仅是一种道德要求,也是一种法律规范,对践行法律、弘扬正气起到重要推动作用,大学生要遵法守规,遇事找法,善于用法,做新时代的守法人护法人。

安保从业人员要在工作中不断增强自身法律意识。例如,保安员要对发生在执勤区域内的不法侵害和治安灾害事故,及时报告客户单位和当地公安机关,采取措施控制事态的扩大,保护现场,维护现场秩序;落实防盗、防火、防爆炸、防破坏和其他治安灾害事故等防范措施,发现值勤区域的安全隐患，立即报告客户单位，并协助予以处置；对执勤区域内发生的不法侵害行为应及时制止，将不法行为者移交公安机关或有关部门处理。支持、配合公安机关和其他执法部门依法执行公务。

同时，保安员在执勤工作中要注意以下禁忌：

为了保安员自身的合法权益和人身安全，不得有下列行为（有可能造成冲突或者冲突升级，威胁到保安人员自身生命安全）：一是剥夺、限制公民人身自由；二是搜查他人的身体或者扣押他人合法证件、合法财物；三是辱骂、殴打他人或者教唆殴打他人；四是私自为他人提供保安服务；五是阻碍国家工作人员依法执行公务；六是为客户追索各类债务或者解决劳务纠纷；七是其他违反法律、法规和规章的行为。

总之，安保人员在服务工作中凡事要以不违反法律为前提，做到遵纪守法，不用武力解决问题，遇到问题找法，解决问题靠法。

▶ **课后实训** ◀

◆ **实训项目**

一、实训主题

案例分析。

二、实训目标

提升法治意识。

三、实训时间

15分钟。

四、实训步骤

1. 小组分工：分成5~6人的小组若干。

2. 小组内进行案例讨论。组员轮流谈谈自己对本案例的看法，保安为何被判刑并附带赔偿责任？组员对本案例提供的三个观点是否认同？结合自身实际谈谈如何尊法、学法、守法、用法。

3. 分组派代表展示。

4. 学生代表进行点评。

5. 教师总结点评，针对安保专业学生如何提升法治意识。

◆ 案例分享

保安打业主，被判刑并附带赔偿责任[1]

记者　张柄尧

10月22日23时许，成都市青白江区某居民小区的业主张女士在回家时，认为该小区当日值班巡逻的保安刘某跟在其后有图谋不轨之嫌，随后便找到刘某理论，继而发生口角。

后来，张女士的丈夫秦某来到现场辱骂保安刘某，并先动手推了刘某，冲突升级，进而演变成双方的互殴。在互殴过程中，刘某一拳打伤秦某，经鉴定，秦某伤残等级为七级伤残。后经法院审判，刘某犯故意伤害罪，被判处有期徒刑2年6个月，缓刑3年。

秦某将小区保安刘某及小区物管公司告上法庭，请求判令刘某、物管公司共同连带赔偿原告各项损失共计333701.08元。最终该案调解结案，刘某赔偿122919元，物管公司赔偿54630元。

争议焦点

刘某的行为是否属于职务行为？物管公司是否应承担赔偿责任？对此各方持不同观点。

观点一：刘某的行为构成职务行为，物管公司应当承担赔偿责任。

该观点认为，刘某与秦某之间的纠纷是因为工作引起的。虽然刘某的行为处理方式不当，违反了物管公司的相关管理制度，但不能改变其履行工作职责的本质。

观点二：刘某的行为不属于职务行为，物管公司不应承担赔偿责任。

该观点认为，伤人事故虽然是发生在刘某的当班工作时间及提供服务的小区

---

[1] 参见https：//police.news.sohu.com/a/615522481_121184254，2022年10月13日访问。

内，起因亦看似与巡逻有关，但刘某的行为已构成一种刑事犯罪行为，其作为一个具有完全民事行为能力的个体，对自己的行为方式及后果应当有一个正确的预估和评判。刘某的行为应属于个人行为，其理应承担赔偿后果。

观点三：应由被告保安刘某、物管公司各自的过错及原告秦某来进行相应的责任划分。

该观点认为，刘某作为维护小区安全秩序的保安，在与业主发生争执时不能正确对待，而是直接实施侵权行为致使原告受伤致残，其行为已超出其职责范畴，具有重大过错，故应当承担赔偿责任。被告物管公司作为向小区提供物业服务的企业，负有维护小区正常秩序及小区安全的责任，并对其所聘请的保安刘某未尽到应有的管理教育义务，故也应承担一定赔偿责任。原告秦某作为小区业主在不明真相的情形下先动手打伤保安刘某，继而引起刘某还手，其本身具有一定过错，故对其受伤的后果自身应承担相应责任。

法官说法：打人保安和物管公司均应承担赔偿责任。

本案的主审法官表示：本案中刘某作为小区保安，其本身负有按照物管公司的要求维护小区秩序和安全的职责，本案的发生背景虽是刘某在执行巡逻职责时引起的，但其故意伤人的行为已构成犯罪，且不具有为法人谋利的目的，故不应属于职务行为的范畴，其应当为自己的行为负责。

物管公司对其所招用的保安人员负有教育、培训、管理义务，本案中正是由于物管公司对其所聘用的员工法律教育及处突沟通能力培训长期缺失，对下属员工的工作管理不善，对产生本次事故具有不可推卸的责任，故物管公司应承担一定的赔偿责任。

法官表示，本案中的这种情况，应由被告保安刘某、物管公司各自的过错及原告秦某来进行相应的责任划分。

第八章 安保人员组织文化认同意识

组织文化认同是组织认同的一个表现方面。而组织认同源于社会认同理论的相关概念。安保人员融入组织（企业），就要了解组织文化或者企业文化的相关概念和作用，了解安保企业文化的内容及价值，并且能够树立对所属组织的文化认同，从而结合自身实际融入安保企业文化。

第一节 组织文化认同

一、组织认同的界定

在学术界，一直以来对组织认同有不少界定，相对更系统而成熟的组织认同观念是由梅尔（Mael）和阿什弗思（Forth）（1989）给出的，他们认为组织认同是社会认同的特殊形式。组织认同是个体将自己的成败与组织的成败紧密联系在一起，以组织的荣誉、目标作为自己的荣誉、目标，一荣俱荣、一损俱损的归类状态和结果。❶

根据相关研究，我们把组织认同可以界定为，组织认同是指组织成员在行为与观念诸多方面与其所加入的组织具有一致性，觉得自己在组织中既有理性的契约和责任感，也有非理性的归属依赖感，以及在这种心理基础上表现出的对组织活动尽心尽力的行为结果。它是组织成员进行组织身份自我定

---

❶ 金高强、巩立君：《组织认同影响因素述评》，载《企业家天地（理论版）》2011年第2期。

义的一种契约和责任感的状态。❶

有组织认同的人是被组织本身所吸引而聚集在组织周围,而不是以组织成员之间个人特性的相似、相互依赖或交换而形成的人际关系所吸引。它的产生与变化,受制于多方面因素的影响。组织管理中以双赢为出发点力求实现组织与其成员关系的契合而形成的组织认同,有助于组织及其成员共同发展。

组织认同主要表现在四个方面。一是价值认同,即认同企业的核心价值理念以及经营宗旨,并在对客户、对同事等的工作行为中自觉地践行这些价值理念。二是文化接纳,即能够主动、积极地了解企业文化,接受企业文化的熏陶,并在工作所及的范围内传播、丰富和创造企业文化。三是组织承诺,即对企业、对工作有较大的感情投入,培养与企业休戚与共的企业主人翁意识。四是团队融合,即能够通过积极的沟通、支持性态度以及勤奋负责的工作风格融入团队,赢得团队成员的信任,建立彼此配合的团队默契。

二、组织文化认同

(一)什么是组织文化

组织文化是指组织成员的共同价值观体系。即处于一定经济社会文化背景下的组织,在长期的发展过程中逐步生成和发展起来的、日趋稳定的、独特的价值观,以及以此为核心而形成的行为规范、道德准则、群体意识、风俗习惯等。它包括三个层次,即精神文化——组织价值观、组织精神、组织风气、组织目标、组织道德;制度文化——管理制度、特殊制度、组织风俗;物质文化——组织标志、厂容厂貌、产品特色、组织工艺设备特性、文化体育生活设施。它使组织独具特色,并区别于其他组织。这种价值观体系是组织所重视的一系列关键特征,也即本质所在。

(二)企业文化

不同组织的文化内容是截然不同的。以企业为组织的文化,称为企业文

---

❶ 殷晓彦:《跨层次视角下组织认同形成机制实证研究》,载《商业经济研究》2016年第13期。

化。一个企业,它之所以引起人们的注意,人们之所以会记住它,是因为它有自己特有的性格、风格、品牌和市场层面。而这些特有的层面,就是企业文化。企业文化是"文化"的延伸和具体化,而"文化"是一种生活方式及其所创造的物质与精神财富的总和。因此,企业文化是企业在长期的生产经营和管理实践活动中形成的企业精神、价值观念、经营战略、职业道德、文化氛围及其他精神与物质文明建设的总和,是企业精神的深化和丰富,是一种经营哲学和经营理念的延伸。企业文化是企业为解决生存和发展的问题而树立形成的,被组织成员认为有效而共享,并共同遵循的基本信念和认知。企业文化集中体现了一个企业经营管理的核心主张,以及由此产生的组织行为;是一个企业由其价值观、仪式、符号、处事方式等组成的特有文化形象;是企业发展的重要动力源泉和软实力;是推动企业生存发展不可或缺的一部分。

(三) 现代企业文化

现代企业是指所有权和经营权分离,并达到技术现代化和管理现代化的企业组织形式。也可以表述为,现代企业是当代企业中具有一定特征的企业,是具有现代企业制度、采用现代化大生产方式、从事大规模产销活动的经济组织。顾名思义,现代企业文化就是现代企业在长期的生产经营和管理实践活动中形成的企业精神、价值观念、经营战略、职业道德、文化氛围及其他精神和物质文明建设的总和。

(四) 组织(企业)文化认同

学者们从不同的视角对组织认同的影响因素进行了探索与分析。有学者对感知组织文化与组织认同的关系进行了较为深入的研究,结果显示,组织文化的团队合作、道德、信息流、参与、监督、会议等六个维度与组织认同显著相关。有的学者研究认为,组织认同是组织文化和关联绩效的完全中介变量,创新型文化和支持型文化对员工组织认同和关联绩效产生正面影响,其中创新型文化的正面影响更大(刘剑峰,2008)。

由上可见,组织文化认同作为组织认同的表现内容之一,与组织认同的其他表现相较而言,显得尤为重要。

三、企业（组织）文化认同的重要性

（一）企业发展的文化渊源

从世界范围来看，20世纪企业管理的核心经历了50—60年代的人、财、物管理到70年代的战略管理，即从以提高内部效率为核心的"闭系统管理"到以提高企业应用能力为核心的"开放"管理阶段。进入80年代，企业管理核心便进一步演变到以"企业文化"为管理的核心。"企业文化"理论的问世引起经济界、理论界特别是企业家的浓厚兴趣，它不同于一般的社会文化，也不是社会文化的简单分解，它有着严格的内涵和外延，其实质就是以人为中心，以企业为引导手段，以激发职工自觉行为的独特文化现象和管理思想为主导的经营方法，它是在一定的社会经济管理实践中逐步形成的带有本企业特征的基本观点形态、文化形式和价值体系的总和。

（二）企业文化认同的重要性

企业文化是一种群体文化，是宏观与微观、群体与个体、历史与实践各种文化融合的衍生物。由此可见，企业文化不仅代表了企业的精神风貌，更蕴涵了企业的指导思想和经营哲学，是一种以价值为核心的对全体职工进行企业知识教育的文化体系，它渗透在企业管理的各个方面，如规章制度、着装、口号等。

企业文化作为一种管理手段，是企业战略得以实施的重要支柱，是企业经营管理的灵魂，是企业和国家的未来的不可估量的财富。对内，它能够激励职工锐意进取，重视职业道德，改善人际关系，培养企业精神；对外，它有树立企业形象，提高企业声誉，扩大企业影响的重要价值。同时，企业文化是能促使企业进行改革、创新和实践发展战略的思想基础，是企业对环境适应能力的支柱。因此，企业要想健康、持续发展，必须加强企业文化建设，营造积极向上、健康和谐的氛围。

员工对于企业文化的认同程度，是衡量企业文化成功与否的一个重要维度。对于在职员工，企业文化的认同培育是企业运行的一个重要内容；而对于着眼未来的文化认同，则可以利用校企合作的方式，将企业文化融入校园，这既有利于学生塑造优良的道德品质和正确的价值观，又有利于学生转化为职业人时对于企业文化的认同。任何一种主流文化都是在多维变化的过程中，通过辩证、提炼、汲取和扬弃，才形成自己具有核心意义的精神和方向。同样，对企业文化的吸纳能促进学校的教育思想、教育管理、教育方法的变革，促使学生产生积极的情感和创造意识，从而带动学校整体办学水准的有效提升。

第二节　安保企业文化认同意识培育

文化是一个企业生存发展的"精神支柱"，是企业的精神财富，是推动企业发展的不竭动力。随着知识经济和经济全球化的发展，安保行业的竞争愈发激烈，这种竞争也越来越表现为文化之间的竞争，企业文化对安保公司的生存和发展的作用越来越大，成为公司竞争力的基石和决定公司兴衰的关键因素。

一、安保企业文化

企业文化是新时期现代企业竞争之所在，现代企业必须重视和积极实施企业文化建设。安保服务公司是一种专门为社会各界提供安全服务的现代企业。它的业务范围和经营活动、提供的产品本身就是体现为"安全"，安全是他们服务的最终目的。它既是专业的安全服务提供商，也是社会公共安全防控保障体系中一支重要的力量。"三流企业靠生产，二流企业靠经营，一流企业靠文化。"著名经济学家于光远先生的这句至理名言已被我国越来越多的企业所接受。20世纪80年代以来，伴随着我国改革开放的不断深化和社会主义市场的进一步完善，企业文化建设已成为我国企业建设和发展过程中必不可少的重要环节，企业文化已俨然成为企业的灵魂和更高层次的生产力。纵观我国的一些知名企业，如华为、百度、海尔、阿里巴巴等，均拥有极具自身特色的企业文化，以文化制胜成为这些企业发展的秘诀。

作为新兴产业，安保公司服务业在近40年的发展历程中，也逐步认识到企业文化的重要性，一大批安保服务公司开始自觉地进行企业文化建设，致力于建立健全企业文化体系，朝着建设一流企业的目标而奋斗。通过多年来的探索与实践，我国安保企业文化建设取得了丰硕的成果，呈现出了蒸蒸日上的局面。主要表现为：越来越多的安保服务公司投入到企业文化建设中，他们通过大量的物质投入，开展形式多样的文娱活动；通过创办企业报刊、安保公司网站、制作企业宣传画册、拍摄宣传片、设计企业标志等加强宣传和塑造形象；支持鼓励安保人员学习文化知识，建设学习型队伍；举办大练兵、大比武，通过安保职业技能竞赛提升保安员的职业技能；建立评选表彰机制，弘扬正气、树立形象；坚持以人为本，对保安员给予关心和关爱，营造和谐温暖的工作生活环境。

安保企业文化建设渗透在企业管理的各个方面，其主要表现在企业哲学、价值观念、企业标志、品牌、特色及企业精神、企业目标、工作环境、规章制度和经营管理行为上。随着生产力的发展和经济全球化的趋势，企业文化进一步体现出人性化、安全性、生产力等特征。

现代安保企业通过一系列专门的、具体的措施和方法，改造员工不符合企业要求的思想、行为，建立起企业员工共同的核心价值观念、共同的信念和行为规范，将全体员工的思想、行为调整到企业所希望的方向上来，即以企业精神感召员工"满怀高涨的热情朝一个方向努力"。大型安保集团特别需要注重发展企业文化的载体，如员工手册、企业杂志、CI形象、宣传光盘等，通过企业文化建设这个系统工程，"树形象、塑品牌、拓市场"，将企业精神不断发扬、丰富和延伸，形成企业自己的精神支柱、经营哲学和管理理念，最终实现企业股东价值最大化。

二、安保企业文化建设

随着安保行业的快速发展，纵观国内一些实力较为雄厚的安保服务企业，都将企业文化建设作为企业发展不可或缺的一部分。

国内很多大型安保公司以建设具有行业特色的文化为出发点，积极推动企业文化建设，以文化促发展，在企业文化建设中创造出多元化的文化模式，形成了适合自身发展的企业文化体系；为企业的发展塑造了良好的文化氛围，从而使安保企业的软实力得到进一步的提升。近年来，安保公司企业文化建设方式主要体现在以下五个方面。

（一）坚持以党建为引领

有的安保企业以党建引领企业政治发展方向、引领构建和谐企业、引领企业人才队伍建设。在企业各个基层点，营造基层党员争先创优，充分发挥"主题党日"学习效应作用，组织中共正式党员和入党积极分子开展"主题党日"活动，让党员重温入党誓词，学习新时代中国特色社会主义思想，主动融入新发展理念和新发展格局，做到工作有责任、有动力、有担当。

（二）突出红色企业文化

如江西省某市保安服务公司重组之初，公司充分发挥全体员工的智慧，启发企业文化建设的灵感，特别是在设计企业文化"三大识别系统"时，采取自上而下与自下而上相结合的方法，通过发放问卷调查、开座谈会、报告会、研讨会等形式，引导员工集思广益，献计献策。经过广泛宣传，全面动员，从不同角度对文化进行定格分析之后，公司确定了"用井冈山革命精神谱写红色企业文化，以红色企业理念文化引领企业发展腾飞"的企业文化发展之路，并创造性地将井冈山精神的精髓即"坚定信念、艰苦奋斗，实事求是、敢闯新路、依靠群众、勇于胜利"纳入企业文化范围，使企业文化成为红色企业文化，打上了革命老区的烙印。

（三）将主人翁意识融入企业文化

企业员工不仅是企业的主体，还是企业的主人。企业要通过尊重人、理解人来凝聚人心，企业文化要通过激发人的热情，开发人的潜能，来调动人的积极性和创造性，使企业更有凝聚力。大力培养员工的"主人翁"意识，增强员工对企业的认同感，让员工真正参与到企业文化建设当中，拓宽交流渠道，听取员工心声，注重员工群体利益，让全体员工能够以积极向上乐观的心态投入到工作中。

（四）将传统文化与现代企业文化进行有机结合

一些企业深刻挖掘中国的传统文化精髓，结合企业自身特点，将传统文化与现代企业文化进行有机融合，取得了很好的效果。例如，北京某保安服务有限公司在建设企业文化当中，将其经营理念表述为"以人为本、坚持品质、诚实守信、真诚奉献"。中国文化中的儒家思想以"德"为精髓，德指人的优良品格，是立身之本、为政之基。以"信"为处事原则，信指诚信、信用、信义，也是处世之道、经商之魂。一些公司将儒家"德"与"信"的理念运用到保安企业的经营发展之中，一方面要求企业高层管理者将儒雅的人格运用到企业经营管理中，以身作则，以诚待人，以人为本，构建和谐的团队。另一方面要求企业所有员工遵守对社会、对客户、对群众"至诚至信"的承诺，以诚相待、诚实信用，做到宣传诚信、质量诚信、服务诚信，以诚信来指导企业的经营活动。

（五）采取寓教于乐的方式贯彻企业文化

寓教于乐，开展丰富多彩的文体活动是企业文化建设的有效方式。企业可以经常开展多种活动，如体育活动、岗位练兵、业务竞赛、书画比赛等，尽最大限度调动员工的参与热情，在给员工带来身心快乐的同时增强企业的向心力和凝聚力。

总之，企业文化建设需要经过长年累月的不断积累与完善，需要与企业的经济发展和社会责任相辅相成，在企业文化建设的同时需要兼顾员工个人水平的提高。在行业激烈竞争中凸显企业自身独特的文化，将传统文化与现代企业管理理念相融合，以达到企业文化对内可以增强企业凝聚力，对外可以树立企业品牌形象的目的，让企业的发展更加长远。

三、安保员工融入企业文化

新入职的员工如何融入企业文化？新任职业经理人如何融入企业文化？这是员工融入企业，认同该企业文化必须要面对的问题。

（一）新员工企业文化认同与融入

员工融入企业文化就是融入企业文化氛围、接受新习惯、调整思维和行为模式，适应新的工作方式等行为过程，是自觉的行为而非被强制，否则难以融进去或待不长久。

1. 要了解理解所在企业的文化，重点了解其价值观、核心理念，品味，感悟其含义，观察其在企业实践中的体现

2. 要通过学习和体会，进一步认同、坚信企业的文化理念

3. 践行企业文化，包括按照企业文化理念的要求规范自己的言行，遵守制度，从企业文化的角度来审视工作中的一切

4. 分清主流和非主流

遇到疑惑，可以怀疑企业文化是否落地、贯彻得是否彻底、是否有亚文化，但还是要分清哪是企业倡导的主流文化，哪是小圈子的非主流文化，要按照主流文化的要求行事等。

（二）职业经理人如何融入企业文化

在安保行业中，职业经理人跳槽到不同的安保公司工作是常有的现象。若要在入职的企业中一帆风顺，就必须迅速融入该企业的文化。可以从以下四个方面入手，以便更快地理解该企业的文化，并融入其中。

1. 要肯定该安保企业的既有文化

职业经理人的威信不是靠板起面孔、大声说话而获得的，而主要靠自己带领团队成员持续不断地取得成绩。一旦不能带领大家取得成绩，自然也就失去威信。有些经理人一上任就试图把自己的文化带入组织中，并约法三章。实践证明这种做法效果往往很差。

作为新任经理人，应该客观认识到，尽管新加盟的安保企业有诸多不足，

但毕竟企业发展到了现在。存在即有合理性。新任经理人，首先应肯定安保企业原有的文化，接受企业的一些既定做法。现实中许多中小企业，就是在更换经理人的过程中，把企业存在的合理性改丢了，导致企业发展出现问题。因此，职业经理人应首先肯定企业既有文化的合理性，只有这样，才能为自己适应企业文化奠定思想和情感基础。

2. 要学习该安保企业既有文化中的合理面

作为新任经理人，在肯定企业文化的基础上，还应积极地学习企业文化中合理的一面。只有把原来的生存之道学好了才能创新。新任经理人应该首先学习企业既有文化中优秀的一面，真正理解原有的企业文化的精髓，才能真正谈得上应用企业文化，才能适应并生存下来。

3. 要在学习之后，能够融会贯通、创新发展

新任经理人在学习和熟悉企业既有文化后，知己知彼，才能做到做起事来有的放矢，才会有效果；只有掌握了企业既有文化的真谛，才能够融会贯通；才能添加自己的思想；并能结合时代、市场形势的发展变化，进行创新和发展；才能够带领团队取得好成绩；团队成员才能接纳经理人并主动听从命令，主动地被管理、被领导，才能形成真正的团队，大家才能齐心协力干事情。在此基础上，团队才能持续地取得更好的成绩，团队成员才能真正地佩服经理人，才会心悦诚服地认同经理人的更多做法。

4. 要实现个人文化和企业文化的无缝对接

团队成员认同了经理人，经理人的个体文化自然也就融入了企业文化。融进了既有企业文化，然后再加上自己的思想智慧和个性特色，组织自然也就有了经理人的个性烙印，也就是实现了企业组织文化和个体文化的对接，这样的对接算得上是无缝隙的，是对组织发展有利的，并且对经理人个人的职业发展也有积极作用。

很多新任经理人不仅不能做到以上四点，反而一上来就大刀阔斧地改革，把个体文化强加给团队，但个体文化和企业文化未实现良好对接，反而造成严重后果。

安保企业遇上这样的经理人,少则动荡三五个月,多则两三年。因此,新任经理人一旦把个人文化强加给企业,最终的结果也只能是三败俱伤:先伤团队成员,进而伤自己,最终伤整个企业。

新任经理人还得防止走向另一个极端:当自己和企业文化对接后形成了绝对权威,企业内对经理人形成崇拜,这时的企业文化又走向了另一个极端——盲从文化。

盲从文化是可怕的,它消耗企业的活力,让员工变成没有思想的机器人。企业组织一旦形成盲从文化,是企业组织最危险的时刻。其结果有两种可能:一种是把企业带向悬崖深渊;另一种功高震主,经理人下课。企业上下因为都适应了盲从文化,对企业未来的每一位新经理人都会以挑剔的眼光相看。无论这个新经理人多有本事、多有名气,都很难战胜盲从文化在企业成员心中的地位和影响力。于是,"不换思想就换人"的闹剧又将上演。

第三节 校企合作视角下的文化认同意识培育

现代企业对人才的要求决定了高校相应的专业人才培养目标,而且企业已从文化层面对高职教育人才培养提出了一系列的研究课题。校企文化融合势在必行。

高校应如何实现对企业文化的交流与吸纳?从专业文化培育入手融入企业文化是校企文化合作的重要途径。

一、从文化视角看现代企业对高等职业人才培养的要求

高等教育中尤其是职业教育是与企业联系紧密的教育类型,企业的现实需求应当在高职教育培养目标里得到体现。现在,企业选才、用人乃至整体管理已从更深更广的文化层面对高职教育人才培养提出了一系列的课题。概括而言,主要包括以下三个方面。

(一)要求毕业生能较快地适应企业环境

迅速适应企业的管理环境,是用人单位的普遍要求。毕业生进入企业不

仅要将自己所学的知识技能运用到岗位上，以适应岗位的技术要求，更应凭借良好的综合素质适应企业的管理环境和人文环境，进而崭露头角。事实上，一些刚走上社会的毕业生，并非不具备胜任职业岗位的知识和能力，而是缺乏对企业管理和人文环境的适应性，才导致自己的专业技能不能很好地发挥甚至被淘汰。必须引起高度重视的是，以往高职学生在接受专业培养的过程中，更多地将注意力集中在掌握知识技能上，他们很少、也很难通过学校的教学和管理行为去了解、领会到企业管理的精神，即校园文化和企业文化之间存在着较大的差异，这些差异导致了毕业生不能顺利地完成从学生到企业员工的角色转变。

（二）要求毕业生富有创新精神和可持续发展的能力

在新型工业化道路上，员工创新意识与可持续发展的能力是现代企业不断变革和创新的必要条件。只有构建学习型组织，企业才能应对变革；只有具备继续学习、可持续发展的能力、创新精神，毕业生才可适应社会的要求，才能在人才的竞争中脱颖而出，受到企业的欢迎。然而，因体制、观念等因素所限，高职院校学生创新的灵感得不到激发，创新才能得不到培育，毕业生到了重视技术创新与管理创新的企业很难有突出的表现。这与现代企业所崇尚的创新精神和可持续发展的理念是不相符合的。

（三）要求毕业生有团队合作的精神与技巧

当代社会的激烈竞争，使企业越来越注重团队合作。一个富有团队精神的企业必将能够增强企业的内聚力，减少内耗、提高效率。但是，由于受应试教育的影响，很多院校对学生强调了竞争教育，却忽视了合作教育。学生的团队合作能力不足的状况亟待通过学校的培养得到改善。

由此我们可以看出，学生只有适应企业环境、接受企业文化、形成合作精神、发挥创新能力，才能更好更快地融入企业，进而赢得在企业发展的机会。所以，学校在校园文化建设中必须吸收企业文化的成分，从先进企业的文化理念中吸收有价值的元素，丰富、拓展校园文化建设的内容，使高职院校园文化富于职教特色。也就是说，融入企业文化、促进文化互动已成为高职院校人才培养环节中的一项要务。

二、校企文化融合的必要性

(一) 树人为本，德育为先

在向社会培养和输送人才的过程中，一直以来，大多数高校注重对学生人格的塑造和学生道德水平的提高，但目前仍有相当一部分学生的人生追求不够明确，缺乏应有的社会责任感和历史使命感，在价值选择上采取双重标准，在实践中体现出"知"与"行"的背离。现在我们倡导校企合作办学，实行工学结合，以使校企文化在互动中形成合力，能更加正确地引导大学生处理好奉献与索取、效率与公平、自主与监督、竞争与协作等关系，加深对不同文化和多元社会的认识与理解，纠正他们认知上的偏差。尤其是企业员工的团结协作、积极进取、精益求精等优秀的文化价值理念，更能激发学生的求知欲，净化他们的人格品质，使他们逐步树立正确的世界观、人生观和价值观。

(二) 校企文化互动有助于学生形成综合职业素养并顺利走上工作岗位

高职教育的"高"应当体现在学生较高的综合素质以及可持续发展能力上，而这有赖于学校较高的人才培养水平，也有赖于对企业文化的吸纳。现代企业选才的依据绝不仅是学生的一纸文凭或技能证书，更看重其职业素养。它们认为学生除了应具备必要的文化素质和职业技能外，更应具有忠于职守、严谨负责、顾全大局、团结协作的职业道德和精神。实行校企合作，推行工学结合，学生在真实的企业实践情境中更容易感悟优秀的企业文化，逐步把外在的行为要求内化为校园文化主体自身的内在需求：学生在与企业员工的交流中，学习他们高超的技艺和爱岗敬业的精神，确立合理的职业生涯规划；学生通过亲眼目睹现实生活中竞争的激烈性，会认识到"市场不相信眼泪"，从而增强竞争、效率和成才意识，炼就不怕艰难、锐意进取、顽强拼搏的意志品质；到企业参加大量的实践锻炼有利于高校实践性教学环节的开展，学生能在具体的技能训练中发现问题、分析问题，培养技术应用能力和创新能力，为其今后的职业生涯打下坚实的基础；此外，企业文化可以加快学生的社会角色转化，促进学生社会心理的成熟，培养作为未来职业人的全面的职业综合素养。

（三）企业的精神文化有利于高职院校更新教育理念、丰富校园精神文化

高职院校学生应当明白：一些成功的企业所倡导的价值观念和采用的行为标准，常常激励着全体员工，并成为该企业的一种精神象征。如海信集团提出"敬人为先、创新为魂、质量是根，情感管理"的理念，把创新作为"企业之魂"；又如奇瑞汽车正是凭借艰苦奋斗的精神、自主创新的意识和"世界一流、造福人类"的大气魄才创造了迅速崛起并跻身中国大企业行列的奇迹。现代企业一系列优秀的管理理念和精神不仅激励员工不断进取，同时更值得在校企合作中为我所学、为我所用。借鉴与学习企业文化，有利于学校"面向未来、面向社会、面向实践"校园学习风气的形成，也有利于我们更好地开展教育教学工作、更好地培育现代企业型人才。校园文化和企业文化的交互渗透、融合，能够丰富高职校园文化的内涵，并体现出高职院校特有的职业教育文化特色。

透视企业文化对高职校园文化的多维影响，促进企业文化和高职校园文化的互补，应当成为当前构建、创新特色高职校园文化，推动高职院校健康发展的必然选择。教育工作者有责任设计、培育一种新的复合型文化，推动形成一种新型育人环境，通过这种环境，去规范、协调、激励新型人才的行为，努力促使学生实现"学校人"向"社会人"的转变。

三、高职院校应如何实现对企业文化的交流与吸纳

目前，校企合作已被公认为高职教育教学的必经之途，而学校文化与企业文化的相互渗透、相互吸纳则是校企合作的高层次追求。在两种文化的吸纳融合过程中，我们既要重视大学作为功能独特的文化机构应有的独立品格和价值追求，更应强调教育对社会实践的适应和融入，从而铸造一种学术氛

围与实践氛围相统一的高职教育文化，为培养合格职业人才创造优良环境。

（一）在校企合作过程中，要正确对待文化交流中的差异与碰撞

因为需要面对竞争与淘汰，企业更加注重绩效、更加讲究实际利益，所以经济效益、经济价值才是企业文化的核心内容。而学校的职责是教育学生、服务社会、培养人、塑造人，学校文化的核心是精神文化，它更注重育人效益、社会效益，更具有人文色彩。于是学校文化与企业文化的矛盾在交流过程中势必日益凸显。其实，这种碰撞和矛盾是必然的，也是有益的。随着社会的发展，学校特别是高职院校也将逐渐社会化，只有与社会相互激励、相互补充，才能实现相互的融合和促进。我们需要做的是发现两种文化的相通、相同之处以及此种文化融合的积极价值，努力思考怎样把两种文化的碰撞力更好地转变成推进校企合作、促进学校发展和学生成长的持续动力，同时树立开放、包容、理性的文化观念，构建和谐、良性的互动态势，持续不断地发挥两种文化的双重推动作用。

（二）校企合作将是高等院校办学的必然选择，它也为文化互融提供了基本的保障

高等院校尤其是高职院校必须坚持采用"走出去、请进来"等方式，以校企合作、联合办学为载体，搭建校园文化与企业文化相互对接的平台，引进企业文化的元素，丰富校园文化的内涵。目前我们所倡导推行的工学结合人才培养模式可以让学生直接接触到企业生产、建设、管理、服务第一线的实际情况，领略到企业文化的内涵、要求与特点，为他们树立主人翁精神和敬业精神、顺利实现由学生到企业员工的角色转换打下基础。

（三）营造氛围，将企业文化融入教学与管理的全过程

良好的职业素养将大大促进就业的进程与成效，而仅仅通过知识和技能的学习这种职业素养是难以形成的，它需要通过一定的职业文化氛围来陶冶，需要我们在人才培养全过程中对学生进行长期的潜移默化。首先，在教学过程中要注重培养学生的职业意识和岗位意识，这既是高职院校文化建设及校

企文化交流的目的，也是其中一项重要内容。其次，移植企业的管理制度和管理理念，尽量缩短学生走向职场的适应期。最后，突破原有的诸如建立校园社团、举办文化艺术节和汇报演出等传统模式，积极开展教育教学制度建设、团队素质训练、模拟职业面试、技术创新竞赛、创业竞赛等渗透企业文化元素的新活动，营造学技术、练技术的学习氛围，让学生在这种校园文化的潜移默化中接近并达到企业职业素养的要求。

四、专业文化如何融入企业文化

专业是职业院校的内核，专业的文化既是专业的成长环境，也是职业院校履行其使命、发挥其社会职能的隐性背景。因此，我们在进行职业院校校园文化建设时，要紧密结合专业，凸显特色，以营造专业文化氛围为手段，弘扬职业精神。如在创设专业文化专栏中，除名人肖像、格言警句外，还应包括市场人才需求信息，行业与专业的发展历史，新工业、新技术的发展趋势和业内成功人士以及能工巧匠、优秀毕业生事迹介绍等与专业相关的内容，让学生充分体味职业感受和体悟专业思想。经常邀请企业管理人员和能工巧匠、工程师作学术报告和创业讲座，为提高学生的实践能力打造专业学习与交流平台。学校每年还要开展学生职业生涯设计专题报告会，并对新生进行职业生涯设计教育，同时开展职业生涯规划意识培育活动，开展丰富多彩的企业文化活动（如技能大赛、才艺展示、模拟招聘会、营销、谈判等活动），丰富课余生活，以提高学生的专业素养和综合素质。通过上述工作，进一步体现职教特色，丰富专业内涵，着力营造富有特色的专业文化氛围。

▶ **课后实训** ◀

◆ **实训项目一**

一、实训目标

通过对比分析，探索融入企业文化的途径。

二、实训形式

案例分析。

三、项目内容

实际考察两个安保公司的企业文化，并进行对比分析，结合自身的情况分析容易融入和接受两个公司企业文化的方面以及不易融入和接受的方面。

四、调查渠道

有关安保网站或安保公司。

五、实训步骤

1. 分组调查。

2. 结合实训内容以小组为单位分析讨论。

3. 每组推荐两个发言人在课堂上交流。

4. 教师分析总结。

◆ **实训项目二**

一、实训目标

如何融入安保企业文化。

二、实训内容

通过校企合作方式，邀请安保企业入校为学生宣传讲解企业文化；学生进入安保企业参观、考察、了解、感受企业文化。

三、实训步骤

1. 前期听取宣传与参观。

2. 教师组织学生在课堂总结、讨论。

3. 分组进行讲述自身准备如何融入到企业文化中。

4. 教师总结分析。

◆ **实训项目三**

一、实训目标

通过实际考察以及工作经验总结，进一步理解安保企业文化的内涵和重要性，为将来从事安保企业工作打下基础。

二、实训形式

网上调研、实地调查、经验总结。

三、项目内容

请走访两家安保企业，总结概括这两家公司企业文化的内涵分别是什么。同时比较其异同。

四、调查渠道

有关安保网站和安保公司。

五、调研对象

××安保公司。

六、实训指导

1. 分组调查。

2. 写实训报告或设计方案，以组为单位。

3. 每组推荐发言人在课堂上交流，交流时用多媒体进行演示。

第九章　安保人员社交和服务意识

人是社会中的人，人的生存发展不可能完全脱离社会而独立存在。人从出生开始就要与社会打交道，只不过在人生的每一个不同的阶段，社会交往的重点不同。对于即将从学校走向工作岗位的大学生而言，社会交往的重点是职场以及与职场相关的各种组织，还有组织中不同的人。树立职场社交意识，培养良好的社会交往素质，对于大学生而言非常重要。这就需要理性认识社会，树立社交意识和服务意识，在社会交往中自觉培育良好的素养，并运用恰当的社交技巧提升服务能力，为自己的职业生涯发展助力。

第一节　社会交往认知

大学生从学校走向工作岗位是走进了一个更大的社会范畴，将会面对更复杂的社会交往现实并将会担当更大的责任。社会交往是社会构成与发展的基础与状态。认知社会交往，首先要知道什么是社会。

一、社会认知

（一）社会的含义

"社会"犹"会社"，在汉语中本义指人与人之间互相联系而结成的组织，如结社、集会等。例如商务印书馆 1936 年出版的《汉语词典》中对"社会"一词的解释是：1. 各个人之集合体，其组合之分子具有一定关系者；通常亦泛指人群；2. 旧日里社逢节日之集会行赛。

现代通常意义上的"社会"一词来自于日文。对于英文"society"一词，近代学者严复曾译之为"群"，日本人则译之为"社会"。时值洋务运动，大兴师夷，大量学者通过转译日文翻译著作来学习西方，而双音节词又比单音节词更为适合当时的汉语口语，因此并不太严谨的"社会"一词反而击败了更为准确的"群"，牢牢地扎根于汉语中，流传至今。

狭义的社会，也叫"社群"，指群体人类活动和聚居的范围，例如聚居点、村、镇、城市等。广义的社会，则指一个国家、一个大范围地区或一个文化圈，例如英国社会、东方社会、东南亚社会或西方社会等，也可以引申为其文化习俗。以人类社会为研究对象的学科叫做社会学。最广义的社会，不仅包括人类社会，也包括其他生物的社会，甚至就连人体本身也是一个社会（人体各组织细胞和人体内的原生动物、细菌、支原体、衣原体、螺旋体、古菌等共同构成了人体这个庞大的细胞社会）。

由上所述，我们可以将社会的含义界定为：社会是在特定环境下共同生活的同一物种不同个体长久形成的彼此相依的一种存在状态。微观上，社会强调同伴的意味，并且延伸到为了共同利益而形成联盟。宏观上，社会是由长期合作的社会成员，通过发展组织关系形成团体，在人类社会中进而形成机构、国家等组织形式。

（二）社会的本质

社会的本质是指人的组织形式。人，确定了社会的规模和活动的状态。组织形式，决定了社会的性质以及生产关系。人是社会的主体，社会以人的存在而存在，个人生命存在权利和发展权利的完善，支配着社会制度的变迁。

（三）社会的构成要素

社会是共同生活的个体通过各种各样的社会关系联合起来的集合。以人类社会为例，其中形成社会的最主要的社会关系包括家庭关系、组织关系、共同文化以及传统习俗。社会关系包括个体之间的关系、个体与集体的关系、个体与国家的关系等。一般还包括群体与群体之间的关系、群体与国家之间的关系。这里群体的范畴，包括小到民间组织，大到国家政党等。这里的国家在实质上是指一方领土之社会,即个人与国家之间的关系就是个人与社会之间的关系,而个人与世界的关系就是个人与全社会之间的关系。

社会的构成要素很多。对于大学生而言,从学校走向社会职场,无论是就业还是创业,了解社会的构成要素,尤其是了解社会中的组织、文化、制度、环境等,对自己今后的职业生涯发展有重要影响。

1. 组织

社会组织种类众多,如家庭、社区、学校、企业、社团、国家各类机关机构等,都是构成社会的基本组织单位。社会交往就是与这些组织中的人和物互动的过程。

2. 文化

文化是人类在社会发展进程中所创造的物质财富和精神财富的总和,它包括物质文化和精神文化两部分。无论是社会构成中哪类组织,其文化内涵都是组织品质的最高价值。作为个人,文化内涵亦是影响其社会交往能力与效用的重要因素。

3. 制度

制度是一种人们有目的地建构的文化。通俗地讲,制度是要求大家共同遵守的办事规程或行动准则。制度是实现某种功能和特定目标的社会组织,乃至整个社会的一系列行为规范。制度是社会发展和运行的基础,是社会结构存在和变迁的重要条件。制度是社会发展目标的实现机制,在社会发展中任何重要的社会理想或理念,只有得到制度上的体现,才能转化为现实的发展路径。制度又是社会发展的整合机制,制度可以保障社会合力的形成以及社会合作的实现。制度从宏观上讲是指社会制度,用于界定人类社会的不同形态,如奴隶社会制度,封建社会制度等。从微观上讲是指社会单位的社会行为规范,如某个单位的工作制度、考勤制度;通常还指某一社会领域中的制度,如经济制度、政治制度、行业制度等。

4. 环境

人类生存的空间及其中可以直接或间接影响人类生活和发展的各种人文

因素、自然因素称为环境。人不能离开环境而生存和发展。环境可以使一个人茁壮成长，也可以使一个人意志消沉，甚至消亡。社会环境是指与人生存相关的社会因素，包括人造物质环境和人文社会环境。人造物质环境，包括房屋、道路、活动空间和各种服务设施，它们构成了人类活动的外部环境。人文社会环境可以简称为社会环境，是人类生活的直接环境，如家庭劳动组织，学习条件和自然环境等。

（四）社会的主要功能

社会功能是指在整个社会系统中各个组成部分所具有的一定的能力、功效和作用。法国孔德、英国斯宾塞等最先提出这一概念，以此作为社会和生物有机体之间的类比，他们认为社会是一个各部分之间相互联系、依赖的有机整体，彼此间根据不同的需求，执行不同的社会功能。后结构功能主义对此作了进一步丰富和发展，并创造了一系列功能分析概念，如正功能、负功能、显功能、潜功能、替代功能等。在此，主要结合对大学生了解社会、走向社会成为职场人的目的，介绍四个方面的社会功能。

1. 交流功能

人类社会创造了语言、文字、符号等人类交往的工具，还为人类交往提供了必要的渠道和场所，从而保持和发展了人们的相互关系。有些动物是有语言的（如大猩猩、海豚），有些则无语言（如长颈鹿），但也都可以进行交流，有语言的可以依靠语言去交流，此外，所有动物都可以用肢体语言或气味信息来交流。

2. 整合功能

社会将无数单个的个体组织起来，形成一股合力，调整矛盾、冲突与对立，并将其控制在一定范围内，维持统一和谐有序的局面。所谓整合主要包括文化整合、规范整合、意见整合和功能整合。

3. 导向功能

社会有一整套行为规范，用以维持正常的社会秩序，调整个体之间的关系，规定和引导个体的思想、行为的方向。导向可以是有形的，如通过法律等强制手段或舆论等非强制手段进行；也可以是无形的，如通过风俗习惯等潜移默化地进行。

4. 继承发展功能

个体的生命短暂，个体一代代更替频繁，而社会则是长存的。一个物种创造的物质和精神文化，通过社会而逐步积累和发展。

二、社会交往认知

（一）社会交往的含义

社会交往是从动态角度分析社会现象的基本概念。这一概念是从马克思主义的交往理论中提取出来的。在马克思主义中，社会交往指的是人在生产及其他社会活动中发生的相互联系、交流和交换，这一理论也适用于其他动物。

在西方社会学理论中，社会相互作用或社会互动是概括个体之间有目的的相互影响的概念，这些概念是同动物的社会行动的概念相联系的，即它们要解释个体之间相互影响的内容、意义与机制，并分析这一过程所包含的社会意义。因此，西方社会学家往往在微观上使用社会相互作用的概念。

在此，我们将社会交往界定为，社会交往是指在一定的历史条件下，个体之间相互往来，进行物质、精神交流的社会活动。从不同的角度，可以把社会交往划分为：个体交往与群体交往，直接交往与间接交往，竞争、合作、冲突、调适等。

（二）社会交往的影响因素

1. 交往语言素养

交往的效果取决于人们之间的相互依赖和相互理解的程度，取决于是否采用通俗易懂的语言、对方易于接受的方式表达自己的思想和感情及相互关系的能力。当交往用口头语言时，交际素养表现为善于表述自己的思想和倾听别人的说话，表现为富于同情心、能产生共鸣。列宁曾指出："语言是人类交际最重要的工具。"在交际过程中，使用恰当、准确、富于表现力而又明白易懂的语言，便意味着容易取得相互理解。否则，就很难顺利沟通双方的思想和感情。这就需要在语言方面下功夫，达到语言交流畅通。这是社会交往顺利进行的必不可少的条件。

2. 道德修养

受过良好的道德教育的人与没有受过良好道德教育的人在交往中的表现明显不同。前者说话文明礼貌，待人接物处理得当，且诚实、正直、善良，对集体和他人往往富于强烈的责任感和义务感，很容易与他人友好相处，而后者待人接物表现较差，交往中处处为自己考虑，不关心集体和他人，不易"合群"。

3. 个体生活态度

开朗、活泼、乐观的人，就有利于与别人交往；反之，与别人的交往就会遇到困难，并且常常也不愿与别人交往。

4. 父母个性及父母与周围个体之间关系的影响

社会交往能力是靠学习、模仿得来的，学习模仿的对象首先是父母及父母与处于同一生活区域个体之间的关系。如果父母热情开朗，善于交际，并经常参加各种有益的社会活动，与周围个体相处很融洽，耳濡目染，孩子就会逐渐养成与他人交往的习惯，也比较容易与他人相处。

相反，如果父母性格孤僻，不会交际，与周围的人很少来往，就必然使孩子失去其他家庭所具备的学习和锻炼机会，交往能力得不到及时锻炼，一旦与陌生人接触，就会显得不自在。久而久之，孩子心理产生自卑感，从而失去交往的兴趣和勇气，这对孩子的成长是很不利的。

三、社会交往的价值及形式

（一）社会交往的价值

社会交往的价值体现在多个层面，主要包括以下五个方面。

1. 社会交往是生存和发展的需要

生活在社会中的每个人，都不可避免地要同他人打交道。对于个人而言，没有社会交往，就根本无法生存。对于社会而言，没有社会交往，社会就不能实现很好的发展。根据马斯洛的需求层次理论，就可以较为明确地了解社会交往的地位和作用。如图7-1所示，马斯洛需求层次理论把人的需求分成生理需求、安全需求、社交需求、尊重需求和自我实现需求五大类，依次由较低层次到较高层次递进。各个层次需要的基本含义如下：一是生理上的需要。这是人类维持自身生存的最基本要求，包括饥、渴、衣、住、行、性的方面的要求。如果这些需要得不到满足，人类的生存就成了问题。二是安全上的需要。这是人类要求保障自身安全、摆脱事业和丧失财产威胁、避免职业病的侵袭、接触严酷的监督等方面的需要。三是社交上的需要。这一层次的需要包括两个方面，即友爱的需要和归属的需要。社交上的需要比生理上的需要来得细致，它和一个人的生理特性、经历、教育、宗教信仰都有关系。四是尊重的需要。人人都希望自己有稳定的社会地位，要求个人的能力和成就得到社会的承认。尊重的需要又可分为内部尊重和外部尊重。五是自我实现的需要。这是最高层次的需要，它是指实现个人理想、抱负，发挥个人的能力到最大程度，达到自我实现境界的人，接受自己也接受他人，解决问题能力增强，自觉性提高，善于独立处世，要求不受打扰地独处，完成与自己的能力相称的一切事情的需要。自我实现的需要是在努力实现自己的潜力，使自己越来越成为自己所期望的人物。

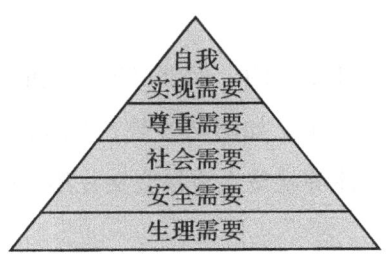

图7-1 马斯洛需求层次理论

以上五个层次可以分为两级，其中生理上的需要、安全上的需要和社交上的需要都属于低一级的需要，这些需要通过外部条件就可以满足；而尊重的需要和自我实现的需要是高级需要，它们是通过内部因素才能满足的，而且一个人对尊重和自我实现的需要是无止境的。

2. 社会交往是个人身心健康发展的需要

通过社会交往，能够与他人进行情感交流，使自己能被别人接受、理解、关心和喜爱。如果缺少交往，自己的情感无处交流，会导致心理上缺乏安全感和归属感。

3. 社会交往是个人社会化的必经途径

人从一出生开始，就受父母以及周边人的影响，从上学到职场，要与不同的人进行交往，从"自然人"逐渐被社会化，也是一个逐步成为"社会人"的过程。

4. 社会交往是获取知识、提升自我的需要

在社会交往中，可吸取他人对自己的生存和发展有价值的经验，取长补短。例如，作为学生，可以通过社会交往获取大量书本外的社会知识、技能、文化及经验，开阔视野，提高人生价值。

5. 社会交往是实现个人价值、走向成功的需要

人只有在不断的社会交往中，才能发挥自己的优势和特长，发现并确定自己的价值定位，寻找更好适合自己的人际环境和成功机遇。

（二）社会交往的形式

社会交往的形式是多种多样的，但都受着一定的社会准则和规范的制约和调节，并趋于不断完善之中。如团结友爱、礼貌待人、忠诚守信、正直善良、富于同情心、关心集体等就是人类社会交往形式的体现。

第二节 安保人员客户服务意识

了解客户、服务、服务意识和服务态度的含义，明确提升服务意识的目的，并树立客户服务意识，有利于提升客户服务工作的质量。

一、客户、服务、服务态度和服务意识的含义

（一）客户

客户是购买产品和服务的人。

（二）服务

服务就是指为他人做事情，不以实物形式，并使他人从中受益的一种有偿或者无偿的行为。而好的服务则可以使商品的价值获得增值。在安保行业中，安保服务就是让公司客户感到满意，并让其购买自己产品（有形或无形）的行为。

优质服务取决于服务的态度（即工作态度）、理解力、执行力和做好工作的强烈愿望等。其基本要求包括服务能力、服务态度、工作兴趣、对工作的自豪感、忠实可靠、高效率、积极主动、正直与坦率等方面。

（三）服务态度

服务态度就是在为顾客、消费者服务的过程中自己所持的心态并通过外在的表达方式，如言谈举止、肢体语言、待人接物的方式等来具体体现，以便让顾客、消费者感觉得到对他的重视程度，并在服务过程中让客人满意的行为。

服务态度主要包括两个方面：一是消极心态，它能随时散布疑云，有传染性，使人悲观，使人不能享受人生等。二是积极心态，它能带来成功环境的成功意识，让人保持生理、心理的健康，让人拥有爱心，内心平静，让人长寿并让生活平衡，驱除恐惧，把失败视为自省的机会，在逆境中找到成功的契机，免于自我设限等。

良好服务态度的要素包括以下六个方面：

（1）保持微笑；

（2）做一个好的聆听者；

（3）理解并记住客人的需求，并重复给客人听；

（4）努力记住并使用客人的名字；

（5）保持良好的姿态；

（6）发扬团队精神。

（四）服务意识

服务意识是指企业全体员工在与一切企业利益相关的人或组织的交往中所体现的为其提供热情、周到、主动的服务的欲望和意识。即自觉主动做好服务工作的一种观念和愿望，它发自服务人员的内心。

服务意识实际上是对服务人员的职责、义务、规范、标准、要求的认识，它要求服务人员时刻保持在宾客心中的真诚感。

二、树立和提升服务意识的意义

（一）有助于保障企业的经济效益

提升服务意识，提高服务质量，提供优质特色服务，是安保行业大势所趋。目前，安保企业之间的竞争也已经从价格战、质量战转向服务上的竞争。我们唯有提供各种各样的优质服务，增加产品的附加值来满足顾客的需求，从而挽留老客户，吸引更多的新客户。公司服务的好坏体现出一个员工的素质和创造财富的潜力。唯有让更多的客户感觉良好，才有机会创造更高的价值。而不良服务会导致恶性循环。不良顾客服务会直接导致公司信誉受损、客人减少，从而导致福利降低、员工不满，进一步导致业务减少、利润降低。因此，必须提高服务意识，才能保障利润的源泉。我们的收入来自客人的消费，有了客人，公司才有生存的基础，我们的工作才有意义。是他们支付公司的经营开支、员工工资和公司的利润，客人才是真正的老板。因此，客户是衣食父母，服务是基本职责，客户至上，服务第一。

（二）有助于提高工作热情度与自豪感

提升服务意识有助于提高工作热情度与自豪感，进而通过服务态度与方式悦服别人悦服不了的客户（如矛盾客户、难侍候的客户、刁蛮客户等）。

（三）有助于员工客户服务经验的积累

在今后企业发展的道路上，企业更看重的将是营销型人才，因此拥有丰富客户服务经验的员工，价值不可估量。

（四）有助于员工自我素质与修养的提升

人的一生就像银行的存款一样，存款越多利息就越高，而员工的经验、知识、自我素质与修养就像存款一样，日益积累得越多、越丰富，可想而知的是，对员工的回报率自然就会越高。

（五）有助于人际关系与沟通能力的提升

通过结交各路人马，员工的见识、胆识与才识自然就会增加，沟通与交流能力就会越来越强，处理人际关系就会越来越好，等员工完全做好这一切，成功就指日可待。

三、提升客户服务意识的途径

（一）心理素质运用

要摆正心态，用忍耐与包容的胸怀克服心理障碍。保持好的心态必须要正确理解和对待两个问题。一是为什么要我去服务别人？因为任何的工作在本质上都是服务；社会的分工不同，没有地位高低、身份贵贱的区别。

二是为什么我要受客人的气？因为客人对公司有意见才会对我们发脾气，说明我们的服务还有提升的空间；任何客户针对的都是公司，而非员工个人。

（二）品格素质运用

要注重承诺，不失信于客户。服务是需要从心开始的。服务必须发自内心，否则，再多的培训、再系统的理论和再好的培训都无济于事。

服务需要来自于员工自己的意愿。乐于为客户服务，并给他们带来欢乐。看到客户开心的笑容，那就是员工服务的源动力。乐于为客户服务，并给他们带来欢乐已经是员工生活中的一种习惯。

（三）技能素质运用

1. 要业务熟练，牢记事务处理准则

客户服务总原则："客户满意优于一切"；与客户之间常规事务依"客户服务操作程序"办理；客户投诉时依"客户投诉处理程序"办理，要勇于承担责任。一个员工若是为了怕被客户投诉，或是害怕领导追查，再或者为了更高的薪水和职位，甚至只是为了保质、保量地完成工作从而有优秀的业绩，那么他所做的并不叫真正的服务，也更谈不上良好的服务意识。

2. 客户服务的语言表达

应尽量避免使用负面语言，这一点非常关键。客户服务语言表达技巧主要包括五个方面。

（1）在客户服务的语言中，没有"我不能"。

当员工说"我不能"的时候，客户的注意力就不会集中在员工所能给予的事情上，他会集中在"为什么不能""凭什么不能"上。

正确的表达方式是：如"看看我们能够帮你做什么"等，这样就避开了跟客户说"不行""不可以"。

（2）在客户服务的语言中，没有"我不会做"。

员工说"我不会做"，客户会产生负面感觉，认为员工在抵抗；而我们希望客户的注意力集中在员工说的话上，而不是注意力的转移。

正确的表达方式是：如"我们能为你做的是……"

（3）在客户服务的语言中，没有"这不是我应该做的"。

客户会认为他不配提出某种要求，从而不再听员工解释。

正确的表达方式是：如"我很愿意为你做"等。

（4）在客户服务的语言中，没有"我想我做不了"。

当员工说"不"时，与客户的沟通会马上处于一种消极气氛中，为什么要客户把注意力集中在员工或公司不能做什么，或者不想做什么上呢？

正确的表达方式是：告诉客户你能做什么，并且非常愿意帮助他们。

(5) 在客户服务的语言中，没有"但是"。

你受过这样的赞美吗——"你穿的这件衣服真好看！但是……"，不论前面讲得多好，如果后面出现了"但是"，就等于将前面对客户所说的话进行了否定。

正确的表达方式是：只要不说"但是"，说什么都行！在客户服务的语言中，有一个"因为"，要让客户接受建议，应该告诉他理由，不能满足客户的要求时，要告诉他原因。

（四）综合素质运用

客户服务的综合素质要求包括："客户至上"的服务观念；工作的独立处理能力；各种问题的分析解决能力；拥有一颗感恩、博爱的心。

（五）常见的完美服务体现

顾客是上帝，顾客永远是对的。

永远不对客户说"不"。

把"对"留给客户，把"错"留给自己。

明白"100－1＝0"的道理。

从客户的角度去考虑问题。

主动服务的意识，主动寻找服务对象。

客户的任何事情都是大事。

服务先"女士"后"先生"。

客户是我们真正的老板，收入是客户给的。

相信客户，拉近距离。

视客户满意度为企业服务质量的标准度。

拓展市场比保持客户忠诚度更困难。

以心换心，客户不换心。

客户投诉是质量改进的最好标准。

善待每一个客户是我们服务的标准。

服务不是战术而是策略。

安保职业道德与职业意识

◆ **案例分享**

　　一位客户讲了一件他曾亲身经历的事情：这件事发生在某年9月初，他第一次来北京，到北京后客户首先找了一家酒店住下，准备第二天开始办事。这天下午，他来到酒店前台，遇到大堂当班的安保服务人员，说："我是第一次来北京，明天想到某某地方办事，可以麻烦你给我买一张地图吗？"那名工作人员非常有礼貌，说："当然可以。请您稍等一下，我马上拿给您。"

　　过了一会儿，该工作人员拿来一张地图，微笑着说："北京的交通线路比较复杂，我给您说说比较方便的行走路线，好吗？"他当然求之不得。于是，这位人员将地图摊放在茶几上，先用铅笔标出酒店所在的位置，再标出客人想去的位置，然后告诉他，哪几路公交车可以到达，并且建议他走一条比较远的路，因为近路红灯多、塞车多，远路比较通畅，用时反而较少。

　　第二天，他按照那位工作人员指点的路线坐车，非常顺利。办完事后，他有意从另一条路返回，果然一路红灯不断，多花了将近一个小时。要是去的时候走这条路，对办事多少会有影响。

　　这位客户现在想起这件事，仍然非常感慨。他认为，这位工作人员给顾客买来地图，仿佛是他分内的事；把地图交给顾客，这项服务就算正常完成；服务时态度良好，已经无可挑剔；为顾客指路，已经算是超值服务；而在为顾客指路之外还帮助顾客选择一条快捷之路，其用心之深之诚，让人感动。

▶ **课后实训** ◀

◆ **实训项目一**

一、实训目标

1. 熟悉社会基本构成要素。
2. 掌握社会生存的准则，积极认识社会交往的价值。

二、实训主题

社会生存忠告分享会。

三、实训步骤

1. 准备活动：每个小组上网或者查阅资料收集10条关于社会生存的忠告。

2. 每个小组根据自己小组收集的忠告进行评价，找出自己认为最有价值的3条忠告，并说说为什么。

3. 小组派代表当众阐述。

4. 教师分析总结评价。

◆ **实训项目二**

一、实训目标

掌握社会生存的准则，认识社会交往的价值。

二、实训主题

安保工作记录案例分析（案例请看下面所附的案例引导）。

三、实训步骤

1. 准备活动：每个小组复习社会交往的价值方面的知识。

2. 以小组为单位分析案例，分析能从这个案例看出哪些社会交往的价值。

3. 小组派代表当众阐述本小组的案例分析观点。

4. 教师分析总结评价。

◆ **案例分享**

张某关于温泉节安全保卫工作体会

提交人：张某　职务：保安部经理　地点：某某温泉度假村

中国某森林温泉旅游节于某年11月6日，在宜春举行。作为活动的重头戏"天沐之夜"文艺晚会，在该度假村举行。度假村周边两百多户上千群众得知消息都想一睹为快，因此安保工作是重中之重。我立即制订了详细方案，积极与公安、消防等部门协调沟通，详细介绍周边现场情况。这引起了公安部门的重视，临时抽调100多名干警与度假村保安密切配合，一个闲杂人员也没有进入保卫区，300多名嘉宾在欢乐祥和的气氛中欣赏节目，晚会的保安工作受到了表扬。

这次保安工作我较大的体会就是：

1. 要熟知度假村周边环境，了解民情民风，为保安工作提供第一手资料，有备无患；

2. 制订有效方案，合理安排配置力量，计划周密；

3. 积极联系沟通，公安部门听了介绍后，抽调力量完成了这次任务，有效利用了资源。

◆ **实训项目三**

一、实训目标

1. 加深对安保服务的理解和实际中的运用。

2. 锻炼思考、解决问题的能力。

二、实训内容

请对以下案例进行分析，并思考回答问题。

案例： 17：00，一辆本田车开到停车场，保安邹某指挥车辆停放，但客户直接开向一辆奔驰，把一辆奔驰给刮了，当即被邹某拦下来，请客户下车看一下，客人看了一下，说我开得很慢，刮得不严重，被刮的客户是看不出来的，说完就想走。被保安拦下，该客户反而不高兴了，说："我刮车是因为你们没指挥好！"看见这位客户如此蛮横不讲理，保安经理就走过去对客户说："先生，您好！刚才的情况我都看见了，您能把车开到我们停车场来，您一定有驾驶证了，您能拿到驾照，您的驾驶技术应该都是考核过关了，您这种开法都能刮到这辆车上。您如果认为是我们的责任，那我们可以报警，让警察来处理。"说到这里客户立即就转变了态度："有事好商量，兄弟帮帮忙，请不要跟车主说，车主是看不出来的，我给你200块钱。"经理不要他的钱，并提出要他把驾驶证扣押下来，留下联系电话，事情没有处理车不能走，客户怎么说也不肯留，后来得知他没有驾照，为此事谈了半个多小时，最后被刮车的车主来了，一来就发现自己的车被刮了，双方协商解决，最终赔了 5000 块钱。

从这个案例，作为安保人员的你，得到什么启发？

三、实训步骤

1. 学生阅读案例，并根据问题小组讨论。

2. 各小组派代表分析回答问题。

3. 教师分析总结并提示。

（1）保安要正确引导，但无法去控制他，因为方向盘在他手上，油门在他脚下，保安只能是协助。

（2）如有意外要能及时发现并制止。

（3）客人此时很容易有把责任推卸给保安的想法，所以我们在处理时头脑一定要冷静，要做到有理、有利、有节，以交通法"规定技术不过关就拿不到驾照，没有驾照就不能开车上路"来协制他。

（4）千万不要有贪小便宜、侥幸的念头，要不然要吃大亏。

◆ **实训项目四**

一、实训目标

了解与人沟通的技巧和方法、做好社会交往的思想准备。

二、实训内容

握手与自我介绍。

三、实训步骤

1. 每位同学找一位平时不熟悉的同学握手并做两分钟左右的自我介绍。

2. 之后相互分享对方留给自己的印象和感受，相互提出建议。

3. 小组讨论，总结分析进行社会交往的必备要素以及提高人际交往能力的技巧和方法。

4. 教师总结。

第十章　安保人员团队意识

对于职业人而言，工作本身就蕴含着大量团队工作的实践机会。有些人会比较积极地参与团队并很快领会和把握要领，但也有些人在心理认知或客观环境上有某种局限，从而阻碍了其团队能力的发展，但若通过有意识地练习可以迅速得到改善。树立团队意识，在职场发展中具有不可替代的地位。

第一节　团队认知

团队是管理学中比较流行的一个词语。最早是在1994年由斯蒂芬·罗宾斯首次提出"团队"的概念，即为了实现某一目标而由相互协作的个体所组成的正式群体。在随后的十年里，关于"团队合作"的理念风靡全球。了解团队的界定及其相关知识，对于安保从业人员自觉树立和培育团队意识非常重要。

一、团队的概念

团队是由员工和管理层组成的一个共同体，该共同体合理利用每一个成员的知识和技能协同工作，解决问题，达到共同的目标。根据以上定义可以看出，团队由两个或者两个以上的、相互作用、相互依赖的个体，为了特定目标而按照一定规则结合在一起的组织。

团队应该有一个既定的且明确的目标，以便为团队成员导航，使之知道要向何处去。若没有目标，这个团队就没有存在的价值。

请看《西游记》中的唐僧团队，就是一个由员工和管理者组成的共同体，每个成员相互协作、解决问题，并达到共同目标的典型案例。《西游记》中的唐僧团队虽然是虚拟的，但是师徒历经百险求取真经的故事，不仅家喻户晓，而且是中国文化的集中代表。这个团队有个形成的过程，起先是唐僧一人去西天取经，后来佛祖又依次安排了作为交通工具的白龙马、武艺高强的孙悟空、具有沟通协调能力的猪八戒以及擅长后勤工作的沙和尚与其共同完成取经任务，形成一个西天取经团队。这个团队历经九九八十一难，取得真经，修成正果，实现了目标。

唐僧团队的成功秘诀可以总结为：德者居上——唐僧是团队里面的领导人和核心；能者居前——孙悟空能力广大；智者在侧——猪八戒不会有大作为，但是团队运行也离不开他；劳者居其下——沙僧忠心耿耿、工作踏实。由不同风格的成员组成的团队，尽管会发生矛盾，但他们之间优势互补却又目标一致，更容易取得成功。

二、团队与群体的区别

团队与群体不同，二者的具体区别如图 10-1 所示。综合国内外学者关于团队与群体的区别的论述，最终将这些团队和群体的区别归纳为以下六个层面。

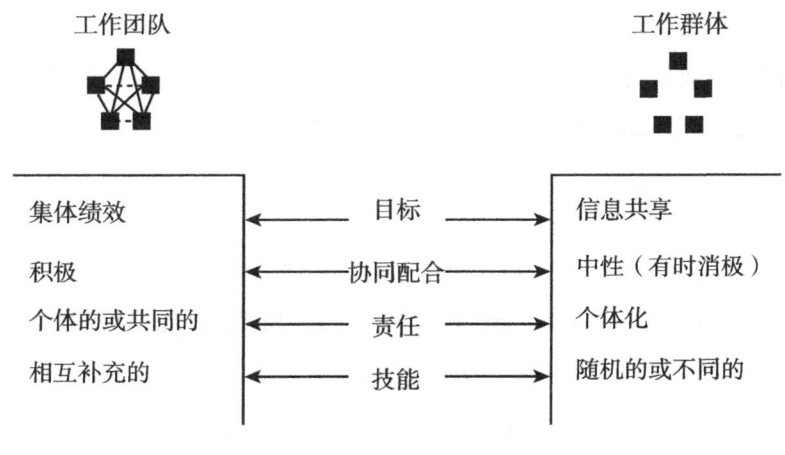

图 10-1　团队与群体的区别

（一）领导层面

作为群体应该有明确的领导人；团队则可能不一样，尤其团队发展到成熟阶段，成员共享决策权。

（二）目标层面

群体的目标必须跟所属组织保持一致，而团队中除了这点之外，还可以产生自己的目标。

（三）协作层面

协作性是群体和团队最根本的差异，群体的协作性可能是中等程度的，有时其成员还有些消极性，甚至对立性；但团队中是一种齐心协力的气氛。

（四）责任层面

群体的领导者要负很大责任；而团队中除了领导者要负责之外，每一个团队的成员也要负责，甚至要一起相互作用，共同负责。

（五）技能层面

群体成员的技能可能是不同的，也可能是相同的；而团队成员的技能是相互补充的，把不同知识、技能和经验的人综合在一起，形成角色互补，从而力求达到整个团队的最优效能组合。

（六）结果层面

群体的绩效是每一个个体的绩效相加之和，团队的结果或绩效是由大家共同合作完成的产品及服务。

三、团队的类型

团队（team）是由员工和管理层组成的一个共同体，它合理利用每一个成员的知识和技能协同工作，解决问题，达到共同的目标。根据团队存在的目的和拥有自主权的大小可将团队分成四种类型。

（一）问题解决型团队（problem-solving teams）

为了解决某一个问题而组建的团队。这样的团队多为临时组建的，因为企业忽然遇到了一个难以解决的问题而临时抽调合适的人员组成的团队,类似于公安局的专案组或者医院的专家会诊什么的,在企业里就是什么工作小组啦,某某办公室之类的,这样的团队专为解决某一个问题而组建,是短时期的或者说是临时的,为了攻克技术上或是其他什么难题,在问题解决后就会各回各的原本岗位,团队就会自然解散。

这样的团队形成的时间短,队员可能都不太熟悉,配合起来可能不是很默契,但各个队员目标一致,做事有针对性,工作效率相对较高。

(二) 自我管理型团队 (self-management teams)

自我管理型团队通常由 10~16 人组成,他们承担着以前自己的上司所承担的一些责任。一般来说,他们的责任范围包括控制工作节奏、决定工作任务的分配、安排工间休息等。彻底的自我管理型团队甚至可以挑选自己的成员,并让成员相互进行绩效评估。

世界上许多知名的大公司都是推行自我管理团队的典范。在我国江浙一带的乡镇企业中,已形成了一些所谓的"小企业群集",通过任务分解,迅速实现生产。

(三) 多功能型团队 (cross-functional teams)

多功能型团队如图 10-2 所示,是由来自同一等级、不同工作领域的员工组成的,他们走到一起的目的就是完成某项任务。它是一种有效的团队管理方式,它能使组织内(甚至组织之间)不同领域员工之间交换信息,激发产生新的观点,解决面临的问题,协调复杂的项目。但是多功能型团队在形

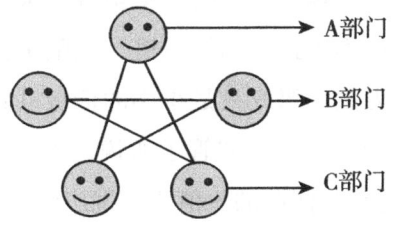

图 10-2 多功能团队

成的早期阶段需要耗费一定的时间进行磨合,因为团队成员需要学会处理复杂多样的工作任务。在成员之间,尤其是那些背景、经历和观点不同的成员之间,建立起信任并能真正地进行高效合作也需要一定的时间。

(四)虚拟型团队(virtual learning team)

虚拟团队是人员分散于远距离的不同地点,但通过远距离通信技术一起工作的团队。虚拟团队的人员分散在相隔很远的地点,可以是在不同城市,甚至可以跨地区、跨国、跨洲。人员可以跨不同的组织。工作时间可以交错。联系依靠现代通信技术。他们共同完成共同的目标和任务。这样的团队队员很分散,但一般这样的队员能力都较强,队员各管一方,比较稳定,大家相互之间比较熟悉,大多相互了解,志趣相投,工作起来默契度较高。虚拟团队与传统团队的相比较,具有明显的人才优势、信息优势、竞争优势、效率优势和成本优势。

四、团队的价值

有这样一个古老的寓言,在非洲的草原上如果见到羚羊在奔逃,那一定是狮子来了;如果见到狮子在躲避,那就是象群发怒了;如果见到成百上千的狮子和大象集体逃命的壮观景象,那是什么来了——蚂蚁军团!我们从这个古老的寓言中可以得到的启示是什么呢?那就是,蚂蚁是何等的渺小微弱,任何人都可以随意处置它;但它的团队,就连兽中之王也要退避三舍;个体弱小,没有关系,与伙伴精诚协作,就能变成巨人。蚂蚁的精神值得我们永远学习铭记。蚂蚁也许是地球上最勤劳、最勇敢、最无私、最有团队精神的动物之一。势如卷席,勇不可挡,团结奋进,无坚不摧,而这就是由一个个弱小生命构成的团队的力量;蚂蚁只是小小的低级动物,其团队尚且如此威猛无敌,作为万物之灵的人而言,如管子所说,"一人拼命,百夫难挡;万人必死,横行天下!"这正是团队的价值所体现出的精神和力量。

团队的价值是通过团队合作来实现的。团队合作是一种为达到既定目标所显现出来的自愿合作和协同努力的精神。团队合作可以调动团队成员的所有资源和才智,并且会自动地驱除所有不和谐和不公正现象,同时会给予那些诚心、大公无私的奉献者适当的回报。综合来看,团队的价值主要表现为以下四个方面。

(一) 团队具有目标导向功能

团队精神的培养,使员工齐心协力,拧成一股绳,朝着一个目标努力。

(二) 团队具有凝聚功能

任何组织、群体都需要一种凝聚力。团队精神则通过对群体意识的培养,通过员工在长期的实践中形成的习惯、信仰、动机、兴趣等文化心理,来沟通人们的思想,引导人们产生共同的使命感、归属感和认同感,反过来逐渐强化团队精神,产生一种强大的凝聚力。

(三) 团队具有激励功能

团队精神要靠员工自觉地要求进步,力争与团队中最优秀的员工看齐。而且这种激励不是单纯停留在物质的基础上,还能得到团队的认可,获得团队中所有员工的尊奉。

(四) 团队具有控制功能

员工的个体行为需要控制,群体行为也需要协调。团队精神所产生的控制功能,是通过团队内部所形成的某种观念的力量、氛围的影响,去约束、规范、控制职工的个体行为。这种控制不是自上而下的硬性强制力量,而是由硬性控制转化为软性内化控制;由控制职工行为,转向控制职工的意识;由控制职工的短期行为,转向对其价值观和长期目标的控制。因此,这种控制更为持久,更有意义,而且更容易深入人心。

而今,团队几乎成为所有大企业的主要运作方式,如:HP、P&G、GE、FORD 等,越来越多的公司包括中国的企业家们也都看到了团队的作用。在盛行企业架构重组、公司文化重整的今天,团队逐渐成为企业运作的基石。

重视团队的作用,就要学习木桶效应。如图 10-3 所示,一只水桶能装多少水取决于它最短的那块木板。如果使一只水桶盛满水,必须每块木板都一样平齐且无破损；如果这只桶的木板中有一块不齐或者某块木板下面有破洞，这只桶就无法盛满水。一只木桶能盛多少水，并不取决于最长的那块木板，而是取决于最短的那块木板。因此，木桶效应又称为短板效应。一些组织可能面临的一个共同问题，即构成组织的各个部分往往是优劣不齐的，而劣势部分往往决定整个组织的水平。因此，整个社会与我们每个人都应思考一下自己的"短板"，并尽早补足它。

图 10－3　木桶效应

第二节　团队意识

一群有能力、有信念的人在特定的团队中，为了一个共同的目标相互支持、合作奋斗，这就是团队合作。它可以调动团队成员的所有资源和才智，并且会自动驱除所有不和谐、不公正现象，同时会给予那些大公无私的奉献者适当的回报。如果团队合作是出于自觉自愿时，它必将会产生一股强大而且持久的力量。在团队合作时，团队成员这种自觉自愿合作的意识就是团队意识，团队成员必须具有团队意识才能产生合作的力量。

概括来讲，团队意识则指团队成员的整体配合意识，包含团队目标、团队角色、团队关系及团队运作过程四个方面。团队角色认知以及团队规则的存在和运行，对于团队意识的培育至关重要。

一、团队角色认知

"天生我才必有用"，讲的是人们在人类社会活动过程中，任何人都会有自己的价值和贡献。在团队中，各成员更是如此。一般来讲，从团队成员性格和能力的角度对团队角色可以划分为八种类型，如图10-4所示，具体如下。

图10-4 团队角色

（一）实干者

实干者非常现实，传统保守有责任感，崇尚努力，计划性强，用系统的方法解决问题。实干者有很好的自控力和纪律性，对团队忠诚度高，为团队整体利益着想而较少考虑个人利益。实干者的典型特征表现为，有责任感、高效率、守纪律，但比较保守。其作用表现为，由于其可靠、高效率及处理具体工作的能力强，因此在团队中作用很大；实干者不会根据个人兴趣而是根据团队需要来完成工作。在团队中，其优点是有组织能力、务实，能把想法转化为实际行动，工作努力、自律，在团队中的作用很大；缺点是缺乏灵活性，可能会阻碍变革。

（二）协调者

协调者能够引导一群不同技能和个性的人向着共同的目标努力。他们代表成熟、自信和信任，办事客观，不带个人偏见；除权威之外，更有一种个性的感召力。在团队中能很快发现各成员的优势，并在实现目标的过程中能妥善运用。其典型特征是冷静、自信、有控制力。其作用表现为，擅长领导一个具有各种技能和个性特征的群体,善于协调各种错综复杂的关系,喜欢平心静气地解决问题。其优点是目标性强,待人公平;缺点是个人业务能力可能不会太强,比较容易将团队的努力归为己有。

(三)推进者

推进者说干就干,办事效率高,自发性强,目的明确,有高度的工作热情和成就感;遇到困难时,总能找到解决办法。推进者大都性格外向,且干劲十足,喜欢挑战别人,好争端,而且一心想取胜,缺乏人际间的相互理解,是一个具有较强竞争意识的角色。其典型特征表现为,挑战性、好交际、富于激情。其作用体现在,推进者是行动的发起者,敢于面对困难,并义无反顾地加速前进;敢于独自做决定而不介意别人的反对。推进者是确保团队快速行动的最有效的成员。其优点是随时愿意挑战传统,厌恶低效率,反对自满和欺骗行为;缺点是有挑衅嫌疑,做事缺乏耐心。

(四)创新者

创新者拥有较强的创造力,思路开阔,观念新,富有想象力,是"点子型的人才"。他们爱出主意,其想法往往比较偏激和缺乏实际可行性。创新者不受条条框框约束,不拘小节,难守规则。其典型特征是,有创造力,个人主义,非正统。其作用表现为,提出新想法和开拓新思路,通常在项目刚刚起动或陷入困境时,创新者显得非常重要。其优点是有天分,富于想象力,智慧,博学;缺点是好高骛远,不太关注工作细节和计划,与别人合作本可以得到更好的结果时,却喜欢过分强调自己的观点。

(五)信息者

信息者经常表现出高度热情,是一个反应敏捷、性格外向的人。他们的强项是与人交往,在交往的过程中获取信息。信息者对外界环境十分敏感,一般最早感受到变化。其典型特征为,外向、热情、好奇、善于交际。其作用表现为,有与人交往和发现新事物的能力,善于迎接挑战。其优点是有天分,富于想象力,智慧,博学;缺点是当初的兴奋感消逝后,容易对工作失去兴趣。

（六）监督者

监督者严肃、谨慎、理智、冷血质，不会过分热情，也不易情绪化。他们与群体保持一定的距离，在团队中不太受欢迎。监督者有很强的批判能力，善于综合思考，谨慎决策。其典型特征为，冷静、不易激动、谨慎、精确判断。其作用表现为，监督者善于分析和评价，善于权衡利弊来选择方案。其优点是冷静、判别能力强；缺点是缺乏超越他人的能力。

（七）凝聚者

凝聚者是团队中最积极的成员，他们善于与人打交道，善解人意，关心他人，处事灵活，很容易把自己同化到团队中去。凝聚者对任何人都没有威胁，是团队中比较受欢迎的人。其典型特征为，合作性强，性情温和，敏感。其作用表现为，凝聚者善于调和各种人际关系，在冲突环境中其社交和理解能力会成为资本；凝聚者信奉"和为贵"，有他们在的时候，人们能协作得更好，团队士气更高。其优点是随机应变，善于化解各种矛盾，促进团队合作；缺点是在危机时刻可能优柔寡断，不太愿意承担压力。

（八）完美者

完美者具有持之以恒的毅力，做事注重细节，力求完美；他们不大可能去做那些没有把握的事情；喜欢事必躬亲，不愿授权；他们无法忍受那些做事随随便便的人。其典型特征为，埋头苦干，守秩序，尽职尽责，易焦虑。其作用表现为，对于那些重要且要求高度准确性的任务，完美者起着不可估量的作用；在管理方面崇尚高标准严要求，注意准确性，关注细节，坚持不懈。其优点是坚持不懈，精益求精；缺点是容易为小事而焦虑，不愿放手，甚至吹毛求疵。

从以上的描述可知，团队中的每个角色都各有优缺点，都发挥着不同的作用并且不可替代。实干者善于行动，提高执行力；协调者善于寻找到合适的团队队员，提高领导力；推进者善于让想法立即变成行动，提高工作效率；

创新者善于出主意，拓宽思维；信息者善于发掘最新"情报"，增加信息来源；监督者善于发现问题，稳定工作绩效；凝聚者善于化解矛盾，缓和人际关系；完美者强调细节，使工作避免粗糙。

安保专业学生若能在入职前熟知团队角色，并且了解团队成员的分工和作用，对于将来成功入职并且做出出色成绩很有帮助。

二、团队成员素养

与人很好地相处、合作，任何时候都是一种美德，都是团体和社会的需要。将自己融入一个团队，在一个团体当中起到正向的作用，对自己和团队的整体利益来讲都尤为重要。

曾经发生过这样一个案例。❶ 2003 年 8 月，在经过 6 个月的历险和恐惧之后，发生在撒哈拉沙漠的 15 名欧洲游客被绑架事件最终得以解决。最终 14 人活了下来，只有德国女游客米歇尔未能幸免。回顾整个被绑架的过程，米歇尔的死并非偶然，在某种程度上说，是她不能很好地与人相处和合作，导致了她的死亡。

在这次危险之旅中，与旅客及绑架者相处、合作、显得格外重要，个人的阅历和魅力决定了自己在这个群体中与人相处与合作的能力，确定了自己在这个群体中的位置。米歇尔倔强的个性和不合作的态度，使她在这个群体中受到严重的孤立。米歇尔不相信任何人，经常与同伴发生冲突，起因都是一些鸡毛蒜皮的小事。绑架者都是些极端分子，他们对处于弱势的人之提出诸如戴头巾、穿外套之类的要求，被绑架者中只有米歇尔不与其合作，在同伴一次次的苦劝而毫无结果的情况下，米歇尔与同伴越来越疏远，不得不一个人呆着，大多数是她只躺在毛毯上唉声叹气，自言自语。由于米歇尔与旅伴的情感距离越来越大，就连绑匪在她再次不听话的举动之下，也没有惩罚过她。因为他们已经认识到米歇尔在人质中是多么孤立，没有必要杀

---

❶ 参见 https://baijiahao.baidu.com/s?id=1671389346277011380&wfr=spider&for=pc，2022 12 月 10 日访问。

一做百。

米歇尔无声无息地死了，群体（包括绑匪）变得更加融洽、更加相互照应，这一点从绑匪和人质照片的笑容中可以看出来。人质马克·海迪说："这并非米歇尔终于不再使我们神情紧张，而是我们已经看到，如果我们不能很好地相处和合作，同心同德，将导致事态更加恶劣的后果。"

由上可想而知合作的重要。在安保企业中，工作的特殊性质要求安全的目标是第一位的，团队合作更为重要。从个体角度来讲，团队合作需要什么样的成员呢？团队成员素养主要表现在以下五个方面。

（一）要有理性信任

信任是合作的基石。团队是一个协作互补的群体，它需要成员之间建立相互理性信任的关系，若没有起码的信任，团队合作就是一句空话。

（二）学会舍弃利益

一个人就能赚钱，为什么要几个人合作分钱呢？这就是需要一定情形下维护集体舍弃个人局限的利益。在大家熟知的一个寓言中，我们可以看到，主宰者分给两个家庭各一把长筷子，第一个家庭把长筷子当作普通筷子使用，把食物直接往自己嘴里送。可是筷子太长了，他们根本就吃不到食物，结果都饿死了。而第二个家庭却把食物往对方的嘴里送，他们互相喂食、互相帮助，他们一家就活了下来。这个故事告诉我们：要生存就要互相合作，要懂得舍弃眼前的利益，这样才能团结进步。要摒弃窝里斗，要明晰同事之间不是你死我活的"斗争""竞争"关系，而是相互合作的关系。不受欢迎的员工常常会对同事抱有成见，把同事当作阻挡自己前途的障碍。这样的员工很难在团队中立足，更难以发展。放弃敌意、互惠互利是融入团队和被团队接纳的一个基本前提。

（三）讲究诚信

诚信是做人的基本准则，是作为一名团队成员所应具备的基本价值理念。诚，即真诚、诚实；信，即守承诺、讲信用。诚信的基本含义是守诺、践约、无欺。通俗地表述，就是说老实话、办老实事、做老实人。人生活在社会中，总要与他人和社会发生关系。处理这种关系必须遵从一定的规则，有章必循，有诺必践；否则，个人就失去立身之本，社会就失去运行之规。"人而无信，不知其可也""一言既出，驷马难追"，都是中国人极言诚信的重要。

诚信是团队合作的基础。没有诚信，就会相互提防，就没有有效的合作。当今社会，科技高速发展，社会分工日益精细，而每个人的思维、知识和能力都是有限的。孟子有句话说得好："天时不如地利，地利不如人和。"如果团队成员互相不信任，都不团结合作，就算个人能行，但总体的力量也比不上别的团队。

（四）要尊重他人

尊重他人要做到没有高低之分、地位之差和资历之别，这样才能营造出和谐融洽的氛围，使团队资源得到最大限度的共享。团队的成员感到自己被尊重，就会有团队归属感，从而感到自己对团队的重要性而充分发挥自己的潜能，这对团队来讲意义重大。

（五）要低调做人

低调做人在团队精神建设中至关重要。只有团队成员自己先放下姿态，才会真正地尊重别人、配合团队的工作。企业选择员工，不是看他个人能力如何，而是看他能否适应团队这个集体，能否和同事们融为一个整体。如果因为某个人的原因而破坏了整个团队的氛围，那这个人离被"炒"也就不远了。在公司和团队里，大家基本上都愿意与那些工作能力强、具有团队精神，同时又为人低调的人相处。作为员工，必须懂得如何在团队中生存并且有所贡献。成功不在于获得多少，而在于付出多少。有的人很有能力却并不成功，原因是他不知道团队和公司的需求，只活在自己的世界里，眼里容不下别人的存在。优秀的员工一定会高调做事、低调做人。

第三节 团队融入和建设规则

团队成员要养成团队意识,就要熟知团队融入和团队建设的规则。作为初入团队者,如何去适应?如何处理团队冲突?融入和建设高效团队有哪些方法和途径?这些基本问题都值得一一探讨。

一、初入团队的适应方法

很多新入职的员工在进入一家新的安保公司后,表现出诸多的不适应,如同水土不服,很难快速融入新公司并在短时间内展现出自己的能力,赢得欣赏。其实,这不是个别问题。无论是初入职场的毛头小伙,还是久经沙场的职场老手,都会有这样的矛盾和纠结。前者改变现状的唯一途径就是改变自己、适应环境、建立自信。后者改变的唯一途径就是心态清零、轻装上阵、学以致用。

在团队中,不受欢迎的员工基本上是不懂得承担责任、缺乏团队精神、不愿改变自己、缺乏向心力、不了解他人需求的人。他们只考虑自己得到多少,而不是自己贡献多少;过分注重自我,不注意与团队的沟通;不愿意去适应环境的变化,故步自封;不认同公司的文化和团队的主张,自以为是;总认为错误的产生都是别人的问题,不会反省自己,不清楚该在组织里扮演什么角色;从不在乎别人的想法与需求。

那么,一个新员工到底如何能快速融入团队,做一个受欢迎的员工呢?

(一)文化认同

初入新单位,最难适应的就是每个企业独特的企业文化。但要想在新公司立足,就必须理解、认可、传播企业文化。只有认可了这家公司的文化理念,快乐工作、自我价值的实现才会变成可能。当初决定留在这家公司,除了公司提供的薪水可以满足自己的要求外,最重要的还是看公司的整体氛围好不好,项目有没有可持续发展的前景,公司的核心领导有没有较强的人格魅力，公司提供的岗位和个人的优势资源能不能有效对接。可以用四个"跟"来概括文化认同：跟自己的感觉走，跟品牌的理想走，跟公司的文化走，跟老板的魅力走。适应和从内心接受了该公司的企业文化，就会为自己开始的工作打下了一个良好的心态基础，为自己的坚持和不放弃找到了理由，这样才可能做到先升值（公司的价值），再升职；先有为，后有位。

（二）勤奋好学

初入新单位，太多的东西需要了解和学习。制度流程、岗位职责、企业文化、产品知识、销售政策、网络渠道、网络营销、工作方法、礼仪知识等，太多的东西需要我们在最短的时间内就要熟知和了解。学习的途径和方法除了公司正常的培训外，更多的应该是自己用心去自学领悟和掌握。当然向老员工和前辈不耻下问和请教也是一个捷径。互联网是学习的最好老师，掌握和熟练运用互联网是我们必须具备的一项技能，这不仅仅对于现在的工作有用，对个人未来的人生也至关重要。

（三）善于沟通

初入新单位，从一个曾经熟悉的环境走入一个完全陌生的环境，对事、对人、对环境都不熟悉，已经习惯的一切都不再熟悉，失落和焦躁情绪是任何人都无法抵挡的。而运用沟通能力，尽快建立人际关系网，熟悉工作岗位，让自己能投入到工作状态中来，是克服这些情绪障碍的最好方法。沟通无疑是我们进入新单位必须要习惯性做的事。如果一味将自己封闭起来，沉默于自己的领域，拒绝和同事沟通交流，会被拒之于团队之外。

（四）主动积极

初入新单位，一个主动积极的工作态度很重要。先不要问自己会做什么，而是要问问自己现在能做什么。现在的社会，大家工作生活在一个较为开放性的环境当中，创造性的工作是时代倡导的工作方法，主动无疑是推进剂，凡事若都要领导来安排，则个人已经失去了工作的意义。虽然现在强调员工发展的专业性，但也提倡一职多能，更多地为公司、为团队承担。有能力、没态度等于零，主动积极的态度将会在工作中有更多的加分。大多数人喜欢把工作的同事圈子与生活的朋友圈子分开，营造两个交往空间。将工作与生活隔离开来自然有它的道理，但是要成为一个优秀的员工，在工作之外的生活时间里，也要尽量增加与同事沟通的时间和机会。集体的娱乐活动是一定要参加的，其次在闲暇之时，也可以与同事一起出去参加娱乐活动，如唱歌、郊游、跳舞、泡吧等，借此增加彼此间的了解与信任。

（五）要有一颗"公心"

私心过重往往会引起身边同事的反感，尤其是刚入职的新员工，可能关注自己的利益多一些。真正的聪明其实就是"傻"。"傻"不是智力有问题，而是有一颗"公心"。有"公心"的人眼光长远，不计较眼前利益得失，不会为一点利益与同事吵闹、与老板纠缠，也不会推卸责任，而是知难而进，对工作主动承担责任。这样的员工不仅会赢得大家的认可，成为团队所倚重的核心人物，也容易得到老板的信任和重视，在职场上无往而不胜。

总之，新员工融入新团队，思想斗争不可避免，很多人会因种种借口成为逃兵。聪明不等于智慧，有知识更不等于有文化。有文化的人应该对人生和社会有深刻的洞察，并能合理地调整自己的心态和位置，不盲目尊大、也不妄自菲薄；不好高骛远，也不随波逐流。那些能坚持的人，往往会在不远的将来拥有幸福的果实。

二、应对团队冲突的策略方法

在团队初建、磨合阶段，成员对一件事情意见不同、互不服气、不服从领导、不愿受团队纪律约束的现象时有发生。团队成员之间的冲突难以避免。当冲突出现的时候，如何应对和化解是每一个团队成员都应掌握的基本技能。

（一）要注意区分团队的类型和冲突的种类，为采取合适的化解冲突的方法打下基础

1. 了解团队的类型

在本章第二节中列举了团队的几种传统类型，除此之外，还要了解在现

实生活和日常经营管理活动中,可能常接触到的团队主要包括如下三种。

(1) 任务或项目型团队。这种类型的团队是为了完成某项活动、某个项目或某项任务而组建的,但和"问题解决"型团队有所不同的是,以项目制运作为主的企业(如咨询公司、房地产公司)或项目团队,不仅被要求采取单独行动,而且这些行动也往往是企业经营活动开展的主要方式,因此,团队领导在此情形下,将承担更为重要的角色和责任。这又称为"任务导向"型团队。

(2) 职能型团队。这种类型的团队是为了实现某种职能而在企业中存在的,通常是由某个部门的员工为核心而组成的,由其他相关职能部门员工参与的松散组织。这种团队大抵对应"自我管理"型团队,但团队的存在是有目标的,而且往往是与跨部门的组织流程相关,以流程为中心。这又称为"流程导向"型团队。

(3) 高管团队。这和"跨职能团队"的描述接近,团队将完成各种各样的任务。在企业中,各成员(如在中国很多企业中常提到的"分管领导")和团队领导往往是有较为明显等级的,这又称为"管理/决策导向"型团队。

区分不同类型的团队,将对我们处理团队冲突具有重要的意义,在处理冲突和选择解决冲突的方式方法时,将结合团队存在的目标和属性,应用合适的解决冲突模式。

2. 了解冲突的类型

冲突有很多种划分方法,常用的有两种,第一种按冲突产生的原因分为工作冲突和人际冲突;第二种是按冲突和团队目标的关系,分为建设性冲突和破坏性冲突。识别团队中冲突的类型对于有效解决冲突也至关重要。

工作上的冲突和人际关系的冲突,在一定条件下可能会相互转换。工作上的冲突是围绕着怎样把工作做好而产生的,并不是负面的,反而是积极有效的,属于正常现象;但因为工作冲突导致人际关系不佳,这时工作冲突就会演变成人际关系冲突,会带来一定的消极影响。

建设性冲突也称为功能性冲突,它属于支持团队目标并增进团队绩效的冲突,具有以下特点:激发团队成员的才干与能力;带动创新和改变;团队成员可学习有效解决和避免冲突的办法;并在过程中反映组织存在的问题。对建设性冲突的合理处理,将带来团队的整合。

破坏性冲突也称为失能性冲突,是妨害团队绩效的冲突。它具有如下特点:在团队中制造相互之间的对立态度;导致错误信息的失真,并扭曲事实真相;损害团队成员的身心健康,消耗组织的时间与能量,可能使个人和团队都为此付出极大的代价。

(二)要掌握化解冲突的基本原则

团队的构成实际上是一个涉及平衡的问题。在选择合适方法化解团队冲突时,除了根据团队和冲突的类型,选择合适的技巧外,还需要本着以下四个基本原则。

1. 认识破坏性冲突的代价以及建设性冲突的优点,尽量保持开放及公正的心态与对方共同管理冲突

2. 给予对方必要的尊重,在没有确切证据时,不要对对方抱有成见

3. 展现自己的诚意,并客观地面对自己的负面态度

4. 在可能的前提下,尽可能采取双赢的解决方案

(三)要掌握运用化解冲突的技巧

1. 正确看待冲突

对冲突的解决办法首先取决于我们对待冲突的认识和态度,对于冲突的看法一般有三种:一是传统的观点,认为冲突不好,是消极因素;二是人际关系的观点,认为对于所有的组织和团队而言,冲突与生俱来,不可避免,应该以一种接纳的态度面对冲突,把冲突的存在合理化,认为冲突有时还会对团队工作有益;三是相互作用的观点,这个观点鼓励冲突,认为没有冲突的组织或团队容易对变革产生冷漠、静止甚至比较迟钝的感觉,所以鼓励团队维持冲突的最低水平,有利于团队保持一种旺盛的生命力,善于自我批评,不断创新以提高团队。这三种不同的观点,都有其合理性,断言哪种观点的好坏,显然不恰当。冲突的好坏应当取决于冲突是建设性的,还是破坏性的。

2. 运用化解冲突的技巧

请看一个解决冲突的模型，即托马斯·基尔曼冲突模型，如图10-5所示，它已经成为世界领先的冲突解决方案的评估和选择方法。

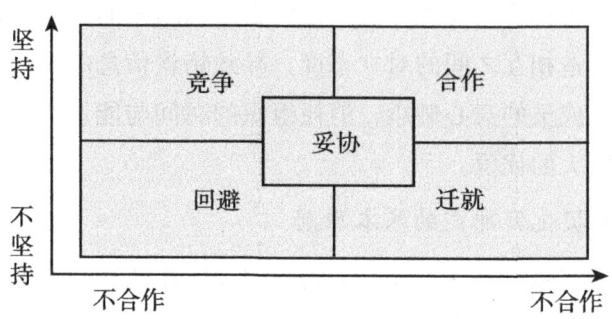

图10-5 托马斯·基尔曼冲突模型

根据此模型，按照这种合作性和坚持性的不同，可以形成五种解决冲突的策略。

（1）竞争：高度坚持且不合作。竞争指的是牺牲一部分成员的利益，换取自己的利益或是团队整体的利益。这是一种对抗、坚持和挑衅行为，是为了取胜不惜任何代价的做法。当遇到如下情形时，应当采取竞争策略来对待团队冲突：一是当快速决策非常重要的时候，必须采取某种方式。二是执行重要的但不受欢迎，或不为多数人理解的行动计划的情形。三是出于政治因素，如在团队建设初期，团队领导需要树立威信，或领导履新之时要借助一些事件来树立权威，或是在一些特殊阶段，需要借打击竞争对手等。

使用竞争策略，可以压制部分团队成员可能损害整体利益的行为，快速形成决策，解决冲突，树立权威。但使用竞争策略并未触及冲突的根本原因，可以强迫对方服从，但不一定令对方心服。即只能强迫对方去做，不能用有效的理由来说服他。

（2）迁就：不坚持且保持合作。迁就就是指抚慰冲突的另一方，愿意把对方的利益放在自己的利益之上，做出自我牺牲，遵从他人观点，从而维持相互友好的关系。在迁就的过程中，常常牺牲或放弃了个人的目标或利益。

当需要维护团队的和谐关系,或为了团队的长远建设和发展时,应考虑采用迁就策略,如当员工犯的不是原则性的严重错误时,应当给员工提供改正错误的机会;当团队遇到严重困难和挑战的时候,往往需要所有团队成员多一些宽容和迁就。采用迁就的策略,会受到对方的欢迎,但有时在重要问题上迁就别人,可能会被视为软弱。虽然迁就可能会缓和冲突,维持团队的和谐气氛,但可能纵容一些不合规的观点及行为,并可能埋下未来冲突的隐患。

(3) 回避:不坚持也不合作。回避是指冲突一方意识到冲突的存在,但采取忽视和放弃的态度,不采取任何措施与对方合作,或维护自身利益,而是一躲了之的办法。在一些特定的条件下,可考虑采取回避的策略,如当冲突事件无足轻重,或是问题很严重根本无法解决的时候;对方过于冲动,或解决问题所需条件暂不具备的时候;当其他人比自己能更有效地解决问题的时候,也可回避一下,让更合适的人出面解决;坚持解决分歧,可能会破坏关系,导致问题往更严重的方向发展的时候等。采取回避的方法,只是使事态没有发展得更坏,仅维护了暂时的平衡与和谐,问题没有得到解决。

(4) 合作:高度坚持且高度合作。合作指主动跟对方坦诚布公地讨论问题,寻找互惠互利的解决方案,尽可能使双方的利益都达到最大化,而不需要任何人做出让步的解决方式。合作策略认为双方的需要都是合理或重要的,哪一方都不能和不应该放弃,双方相互支持并高度尊重,因而得到许多人的欢迎。在以下情形中,可以采取合作策略,如当双方的利益都很重要,而且不能够折衷,需要力求一致的解决方案时;当需要从不同角度解决问题,平衡多方利益时;为获得他人承诺,或是满足对方利益可能争取自己或团队整体的更大利益时等。虽然"双赢"是目前非常流行的解决冲突的方法,但也有不可避免的缺点,即采取合作是一个漫长谈判和达成协议的过程,时间很长,有时在解决思想冲突上也不一定合适。

(5) 妥协(或折衷):中等程度的合作,中等程度的坚持。妥协指冲突双方都愿意放弃部分观点和利益,并且共同分享冲突解决带来的收益或成果的解决方式。采用妥协方式的目的在于得到一个快速的、双方都可以接受的方案。它适用于如下场合，即当目标的重要性处于中等程度，或属于非原则性问题时；双方势均力敌，难以找到解决方案时；当面临时间压力或问题非常棘手、复杂，没有更多的时间实施合作策略时等。妥协不是最好的解决方法，但可以在双方利益、时间、成本、关系等各个方面取得较好平衡，是化解团队冲突的常用手法。

三、融入高绩效团队要点

在团队高效运作阶段，大家互相关心，互相支持，能够有效而圆满地解决问题、完成任务，使团队内部达到高度统一，最终共同达到目标。人无完人，但集体可以追求完美。那么在现代职场，安保人员如何融入高绩效的团队呢？可从以下十个方面进行。

（一）认同团队目标

每个团队都有一个既定的目标，为团队成员的行动起导航作用，每个团队成员必须认同团队目标并通力合作，明确个体在实现团队目标中应担当的责任。个人的目标要与团队的目标相一致，为实现共同目标而努力。

（二）认同团队规则

每个团队都有自己的运行规则，包括工作纪律，团队合作激励措施等，要求每个成员必须认同并遵守，以确保团队和谐，产生凝聚力。

（三）掌握相关技能

高绩效团队是由有能力的成员组成的，他们具备实现理想目标所必需的技术和能力，而且有相互之间进行良好合作的个性品质，这两点缺一不可，更为重要的是每个队员要积极主动地不断地提升自己的能力和技能，以适应团队不断发展的需要。

（四）要容人之短

水至清则无鱼，人至察则无徒。要分清什么样的短处可以容，什么样的短处不能容。思想意识有问题、人品有问题的人,不能容;但成员之间气质、个性上的短处是应当也是必须容忍的。

(五)相互信任和一致承诺

信任首先要从自身做起,成员间的相互信任是高绩效团队的显著特征,每个成员对其他成员的品行和能力都深信不疑,只有信任他人才能换来他人对自己的信任。高绩效的团队成员对团队表现出高度的忠诚。为了使团队获得成功,他们愿意调动和发挥自己最大的潜能,从而信守自己的承诺。

(六)运用良好的沟通和应变技能

团队成员要学会主动沟通,建立通畅的信息交流渠道,这有利于团队成员迅速而准确地了解彼此的想法和情感。对于高绩效团队来说,尽管员工的角色由工作说明、工作纪律、工作程序及其他一些正式文件明确规定,但其成员角色具有灵活多变性,需要成员具备充分的应变技能。

(七)主动补位

木桶原理说明木桶盛水取决于最短的那块木板,一个团队的人总在变化着,当出现不均衡时,团队中的每一个成员都有义务主动把这种角色空间填补起来,进行主动补位,保障团队的利益。

(八)恰当地领导

有效的领导者能为团队指明前进方向,并鼓舞团队成员有自信心,帮助他们更加充分地了解自己的潜能。同时,有效的领导者能够包容他人也需要被别人包容和帮助,需要被理解和支持。要用人之长。没有无用的人,只有放错位置的人。人的长处分为专业上的和秉性上的,如果把人性看透,知道这个人怎么用,什么时候用,在什么岗位上用,跟谁搭配用,那就会拥有高超的选人用人本领,就会打造一个高效的团队。有这样一个关于团队领导者指正部属错误造成裂痕的案例。案例梗概如下:张经理最得力的一位部属(一位女士)刚完成一件大案子,她做得非常好,可是,在她向他报告她所完成的案子时,张经理一眼就看到一个错误。张经理以一种很不高兴的态度把错误指出来，但此案子的其他部分都做得非常完美。后来，虽然张经理告诉她，她做得非常好，但他一开始的反应，却破坏了他对她的赞美。她非常沮丧，而且自此之后对张经理很不满。虽然张经理因为她完成的这个案子，给她一份相当优厚的奖金，但未能使她消气，而且她甚至考虑要辞职。张经理该如何弥补这一情况呢？一个好的团队并不是说每一分子各方面能力都特别棒，而是能够很好地借物使力，取团队其他成员的长处来补自己的短处，也把自己的长处优点分享给大家，互相学习交流，共同进步。

（九）争取内外部环境支持

具有有利的支持环境是成就高绩效团队的必要条件。从内部条件来看，团队应有一个合理的基础结构，如适当的培训评估、团队成员总体绩效的测量系统、人力资源系统等，从外部条件来看，管理层应给团队提供完成工作所必需的各种资源。

（十）要增强弹性

现代企业的团队不再需要"一把筷子"式的团队，更需要的是一把"瑞士军刀式"的团队。因此，团队中成员尽量要增强角色的弹性，把自己修炼成复合型人才。

▶ 课后实训 ◀

◆ **实训项目一**

一、实训目标

1. 锻炼团队成员不要低估自己的能力，不要首先为自己的工作和学习找借口，怀疑自己的能力，要以积极的态度面对问题。

2. 团队成员体会，看似不能实现的目标，在团队智慧的合作下，能非常出色地完成。

二、实训主题

传瓶游戏。

三、实训步骤

1. 规则。

一班分为几组，10人一组，以最短时间内从第一名到最后一名，然后再到第一名，传递3个瓶子，依次传递，若掉在地上，按10秒处理，可借助工具，每个瓶子要在每个人手上传递，每组设定时间目标后，分几轮操作，然后得出实际结果。

2. 操作过程。

第一轮，几组分别制定目标；然后由第一组实际操作一下；再次制定目标，重新记成绩；第二轮，上一轮完成后，让各组制定方法，要求在8秒内完成。

举例如下：

A2班实际操作（一组16人）。

第一轮目标：一组，40秒；二组，30秒；三组，29秒。

第一轮成绩：第一组实际操作，用时10秒。

重新制定目标：一组，10秒；二组，16秒；三组，8秒。

第二轮成绩：一组，3.7秒；二组，5.21秒；三组，4.7秒。

四、实训评价

1. 小组代表发言，谈游戏的体会。
2. 教师总结评价。

◆ 实训项目二

一、实训主题

团队游戏——红与黑。

二、游戏规则

1. 目的。

两队分别为队A、队B，各自争取取得高分。

2. 程序。

每轮一队有两种选择——红或黑，由工作人员了解每轮的选择并告知各队的得分，两队可根据上轮得分确定下轮选择。

3. 沟通。

两队在第四轮选择后，征得双方同意，可进行第一次沟通，双方各派一名代表外出面谈，面谈时间为一分钟；两队在第八轮选择后，双方必须进行沟通，面谈时间为一分钟。两队除按上述规则可召集的面谈外，禁止其他沟通。

4. 得分计算标准。

（1）队 A、队 B 均选红，各得 1 分；队 A、队 B 均选黑，各减 1 分；

（2）一队选红、一队选黑，选红者减 3 分，选黑者加 3 分；

（3）第 9 与第 10 轮选择，得分乘 3 后计入总分。

三、实训步骤

1. 按照游戏规则进行。

2. 两队派代表进行点评。

3. 教师总结。

四、实训结论

1. 要取得长期利益，必须采取合作的态度。

2. 团体合作的基础是相互信任。

3. 信任来自于畅顺的沟通。

4. 信任一旦失去，难以补救。

◆ **实训项目三**

一、实训目标

1. 通过贝尔宾团队角色测试（请看以下介绍），帮助了解自己在团队中所担任的角色。

2. 为更好地融入团队提供参考。

二、实训步骤

1. 按照以下提供的题目及要求进行测试。
2. 小组派代表进行点评。
3. 教师总结。

◆ **附：Meredith R. Belbin 贝尔宾团队角色测评**[1]

团队角色理论之父、剑桥产业培训研究部主任贝尔宾博士和他的同事们经过多年在澳洲和英国的研究与实践，提出了著名的贝尔宾团队角色理论，即一支结构合理的团队应该由八种人组成，这八种团队角色分别为：实干家 CW（Company Worker）、协调员 CO（Coordinator）、推进者 SH（Shaper）、智多星 PL（Planter）、外交家 RI（Resource Investigator）、监督员 ME（Monitor Evaluator）、凝聚者 TW（Team Worker）、完美主义者 FI（Finisher）。

说明：对下列问题的回答，可能在不同程度上描绘了您的行为，每题有八句话，请将 10 分分配给这八个句子，分配的原则是：最能体现您行为的句子打分最高，如此类推，最极端的情况也可能是 10 分全部都分给其中的某一句话。请根据您的实际情况把分数填入后面的表中。注：用整数。

1. 我认为我能为团队作出的贡献是：

A. 我能很快地发现新的机遇。

B. 我能与各种类型的人合作共事。

C. 我善于发现对实现集体目标有价值的人。

D. 我能靠个人的实力把事情办成。

E. 如果最终能导致有益的结果我愿意面对暂时的冷遇。

F. 我通常能意识到什么是现实的，什么是可能的。

G. 在选择行动方案时，我能不带倾向性，也不带偏见地从众多方案中选出一个合理方案。

H. 在团队中我始终能首先发现问题。

---

[1] 参见《贝尔宾团队角色测评》，载 https://www.docin.com/p-1099367683.html，2023 年 3 月 12 日访问。

2. 在团队中，我常常有这样的感觉或表现：

A. 如果会议没有得到很好的组织、控制和主持，我会感到很不痛快。

B. 只要他的意见确实有见地，我不在乎他的表达方式。

C. 集体讨论新问题时，我属于说得多的。

D. 我的看法太主观，有时显得有些不近人情，使我与同事打成一片有困难。

E. 为了把事情办成，我有时使人感到特别强硬甚至专断。

F. 可能由于我过分重视集体的气氛，以致显得过于随和。

G. 我常常陷入突发的想象之中，而忘了正在进行的事情。

H. 我的同事认为我过分注意细节，总有不必要的担心。

3. 当我与其他人共同进行一项工作时：

A. 我有不施加任何压力就可以影响他人的能力。

B. 我能敏锐地发现工作中的疏忽并及时给予纠正。

C. 为了确保会议不是在浪费时间或离题太远，我认为提出一些要求是有必要的。

D. 我提出的见解常常有独到之处。

E. 我乐于支持与大家共同利益有关的积极建议。

F. 我热衷寻求最新的思想和新的发展。

G. 我相信我的判断能力有助于作出正确的决策。

H. 我能使人放心的是，对那些最基本的工作，我能做到井井有条。

4. 我在工作团队中的特征是：

A. 我喜欢更多地了解我的同事。

B. 我经常向别人的见解进行挑战或坚持自己的意见。

C. 在辩论中，我通常能找到论据，推翻那些不甚合理的主张。

D. 我有推动工作运转的才能。

E. 我不在意自己是否太突出。

F. 对于承担的任何工作，我都追求尽善尽美。

G. 我乐于与工作团队以外的人进行联系。

H. 尽管我对所有的观点都感兴趣，但并不影响我在必要的时候下决心。

5. 工作使我感到满足，因为：

A. 我喜欢分析情况，权衡所有可能的选择。

B. 我对寻找解决问题的可行方案感兴趣。

C. 我在促进良好的工作关系。

D. 我能对决策有强烈的影响。

E. 我愿意同那些有新意的人交往。

F. 我能使人们在某项必要的行动上达成一致意见。

G. 我有一种全心投入到工作中去的气质。

H. 我很高兴能找到一块可以发挥我想象力的天地。

6. 如果突然给我一件困难的工作，而且时间有限，人员不熟：

A. 在有新方案之前，我可能会独自躲在房间里，先拟定一个解脱困境的方案。

B. 我比较愿意与那些表现出积极态度的人一道工作。

C. 我会设法通过用人所长的方法来减轻工作负担。

D. 我天生的紧迫感，将有助于我们不会落在计划后面。

E. 我认为我能保持头脑冷静，富有条理地思考问题。

F. 尽管困难重重，我也能保证目标始终如一。

G. 如果集体工作没有进展，会采取积极措施去加以推动。

H. 我愿意展开广泛的讨论，意在激发新思想，推动工作。

7. 我在团队工作中或与周围的人共事时遇到问题：

A. 我容易对那些阻碍前进的人表现出不耐烦。

B. 别人可能批评我太重分析而缺少直觉。

C. 我过于追求做好工作的愿望，使我常常感到焦虑。

D. 我常常容易产生厌烦感，需要有激情的人使我振作起来。

E. 如果目标不明确，让我起步是很困难的。

F. 对于遇到的复杂问题，我可能会提出很好的意见，但有时不善于加以解释和澄清。

G. 如果遇到自己解决不了的问题，我就会求助他人。

H. 当我与别人发生冲突时，我没有把握使对方理解我的观点。

评分

请把每道题中各分数分别填入表 10-1。

行代表题号。最后，请按照竖列方向将分数加起来。

表 10-1 Meredith R. Belbin 贝尔宾团队角色测评——附表❶

大题号	CW	CO	SH	PL	RI	ME	TW	FI
一	G	D	F	C	A	H	B	E
二	A	B	E	G	C	D	F	H
三	H	A	C	D	F	G	E	B
四	D	H	B	E	G	C	A	F
五	B	F	D	H	E	A	C	G
六	F	C	G	A	H	E	B	D
七	E	G	A	F	D	B	H	C
总计								

◆ 实训项目四

一、实训目标

通过这个精心设计的练习，帮助与会人员相互认识一下。

二、实训主题

团队游戏——相互认识一下。

三、实训步骤

1. 准备所需的材料：空白的姓名标签。在整个团体第一次集会时，给每人发一个空白的姓名标签。请每个人都填写下面各项内容：

   a. 我的名字是_____。

   b. 我有一个关于_____的问题。

---

❶ 参见 https://www.docin.com/p-3056471711.html，2022 年 12 月 10 日访问。

c. 我可以回答一个关于_____的问题。

2. 给与会人员几分钟的时间来对这些陈述作出思考，然后鼓励整个团体的人员聚在一起，使每个人与尽可能多的人打交道。

提示：要想加快这一活动的节奏，可以在与会人员签到时就发给他们姓名标签，请他们当场在姓名标签上按要求填写上述内容。

事先印好列有上述三项内容的姓名标签，在与会人员签到或等待会议开始时请他们填写。

三、实训步骤

1. 按照游戏规则进行。
2. 派代表进行点评。
3. 教师总结。

第十一章　安保人员职场典范意识

职场作为人们生存和发展的活动场所，是由若干不同的职业、岗位构成的活动集合平台。人们要想在此好好发展，就必须充分认识职场。作为职场新人，了解职场运行规则，培养适应职场变化与挑战的能力非常必要。而树立职场典范意识，积极主动分析并学习职场榜样的特质，则有助于自身职业生涯的顺利发展。

第一节　安保职场认知

一、职场与职业活动

职场，通常是指个人所处的工作环境、场所、职业岗位以及之间的社会关系的综合体系，它是一个较为空乏抽象的概念。职业活动是指劳动者在一定的时空条件下从事职业劳动的行为方式。而职场就是职业内活动和职业外活动的交汇点。因此，了解职业内活动和职业外活动是了解职场的基础。

职业内活动就是指岗位职责范围内的一切工作行为，它和特定的岗位、职责联系在一起，是工作时间范围内的劳动活动。所谓职业外活动，是指与岗位、职责虽有联系，却不在工作时间范围内实施的一切活动。

因此，安保人员的职业活动就是安保从业劳动者的职业行为，是由职业主体、客体、条件、素质、目标等要素构成的。职业行为有两种表现形式。一是直接的职业行为，即个人在从事职业工作时的具体劳动行为，如，站门岗、车场巡逻、大型活动安保等，都是直接的职业行为。二是间接的职业行为，即个人为从事某种职业劳动而开展的活动行为，如为了得到某安保企业某岗位经理职位，而接受相关职业技能培训、考取相关职业资格证书以及为了应聘该工作岗位而进行的各种准备工作等，都属于间接的职业行为。二者都属于职业活动，区别在于，直接的职业行为称为职业内活动，间接的职业行为称为职业外活动。职业内活动简称职业活动，职业外活动简称职业生活。

职业内活动的相关要素包括劳动者、劳动工具、职业岗位、工作时间、职业目标等。这些要素按照一定规律发挥作用，即职业活动的内在结构及其功能，也就是所谓的职业内活动规律。请看图 11-1 模型。

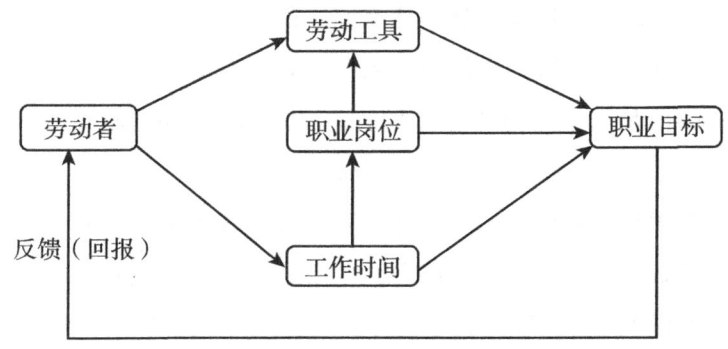

图 11-1　职业内活动模型

职业外活动的相关要素包括劳动者、职业意识、岗位评估、自我评价、职业生涯规划、素质准备、职业抉择、职业成长、锚位确定等。请看图 11-2 模型。

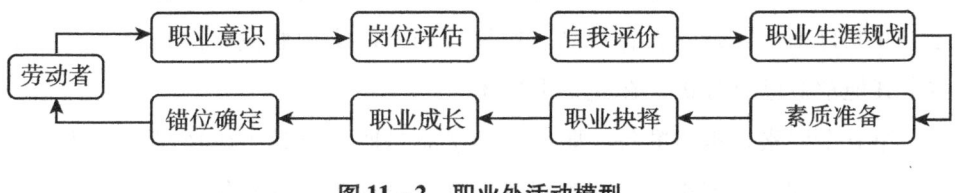

图 11-2　职业外活动模型

在职业外活动模型中，除了劳动者主体，职业外活动要素为八个方面，这八个要素也按照一定规律发生作用。

第一个要素是职业意识。职业意识是指个人对职业的综合看法和想法，它是职业生活的最初动力。在这个阶段，劳动者主体将认真思考人生的奋斗目标和职业理想，对这些问题的回答，将有助于强化主体的职业意识，进一步明晰自己的职业生活方向，从而形成一种使命感，为顺利开展职业生活奠定良好的思想基础。

第二个要素是岗位评估。劳动者在大致确定了职业发展方向之后，要对社会组织和岗位需求状况进行分析研究，并对几个关键问题得出评估结论，这些问题包括：社会上什么岗位人员需求量大？什么岗位人员供给量过剩？什么岗位的社会需求会持续增加？什么岗位的社会需求将逐渐减少的？哪些岗位的准入条件较高？哪些岗位的准入条件较低？哪些岗位是属于独立工作型的？哪些岗位是属于群体工作型的？对于这些问题的分析、评估和确认，关系到职业选择的成功概率，是职业生活的重要环节。

第三个要素是自我评价。自我评价是对自身优点和缺点作出客观的分析和判断，以了解自己的职业能力倾向。主要通过填写自测量表以及回答自测题，对几个关键问题了解情况。这些问题包括：自己到底是什么个性的人？志趣和爱好是什么？具备哪些素质？适合从事什么以及不适合从事什么？对于这些问题的解答，就是帮助正确认识自己的优势和劣势，以便于有针对性地开展职业生活，实现自己的职业理想。

第四个要素是职业生涯规划。职业生涯规划是指个人结合自身情况，对主观因素和客观因素进行分析，为个人确立职业方向和职业目标，选择职业道路并制订用于实施的教育计划、发展计划，以实现职业生涯目标。因为在本书其他章节已有分析，在此不再赘述。

第五个要素是素质准备。职业活动素质是职业活动主体所具备的从事某种职业的生理、心理素质。这类素质大体可分四种：一是体力，包括劳动者的身高、体重、肺活量、力量、耐力、速度、灵敏度、柔韧度等；二是智力，即劳动者认识客观事物并运用知识解决问题的能力；它包括感知力、记忆力、思维力、想象力、实践能力、组织能力、管理能力等；三是知识，即劳动者头脑中所储存的信息，包括基础知识、专业理论知识和操作知识；四是技能，是劳动者从事职业活动的行为能力。职业生活必须以素质条件做保障，只有劳动者的知识、能力和所从事的职业要求相匹配，职业活动才能有效地进行，职业人员才能逐步接近自己的人生目标和职业理想。素质准备就是根据职业生活规划的目标有针对性地提高职业技能，为顺利进入职场做好准备，因此，非常重要。

第六个要素是职业抉择。职业抉择，也称为职业选择，是个人根据自己的意愿，在众多的职业中做出最终选择的过程。这个过程非常重要、烦琐和艰难，需要反复调查和研究，总之不管经历怎样的千辛万苦，最后总要自己作出职业抉择，而且这个抉择不仅对职业生活，甚至对自己一生的职业生涯都会有极其重大的影响。因此，职业抉择必须适合自身个性和能力，绝不能盲目、草率地决定。要知道适合的才是最好的，这是职业抉择的有效法则。

第七个要素是职业成长。职业成长是职业外活动最重要的内容，直接反映职业外活动的效果，因此在职业外活动中处于核心地位。对于个人来说解决温饱问题是最低标准，必须把职业成长视为个人成长的契机和人生价值的体现，这样才能享受到职业生活的快乐。为此，每个人必须在一生中的不同阶段定期检查职业生活状况，问自己以下几个问题：我实现既定目标了吗？我取得了哪些可以引以为豪的工作成果？职业成就对我来说意味着什么？我体会到劳动创造的乐趣了吗？这些问题将有助于激发我们的工作热情和我们对美好生活的渴望，不断提升人生的目标和理想，以激励自己，脚踏实地地创造工作业绩，以便兑现自己的诺言，使职业生活更有价值和意义。

第八个要素是锚位确定。职业锚是由世界著名职业指导专家施恩教授提出的。施恩教授认为职业生涯发展实际上是一个持续不断的探索过程。在这个过程中，每个人都在根据自己的天资、能力、动机、需要、态度和价值等方面，慢慢形成较为明晰的与职业有关的自我概念。随着这个人对自己越来越清晰地了解，这个人就会越来越明显地形成一个占主要地位的职业锚。职业锚的核心内容是，新员工在早期工作中逐渐对自我加以认识，从而发展出的更加清晰全面的职业观，而这个职业自我观由三部分内容组成：一是自省的才干和能力；二是自省的动机和需要；三是自省的态度和价值观。总之，在施恩看来，职业锚是"自省才干、动机和价值观的模式"。职业锚是长期稳定的职业定位和长期稳定的职业贡献区。根据施恩的研究，共有八种类型的职业锚，即技术（职能）型职业锚，管理能力型职业锚，创造型职业锚，安全稳定型职业锚，自主独立型职业锚，服务型职业锚，挑战型职业锚，生活型职业锚等。[1]

二、职场基本规则

竞争是职场的主要规则，也是职场运行的核心动力，因此职场中的竞争能力是劳动主体入职前学习训练和提升的重点。这些竞争能力主要包括时间掌控能力、发现问题与解决问题的能力、判断自身所处环境的能力以及创造利于自身发展条件的能力等。总体来看，职场规则主要包括以下两个方面的内容。

（一）找准自己的比较优势

要想明晰自己在职场发展中的比较优势，把握好自己在职场中定位发展的规则，关键是排除外部因素（如收入、职位等）对自己的不利影响。只有定位准确，才能得到合适的用人单位的聘任，或者得到单位上司的正确培养。很多人在写简历和面试的时候，不能准确地介绍自己，使得面试官不能迅速地了解自己。有人在职业选择上摇摆不定，使得单位不敢对其委以重任；还有人频繁换工作，使得朋友们不敢积极相助。总之，定位不准就如同不断游动的目标，这样就会让人看不清其真实面目。因此，只有找准自己的比较优势，并合理确立自己的职业目标，才能在竞争多变的职场中抓住机遇。

---

[1] 埃德加·施恩：《职业锚》，中国财政经济出版社2004年版，第10~30页。

（二）思维和行为规则

准确定位并明确了自己职场发展的比较优势，只是一个良好的开端，并不等于就能实现良好的发展。要想发展得好，还必须注意职场运作的具体思维和行为规则，时刻按照规则，扎扎实实地在职场中做好每一件事。概括来讲，这些规则主要包括以下八个方面。

1. 主动交往，放下姿态

每个人会有一个心灵的相对舒适区域，容易表现得很自我，不愿被外界打扰，不愿与陌生面孔交谈，不愿被人指责，不愿按照规定的时间实现，做事不愿主动关心他人，不愿思考别人想不到的地方，若是在学生时代这是容易被理解的，但在工作之后则必须改变这一现状，否则会很快变成鸡尾酒会上唯一没有人理睬的对象。因为职场与学校相比是一个更加开放的场所，在这里必须要掌握主动权才能有所发展。

2. 不要用不确定的词汇

不要用不确定的词汇。例如，好像、也许会、大概晚些时候或者说不定之类的词语等，都属于不确定词汇，若经常放在嘴边，尤其是在和上司谈论工作时使用，则会招到上司对其产生负面印象。诸如"我晚些时候会把这个文件发给所有的人、我已经努力工作了"之类的话，尽量不要对领导讲。

3. 尽量不要拖延工作

很多学生喜欢拖延，到了时间节点再突击一下完成任务。在工作中这样的习惯要坚决摒弃，因为工作内容繁多，容不得每次突击，否则只能被淘汰。

4. 不要纸上谈兵

很多人遇事评论得头头是道，讲话滔滔不绝，但不能将理论知识转化为行动力，这样的人是不受职场欢迎的。

5. 不要让别人等

在任何情况下都不要让别人放下手头的工作来等你。若在学习生活中出现这种现象，可能只会遭到几句玩笑的抱怨，但在工作中这种习惯很可能会导致失去潜在的合作伙伴。最关键的是职场中各岗位工作具有内在关联性，某个岗位工作出了问题，整个工作链条就可能会停止，这样造成的不良影响或者损失或许更为巨大。

6. 要注重细节

在上学期间有些同学以及格为目标，学习上粗枝大叶，认为差不多就行，若工作以后还这样就可能丢掉工作，因为企业管理的精髓就在于将简单的事情做到极致，每一个细节都容不得马虎，否则就有可能出现质量或者生产问题。

7. 不要推卸责任

推卸责任是害怕承担责任的条件反射，因此，要敢于承担责任。

8. 不要表现出消极态度

不管对所做的工作是否有兴趣，都要主动做好。在学生时代，我们会花费全部的精力去做自己喜欢的事情，但在工作中，我们会发现绝大多数事情都是烦琐而看似机械的。如果仍一味追求兴趣爱好，或者纠结于喜欢还是不喜欢，那么就会有被职场淘汰的风险。

三、掌握职场行为技巧

职场行为是有一定规律可循的，其中掌握职场行为技巧则有助于职场行为的顺利开展。对于安保从业人员来讲，应当掌握以下五个方面。

（一）用实际行动证实对职场的忠诚

古人云："忠者，德之正也。惟正己可以化人，故正心所以修身乃至于齐家、治国、平天下。"而尽忠者，必能发挥出最大的智慧和才干。如果不喜欢某个职业或岗位，可以不选择，一旦选择了就必须讲诚信。在职场中，只有先让别人看到自己良好的表现，才有可能渐渐得赢得别人信任。

（二）首先要学会对自己说"不"

成功者无论从事什么工作都绝对不会轻率疏忽，因此，高职院校毕业生在初入职场工作中更应该以最高的标准要求自己，把工作做得更加完美、速度更快,才能引起他人的关注,从而得到上级的认可;只有脚踏实地地努力,才能使理想成为现实。

(三) 信任源于做的比说的好

想要别人信任自己,就得拿出让别人可以信任的资本来。有的人说在前,做在后;有的人则行动在前,且不加以夸大其辞,呈现给别人的总是真实的成果,这样才能赢得他人的信任。否则如果一贯用夸张的语言来伪装行动,也将因此逐渐丧失别人的信任。

(四) 要学会倾听,更要学会尊重

有些人既听不懂别人在说什么,也听不懂别人在做什么。造成我行我素这一现象的,关键是他们不知如何尊重别人,同样地,这样的人肯定也得不到别人的尊重。

(五) 工作中从头到尾都要关注细节

细节决定成败。工作中做错一个小环节,也可能会造成较大的失误,影响整个工作流程。安保工作也是如此。而要注重细节,要从小事做起,要贯穿整个工作过程。

四、职场中常见问题

提前预测职场中常见的问题,就会为自己成为成功的职场人打下基础。职场中常见的问题包括如下三个方面。

(一) 不善于与人相处

与人打交道,是安保从业人员进行职业活动的重要技能。安保工作服务对象千差万别,非常复杂。安保人员打交道的对象,主要包括上司、同级、下属、客户以及各种与工作有关系的人。职场中,很多人之所以人际关系出了问题,就是因为在沟通能力和沟通技巧上出现了问题。当自己不能完全明白对方意图时,不要轻易作出判断或者下结论,尽量先把姿态放低一些,态度谦卑一些,要让对方感觉到被尊重,才能让对方更顺利地接纳自己的意见

和建议，做事才能顺畅。

（二）缺少可持续发展意识

俗话说，活到老学到老，当今社会发展迅速，各种信息不断涌现，职场人必须树立终身学习意识，养成不断学习的良好习惯。如果缺乏相关知识和能力，那么无论懂得多少职场规则，也难以在职场上游刃有余。

（三）出现职业倦怠

在客观上，由于工作及自身状态等内外因素的影响，人总会经历职业倦怠期，对这一时期应该冷静应对，分析出现问题的原因，再决定是继续从事原来的工作还是跳槽或转行。如果主要原因在于自身，那么要认真反省倦怠的主要原因是不是由于自己不适应环境造成的。如果是环境因素导致的，就要剖析如果自己离开这个环境状况，是否能得到缓解或者改善，以此来决定去留的问题。

第二节　安保职场典范及特质

特质是每个人内部的行为倾向，具有整体性、结构性、持久性、稳定性的特点。它是每个人所特有的，可以对个人外显的行为、态度提供统一的、内在的解释。而职业特质，是指人与职业行为有关的差异性、内在的个人特点。当一个人的职业特质与职业方向相符合时，他会对职业产生更大的兴趣，更加集中精力、更加持久、更有耐力地投入。而职场典范的特质是职场中特定人员所具备的优秀个人品质，这是普通的职场人所不具备的。他们身上这些优秀的特质，形成了助力其职场成功的优秀职业素质。

一、职场典范的特质

作为职场的典范，从职业的角度分析，概括来讲，其特质主要包括以下三个方面的内容。

（一）拥有健康的职业心态

职业心态是指在职业当中，应该根据职业的需求，表露出来的心理感情，即指职业活动的各种对自己职业及其职业能否成功的心理反应。职业心态是在职业活动中表现出来的心理，好的职业心态是正向的营养品，会滋养我们的人生。有相当数量的人，分不清个人心态和职业心态，仅凭自己的情绪，用自己的个人心态来对待工作。因此，区分好个人心态与职业心态，能够更好地胜任自己所处职场的要求。同时，若按照就职前和就职后来讲，职业心态又可以分为择业心态和持业心态，统称就业心态，即职业心态。

应届大学毕业生要做好就业心态准备。首先，端正择业心态。面临严峻的就业形势，作为即将进入社会的新职业人，其就业心态尚不成熟。许多大学生在校期间对社会化的职业行为欠缺认知，入职后其行为还保持在校生的状态，难以适应。企业引进应届大学生，进行企业宣讲时，常常有意无意地回避企业不好的一面，学生进行择业时只关注企业好的一面，进入企业后理想与现实落差较大，就会产生不平衡心理。分析离职的原因，主要因素就是不理解企业行为，对社会人际关系理解过于单纯。因此，在这个阶段，大学生就业前需积极准备，积极参与社会职业人心态辅导教育。同时要及时转换角色，继续保持刻苦努力以及执着的态势，进入社会后才能迅速进入状态并取得进步。及时转化角色，清楚认识到进入社会就是二次学习，选定了职业方向就要持续努力地学习和跟进。在这个阶段其职业心态是"学习和坚持"心态，通过"心态影响行动、行动决定结果"帮助自己明晰职业发展的方向。其次，是注意对持业心态的培养。随着入职时间的加长，职业人开始考虑职业发展，这个阶段由于外界各类影响因素复杂，职业人心理容易产生迷茫，不清楚该如何做出选择。良好的职业心态是其持业阶段作出正确选择的基础，只有培养出良好的心态才能取得职业进步。

在持业阶段需培养的良好心态包括以下六个方面的内容。

1. 既积极又谦虚的心态

积极的心态能把坏的事情变好，消极的心态能把好的事情变坏。保持谦虚的心态在持业过程中才会长怀一棵感恩的心。感恩是一种积极向上的思考和谦卑的态度。感恩是自发性的行为，也是一种处世哲学，是一种生活智慧，是事业发展的原动力和内驱力。拥有感恩的心，面对成绩成就才有动力去执着地追求更高的目标。

2. 付出的心态

职业人要有付出的心态，舍的本身就是得。在职业发展中，没有付出就没有进步。不愿付出的人，总是省钱、省力、省事，最后把成功也省掉了。

3. 坚定不移的意志和决心

要想成功，必须要有坚定不移的意志和决心。实践证明，尽管我们用判断力思考问题，但最终解决问题的主要还是靠坚定的意志，而不仅仅是才智。成功的人总是用执着的意志和行动来摆脱困境、战胜困难。

4. 终身学习和可持续发展的强烈意识

学习是人类认识自然和社会不断完善与发展自我的必由之路。无论是个人、团体，还是民族、国家、社会，只有不断学习才能获得新知、增长才干，跟上时代发展的步伐。学习是社会发展永恒的主题，必须把终身学习作为克服工作中的困难、解决工作中的问题、提升和发展个人能力的重要支柱。

5. 自信的内驱力

古人云，自知者明，自胜者强。首先打败自己的不是别人而是自己。自信是一种有能力或采用某种有效手段完成某项任务、解决某个问题的信念，它是心理健康的重要标志之一，也是一个人取得成功必须要具备的一项心理特质。

6. 顽强的毅力和耐力

顽强的精神，几乎为所有的成功人士所拥有。顽强是一种下定决心要取得成功的精神，是在困难面前不屈不挠地向目标前进的毅力。

（二）具备良好的执行力

执行力是职业典范身上最为明显的特质。安保从业人员更是如此。唯有行动才能将理想变为现实,加强自身的执行力素质培育,可以从如下三个方面着手进行努力。

1. 制订明确而细致的工作计划

工作计划,就是明确自己要做什么事以及完成这件事的方法。工作计划是提高工作效率的前提,也是完成工作任务的重要保障。在同一个工作岗位上,有人感觉自己天天忙碌却没有任何成果,工作总是在原地停滞不前;有人感觉有许多事要做,却不知从何入手。在工作中这些问题也许总是困扰着职场人,久而久之如果总是效率低下,就会严重影响工作业绩。究其原因就是没有一个合理的工作计划造成的,成功的职场人是心中有规划的人,是计划性特别强的人,因此做任何工作都应有计划,以明确目的,增强理智性,避免盲目性,使工作循序渐进,有条不紊。

2. 树立顾全大局观

无论在工作中还是生活中,尽量不抱怨地去做每一件事。抱怨除了传递负面情绪,还会严重影响工作进度和质量。优秀的员工凡事能从大局出发,能以宽广的眼界审时度势,以长远的眼光权衡利弊得失,自觉做到个人服从集体,局部服从全局,眼前服从长远,立足本职,敢于奉献。他们不会急功近利,而是从小事做起,把个体长远发展目标建立在大局发展的基础之上,以单位整体利益为重,把单位和集体利益放在首位。这种统观全局、服务大局的优良素质,带给员工的是努力工作的满腔热忱、浓浓志趣和不竭动力。

3. 注重细节

随着现代社会精细化程度和专业化程度的快速发展,精细化管理时代已经到来。我们要努力培养自己关注细节,把事情做精做细的能力。要牢记细节蕴含玄机、细节决定成败的真谛。

(三)努力塑造自我发展的环境

外在条件和环境对成功有着巨大的影响。职业人自我发展的环境因素主要分为个人因素、环境因素和社会因素,根据对个体的影响方向,还可以把环境分为顺境和逆境。

1. 处理好顺境和逆境的关系

成功同环境的关系，涉及多种因素的互动。主体的志向在成功与环境的多变关系中可以处于主导地位。影响人才成长的环境有很多方面，如可以把环境分为逆境、顺境两种，这两种境遇与成才有着密切的关系。顺境是成功的条件，但逆境也可能是成功的动力。顺境是指人成长和发展过程中所处的顺利境遇。顺境在客观上能为人的成长提供更多的有利条件，加速个体的成才。逆境是人成长和发展过程中所遇到的困局与磨难。逆境、顺境对人才成长和发展的作用都存在两重性，即相同的外部环境，对不同的人既可产生积极的推动作用，也可产生消极的阻碍作用，而最终效应的正负作用大小还取决于人的主观能动性，取决于主体应对环境的自我调控能力。在不同境遇下，主体只有把握环境、调控自我，才能做环境的主人，才能自主成才。

2. 重视外因对内因的重要影响力

事物的发展是内外因共同作用的结果，职场典范者的成功并非偶然，这是外部因素与自身条件共同作用的结果。当然只有外部因素是不够的，自身所具备的条件更为重要。即使拥有了完备的外部条件，而没有与之相匹配的内在素养，成功一样会擦肩而过。一个人的内在素养影响到对外因的利用程度，进而影响到外因产生的价值，因此，职场人若要成功就要遵循规律，在打造内在素养的同时，也要充分用好外部条件，借助外力来助力自己的成功。

二、安保职场典范所应具备的七项素质

安保行业虽然是服务业，但是与其他服务行业又有所不同。因此，安保职场优秀员工的素质也应体现出带有这个行业职业特点的典型特质。

（一）具有较强的分析、判断、决策和行动能力

良好的分析、判断、决策和行动能力是优秀职场人的基本素质。一味地等待或优柔寡断难以成功。在安保工作中经常会遇到突发事件，成熟的安保从业人员会及时对事物或事件进行剖析、分辨，进行观察研究，进而迅速作出决策和行动。分析判断能力较强的人往往能自如地应对一切难题；而缺乏

这种能力的人往往陷入问题之中不得其解，以至束手无策。因此，分析判断能力是进行决策和行动的基础，要善于把一个看似复杂的问题进行理性梳理，把复杂的问题变得简单化、规律化，再作出决策和行动。

（二）善于学习，并以开放的姿态对待新事物

善于学习并善于接受新事物是优秀职场人的必备素质。在职场中，如果不能持续不断地以空杯的心态学习，在职场中便会迅速地退步落后。因为组织中的一切都与学习有关，生存的第一要义就是要学会学习。部分人一生所生活的环境，除了家庭就是职场，其人生的意义价值绝大部分都是在职场中体现出来的。职场如同战场，在职场中成就了伟业的人，没有一个是不爱学习、止步不前的。例如，安保行业中的安全防范技术，随着社会科技的发展，需要不断地进行更新和调整，以适应市场的服务需求，而这就需要从业人员进行不断的学习，更新已有知识，提升自身的相关技能。

（三）具有良好的职场适应能力

职场适应力，简言之就是应用职场环境的能力。良好的职场适应力，有助于调和职场中的人际关系，使个体更快地融入到组织中去。良好的职场适应力是使员工在职场竞争中脱颖而出的有力保障，是取得事业成功、实现自我价值的必要前提。

（四）能够客观评价自己和他人

无论对方是客户还是同事，每个人都会有优点和缺点，所以要客观地看待自己和他人。了解自己、客观评价自己，就是尽可能全面、客观地评估自己的劣势和比较优势；客观看待他人，尽可能看到别人的优势，即使是对待竞争对手，也要以和为贵，按市场规则做人、做事。

（五）乐于包容

随着社会日新月异的发展，人的心态容易出现急躁和失衡现象。在现代社会，人与人相处越来越需要包容，只有相互包容才能和谐。包容既要包容自己，也要包容他人。包容自己就是不要纠结于过去，要向前看；包容他人，

意味着也要包容他人的不足、缺点甚至错误，每个人的立场不同，所处环境也有所不同，要善于了解他人的感受，对别人的心理挫折、伤痛等不能幸灾乐祸，而是要以宽容关心的方式来对待。

（六）善于沟通

沟通能力是安保从业人员在职场生存和发展中的首要素质。在安保行业，大多数工作每天都需要沟通。无论是在求职，还是已经身在职场，有效沟通都是通往成功的桥梁。

（七）具有良好的职场礼仪

职场礼仪，是指人们在职业场所中应当遵守的一系列礼仪。它是一个人职业形象的外在表现形式，是内在素质的外化。职业形象作为内在素质和外在素养的统一体现，必然是一个优秀的职场人所应打造和维护的重要内容。安保从业人员的特定工作，更加需要具备良好的礼仪素质，这也是一个优秀安保职场人必备的基本素质。

▶ 课后实训 ◀

◆ **实训项目一**

一、实训主题

开展职场生存训练。

二、实训目标

提升职场认知能力。

三、实训时间

20分钟。

四、实训步骤

1. 小组分工：分成5~6人的小组若干。

2. 小组内讨论，组员轮流谈谈自己的生活目标和职业目标。每个人围绕目标的实现所需要确定的关键问题进行讨论：实现的时间；实现的步骤；以谁为榜样并且身边是否有榜样。成员以思维导图的方式展现。

3. 分组派代表展示。

4. 学生代表进行点评。

5. 教师总结点评，如何提升职场认知能力。

◆ **实训项目二**

一、实训主题

开展自我认知和典范欣赏。

二、实训目标

提升自我的职场认知能力以及观察学习能力。

三、实训时间

20 分钟。

四、实训步骤

1. 小组分工：分成 5~6 人的小组若干。

2. 小组内围绕三个问题进行讨论。一是每人说出最能概括自己性格特点的三个词；二是说明在职场中应如何突出自己的优势与特长；三是说出工作中最欣赏的同事或上司，并说明他身上有何让人刮目相看的特质。

3. 分组派代表谈对三个问题的看法。

4. 小组代表进行点评。

5. 教师总结点评。

第十二章 安保人员自主发展意识

在当今时代的发展潮流中,选择自主发展是时代进步的标志。安保从业人员要树立自主发展意识,充分发挥主观能动性,为未来的发展和规划做好铺垫。

第一节 安保人员自主发展意识

自主发展能够充分彰显个人发展的价值和思想,调动个体内在的发展动力,发掘个人潜力,充分体现人才培养和人才使用的有效性。

一、自主发展和自主发展意识

(一)自主发展

什么是自主发展?运用马克思唯物主义哲学观来分析,自主发展实质上就是充分调动和发挥人的主观能动性,在认识世界和改造世界的活动中有所建树。而主观能动性则是指人的主观意识对客观世界的反映和能动的作用。人的主观能动性是人的身心发展的动力,对人的发展起决定作用。人的主观能动性是通过人的活动表现出来的。离开人的活动,遗传素质、环境和教育所赋予的一切发展条件,都不可能成为人的发展的现实。只有外部环境的客观要求转化为个体身心的需要才能发挥环境与教育的影响。个体自身主观能动性的高低决定个体身心发展的特点、广度和深度。因此,在个体的发展过程中,人不仅能反映客观环境,而且能改造客观环境与促进自己的发展。所以，人们要在认识世界和改造世界的活动中有所建树，就必须充分发挥主观能动性，并运用抽象思维能力，透过事物的现象看事物的本质与规律，利用规律和条件从而指导人们的行动，才能改造世界，创造美好的生活。同时，人们在认识世界和改造世界的过程中，也必然会遇到种种困难和挫折，乃至暂时的失败，而这需要坚强的意志和十足的干劲，需要充满活力的精神状态。

自主发展已经成为个人职业生涯发展的新潮流，那么人人都能够实现自主发展吗？并不是如此，因为自主发展的实现需要合适的条件，即主观因素和客观因素有机结合，并能正向互动。

（二）自主发展意识

什么是自主发展意识？在以上分析的基础上，我们可以看出，自主发展意识就是在客观评价自己优劣和客观分析外部发展条件的基础上而作出客观发展决策的意识或思想。它强调的是内在动力促使的自主发展，而不是在外部推动力作用之下的自主发展。

二、安保人员自主发展意识的培育

安保服务业面对的服务对象千差万别，业务也非常广泛，安保从业人员自主发展意识的培养尤为重要。那么，该如何培养呢？主要通过以下五个方面来进行。

（一）自我客观评价

德国现代哲学家卡西尔认为，认识自我是哲学探索的最高目标。法国思想家蒙田也说，世界上最重要的事情就是认识自我。个体若要实现自主发展，则需要了解自己的长处、兴趣点、性格特征等；同时又要看到自己的不足、缺点、劣势，并以这种自我客观评价作为个体自我调控的内在依据，从而避免内在素质与能力和外部发展条件的要求不符合，而影响自主发展的质量。但是，人的认识总是有局限性的，为了尽可能地避免自我认识的盲点，可以借用心理学家鲁夫特与英格汉提出的"约哈里窗户"模式进行自我分析。

"约哈里窗户"模式示意图如图 12-1 所示,其内容简介如下。

自我 区域 他人	自知	不自知
人知	开放区域	盲目区域
人不知	隐秘区域	未知区域

图 12-1　"约哈里窗户"模式

开放区域:代表所有自己知道、他人也知道的部分,包括姓名、性别、特长等,其象限的大小取决于自我心灵的开放程度、个性张扬的力度、人际交往的广度、他人的关注度以及开放信息的利害关系等。开放区的我是了解自我、评价自我的基本依据。

盲目区域:代表自己未知而他人知道的部分,如同"旁观者清,当局者迷",盲目的我是一些自己并不觉察而由他人告知的习惯性动作或处事方式,也可以是通过神态和情绪流露的。象限的大小与自我观察、自我反省的能力有关。

隐秘区域:代表自己知道而他人不知道的部分,通常是我们所说的隐私、个人秘密以及不愿或不能让别人知道的事实或心理,也包括别人没有发现的个人特长等。这些信息有的是知识性的、经验性的,甚至是创造性思维的结果。要想充分了解自己,探索自我,不能只停留在开放区的层面,还应敢于直面自我隐藏的秘密和实质。

未知区域:这个区域指的是自己不知道、他人也不知道的部分,这是潜意识、潜在的需要,大小难以确定,诸如潜在能力或特性,或是潜意识藏有的,不为意识层面接受的欲望等,深入地对未知区域进行探索和开发,才能更全面而深刻地认识自我,激励自我,发展自我,最后超越自我。

通过以上模型可以看出,人们可以通过建立在任务、信任基础上的交流,而扩大开放区,缩小盲目区和隐蔽区,探明未知区。

约哈里窗户理论认为，个人认识世界的知识基本上是由四部分组成的：即公开、盲点、隐私、隐藏潜能。"约哈里窗户"不是静止的，而是动态的，人们可以通过内部的、外部的努力改变"约哈里窗户"四个区域的分布。

其中，盲点、隐私是制约和影响我们潜能发挥的根本性因素。安保人员可以通过学习和理解约哈里窗户理论，从不同视角更加清晰地认识自己，对自我进行全面、客观的评价，也可以利用这个理论模型辅助自己进行个人自主发展设计，以更加清楚自己的优势和劣势。从个人的角度而言，要挖掘自我盲点，突破思维局限，使个人潜能得以开启；从工作的角度而言，要发挥才能，增长勇气自信，提升自我价值；从家庭及社交的角度而言，要善于聆听和沟通，增进人与人的感情，从而实现个人素质的不断提升。

（二）自我选择发展

自主发展的前提是自我选择发展而不是被动地发展。我们常讲的自主择业，其实就是自我选择、自主发展。安保从业人员或者在校学生进行自我选择发展，是指在客观评价自己的基础上，根据自己的优势、兴趣和能力作出判断与选择。要清楚地认识到，自主发展是主体性的人的发展，代表着个体对自己发展道路的自由选择，个体可以通过自主选择而获得不同的发展和方向。由于这种选择是在自由状态之下进行的，很多人因为不善于选择而失去了若干发展的机会。因此，安保从业人员要有目的地自觉地培养自己的自我选择发展的意识，锻炼自己的自我选择发展的能力。

以下这个案例，能够充分说明自主选择的重要性。惠普公司前董事长兼首席执行官卡莉－菲奥莉娜曾经在清华大学发表演讲时被学生提问，学生说自己对所学专业不感兴趣，而身边的人都认为他的专业不错，他问卡莉自己该怎么办。卡莉的回答是："如果你不感兴趣，没有激情，你不想做现在做的事情，你就不可能取得成功。我不能给你建议，但是我所有的生活经历告诉我，你应当把握自己的命运，找到你热爱的东西，即使要花更长一点的时间。"卡莉在大学时曾经上过法学院，可是她发现自己并不喜欢法律，一个学期后她毅然退学，放弃了收入与社会地位都很高的律师职业，去寻找自己感兴趣的领域,最终取得了不凡成就。

在安保行业,进行自主选择发展的鲜活案例也无时无刻不在发生着。其中,贾其祥就是一个自主选择发展的的个案。

◆ 案例分享

贾其祥:挑战自己 20 年老兵自主择业成立保安公司[1]

退役军人,是党和国家的宝贵财富,他们是新时代的见证者、开创者、建设者,无论是当年穿着军装保家卫国,还是现在脱下军装为梦想打拼,他们都继续秉承军队的光荣传统,以出色的成绩回报这个伟大时代,从中也涌现出了一大批杰出代表。

在中国共产党迎来百年华诞之际,"生活帮1+1"节目联合济南市历下区退役军人事务局共同策划了"春天的故事"特别节目,展示优秀自主择业军转干部的风采,弘扬人民军队精神。

贾其祥,原武警山东总队后勤保障基地综合仓库主任,退役后选择自主择业,现任山东泰宁保安服务有限公司总经理。

● 挑战自己自主择业后成立保安公司

离开部队后,贾其祥心里一直有着干点实事,不给国家添负担。除了优厚的国家政策之外,让贾其祥决定选择自主择业的,还有个很重要的原因,是他受到一本书的影响,即稻盛和夫的《活法》。决定了自主择业之后,贾其祥并没有马上行动,而是在家里思考了一段时间。一个很偶然的机会,一位战友联系了他。

2018 年 9 月,贾其祥和退役战友一起成立了泰宁保安公司,本着"服务社会、保障安全、国泰民安、本固邦宁"的公司理念,一心做好公司,回馈社会。

● 创立安保公司吸纳退役军人入职

在公司成立两年多的时间里,从业人员由 2 人发展到 120 余人,吸纳退

---

[1] 参见 https://baijiahao.baidu.com/s?id=1700153912214318797&wfr=spider&for=pc,2022 年 12 月 10 日访问。

伍军人达到40余人，目前仍优先接收退伍军人就业，给予退伍军人两倍以上的工资待遇，晋升制度透明，工资随工龄及表现相应提高，提升退役军人的工作信心。

李光才就是一名退役军人，他现在是山东泰宁保安服务有限公司龙奥金座项目的负责人。

● 遇到回款困难自己筹钱给员工发工资

2020~2022年，很多企业遭遇到了经营的困难。贾其祥的保安公司也不例外，他们合作企业的回款遇到了问题。在贾其祥看来，不管公司多困难，不能让大伙白白忙活。

据了解，由于各家合作单位回款日期不一致，导致有一个时间段内员工的工资发放成了问题。贾其祥和几位公司领导紧急寻找对策。

就这样，贾其祥和公司领导层的同事一起自筹资金，给安保队员发放了工资。

● 在日常工作中树立退役军人口碑

点滴积累，慢慢成了山东泰宁保安服务公司的好口碑。在对外业务拓展方面，发挥了不一样的作用。

公司目前在全市接管企事业单位、学校、商铺、办公楼、建筑业等数十个驻点，主要从事门卫、巡逻、守护、安全检查、区域联防联控等的秩序维护、安全服务、体能拓展训练服务，为各行各业保驾护航。

"做为一名军人，要做良心买卖，绝不拖欠工资。逢年过节，我们自己的工资不发，也要凑钱先给员工发工资，让他们高高兴兴过年。"

贾其祥常说："作为一名退役军人，要时刻保持军人本色！若有战，召必回，战必胜！"而他也身体力行，勇担重担，用实际行动诠释着入伍那天许下的——全心全意为人民服务的铮铮誓言。

（三）把握发展机遇

自主发展需要具有抓住机遇、创造机遇的竞争意识。机不可失，时不再来。自主发展还要有高昂的发展热情，变要我发展为我要发展，有不服输的韧劲、冲劲和干劲，不放弃每一次的发展机遇。没有这种把握发展机遇的意识，自主发展就是空谈，因为机会总是垂青那些有准备的人。而王晓声的经历就是一个成功的例证。

◆ 案例分享

他抓住机遇，果断创业，从小保安成为公司老总[1]

1977年，王晓声出生于江北区一个偏远的村庄里，祖宗十几代都是海里捞生的渔民，从小到大他学习成绩都很优异。但是天有不测风云，就在他高考前的一个月时，他的父母在一次出海中遇到风暴，双双遇难。父母的遇难不仅使他万分悲痛，更使他的学业难以为继，无情地粉碎了他的大学梦。

于是他到当地政府报名参了军。几年的军队生涯不仅给了他强健的体魄，而且给了他顽强的意志和乐观坚毅的精神，退伍之后，王晓声凭借自己强壮的体魄和积极的工作态度在一家百货公司找了一份保安的工作。

他十分珍惜自己的第一份工作，每天早出晚归，上班时认真工作，一段时间下来，他就被升为公司的保安主管，渐渐地他开始有了更高的目标。

一次有一家外贸公司和百货公司协作经营渔业进出口业务，但是没有找到合适的中间人，他果断抓住了这个机会，向公司要求做中间人的任务，经过小王的游说公司终于同意了。利用自己几年打工的资金，加上向一些朋友借的钱，终于他的海洋渔业进出口贸易公司挂牌成立了。

成立了公司后，他很是卖力，工作也是非常的积极，并且广泛地征求各方面的经验，虚心地向别人请教，利用自己家乡经营渔业的优势，组织渔民准备货源，自己从中周转运营，过了一段时间，他的业务顺利地起步并发展壮大起来。几年过去，他的公司已经发展成为当地一家颇有影响的海洋渔业进出口贸易企业，生意十分红火，如今公司资产已达500万元人民币。

谈起这几年的创业体会，王晓声说，如果当年的他被父母的不幸所打倒，

---

[1] 参见 https：//baijiahao.baidu.com/s？id=1607304790094843969&wfr=spider&for=pc，2022年7月29日访问。

也许会像一个乞丐一样生活；如果他在百货公司整天无所事事，不学无术，也许早就被开除，或者仍然是一个小的保安，如果当时没有果断抓住中转这个机会，也许他的事业将从此埋没。

（四）主动发展规划

自主发展并不是随意发展，而是需要在对自身进行客观分析的基础上，制订发展规划，确立发展方向和目标。通俗来讲，就是清楚自己想要什么，追求什么。安保从业人员若想有所发展，必须为自己确立目标，这样在目标的指引下，有意识地行动，主要表现在主动规划并有目标、有计划地提升自主发展的能力。

成功就是要实现目标。如果对自己的目标都说不清楚，那就根本上谈不上成功。目标和愿望是不同的，愿望只是一种一般的欲望，是泛泛而谈。目标则不同，是具体、明确、有所指向的，是经过努力可以实现的。美好愿望转化成目标才可能成为现实。那么愿望如何转化为生涯目标呢？麦格劳博士的"七步策略"❶很有启示意义。

菲尔·麦格劳博士（Dr. Phil McGraw）是世界顶尖的人类潜能研究专家、励志大师、心理治疗大师。麦格劳博士自我设计的"七步策略"具体内容如下。

第一步，用具体的事件或行为来表达自己的目标。梦想往往会掩盖具体的细节，或者完全无视细节；但目标不一样，目标不容许有任何混淆不清的地方存在，希望什么，欲求什么必须非常清楚。为了实现一个目标，必须从可操作的角度去定义它。换言之，它必须以构成目标的事件或行为表达出来。

第二步，用可以度量的语言来表达目标。跟梦想不一样，目标必须以可计量的结果来表述，必须能观察到、能量化。为了让某个东西上升到可管理的目标水平，个人要有能力确定自己的进步水平，需要知道自己实现目标的活动进展如何，要有某种办法知道自己事实上能否成功抵达自己想要去的

---

❶ ［美］菲利普·麦格劳：《生活策略》，中国商业出版社2001年版，第51页。

地方。

第三步，给目标定一个时间期限。梦想在定义和时间上都很模糊；目标却不一样，目标需要有非常具体的成就时间表或日程。有了时间表或时间期限以后，这个目标状态就具体化了。例如，最后期限会让人产生紧迫感和目标感，这种感觉反过来会成为重要的促动因素。目标涉及时间敏感的要求，根本容不得惰性或拖拉。

第四步，选择自己能够控制的一个目标。梦想让人产生幻想，幻想的事件是可以不用控制的。但目标不一样，目标必须与生活的各个方面发生关系，是要去控制、操纵的。

第五步，计划和确定一个能够帮自己实现目标的策略。在梦想当中，对象只能够去渴望，而目标则不同，目标涉及实现目标的一个策略计划。设想从目标A走向目标B的一个策略是以结果来决定的。要认真追求一个目标，就要现实地评估障碍与所涉及的资源，而且必须为达到这个现实的目标制定一个策略。

第六步，从步骤的角度确定自己的目标。梦想的结果是我们假定某天会"实现的"；但目标不同，目标是详细分成可测量的步骤的东西，它们最终会导致所希望的结果。

第七步，为朝向目标的进程确立一个考评办法。梦想可以随意产生，但目标不同，目标每实现一步都要有可测量的考评。

（五）奉行坚定执行

强烈的自主发展意识和坚定的执行力，是自主发展内在的核心要素。执行意识是自主发展的核心素养。没有执行意识，再好的发展目标也是空谈，具有执行意识的人会对目标立即采取行动，做到今日事今日毕，并善于学习和总结；当面对暂时的不尽如人意的状况时不会轻易放弃，认识到万事不可能总是一帆风顺，必须能够坚韧地坚持和承受。

总之，安保人员自主发展意识的培育主要通过以上五个方面来进行。安保从业人员或者本专业学生可以根据这五个方面对自己做一个自我分析和自我发展的规划训练，还可以试用"七步策略"为自己制订一个可实施的发展目标并逐步去实现它。

第二节 安保人员职业发展规划

了解职业生涯规划的含义及其意义，明确职业生涯规划的目的，并了解职业生涯规划的准备工作，从而掌握安保人员发展规划步骤，提升职业自主发展的成功。

一、职业生涯规划的含义及其意义

（一）含义

职业规划就是对职业生涯乃至人生进行持续的系统的计划的过程。一个完整的职业规划由职业定位、目标设定和通道设计三个要素构成。职业生涯规划的期限一般划分为短期规划、中期规划和长期规划。短期规划为三年以内的规划，主要是确定目标，规划完成的任务。中期目标一般为三至五年，在近期目标的基础上设计中期目标。长期目标的规划时间是五年至十年，主要设定长远目标。

职业生涯规划（career planning）也叫"职业规划"。在学术界人们也喜欢叫"生涯规划"；在有些地区，也有一些人喜欢用"人生规划"来称呼，其实表达的都是同样的内容。它又叫职业生涯设计，是指个人与组织相结合，在对一个人职业生涯的主、客观条件进行测定、分析、总结的基础上，对自己的兴趣、爱好、能力、特点进行综合分析与权衡，结合时代特点，根据自己的职业倾向，确定其最佳的职业奋斗目标，并为实现这一目标做出行之有效的安排。

（二）意义

职业定位是决定职业生涯成败的最关键的一步，同时也是职业生涯规划的起点。在社会未迈入工业化以前，职业的种类较少，工作内涵也极为简单，通常的职业都是父母传授给子女，或由学徒直接向师傅学习，因此并不会产生择业的种种问题。自产业革命之后，工业科技日渐发达，机器日新月异，而生产过程也日渐复杂，产品之种类及生产量也大量地增加。因此，工作世界里的行业种类与职业，更趋复杂与专业。例如目前美国职业分类典（the Dictionary of Occupational Tifles）已列有三万多种的职业。以如此众多的职业数目及复杂的职业内涵，年轻人凭自己很难洞悉各种职业的内容及分类，而父母、亲友们也难具有专业化的知识，来协助子女选择适当的职业。因此，辅导年轻人择业的责任，就由家庭转移到学校及社会就业辅导机构。对年轻人而言，职业选择是否适当，将影响其将来事业的成败以及一生的幸福；对社会而言，个人择业是否适当，能决定社会人力供需是否平衡。如果每个人都适才适所，那么，不仅每个人都有发展的前途，而且社会亦会欣欣向荣；相反，则个人贫困，社会问题丛生。由于职业选择对一个人及社会都有极重大的关系，因此，政府教育部门及单位对于青年人未来职业生涯的认识、规划、准备和发展，都极为重视，并具体实施生涯教育。

二、职业生涯规划的目的

职业规划最重要的两个主要目的，包括如下。

（一）找到适合自己的工作。找工作最重要的就是要人岗匹配，做到两适合，即既适合自己，又适合岗位

每个工作都有长处和短处，每个人都有优势和劣势。分析、定位是职业生涯规划的首要环节，它决定着个人职业生涯的方向，也决定着职业生涯规划的成败。求职之前先要进行职业生涯规划，进行职业生涯规划之前先要进行准确的自我定位。先要弄清自己想要干什么、能干什么，自己的兴趣、才能、学识适合干什么。可以通过可靠的量表工具的测量，评估职业倾向、能力倾向和职业价值观，这是职业生涯规划的基础。职业规划就是根据测评结果的各项指标，以及自身的学历、经历、能力，了解一个人的内在、外在优势，并且把这些优势整合在一起，作为职场上打拼的核心竞争力。然后，由

咨询师根据南北市场、行行业业的千千万万个职位,进行分析,找到这个人岗匹配的匹配点,也叫职位切入点。

（二）为了通过规划求得职业发展

寻找出今后各个阶段的发展平台,并且拿出攻占各个平台的计划和措施,然后由咨询师对切入点所在的市场状况、行业前景、职位要求、入行条件、培训考证、工作业务、薪酬提升、行业语言等运作进行详细的指导,如,要上每个平台,需要多长时间、补充哪些知识、增加哪些人脉等,而自己则沿着主干道去充电,几年后成为业内的精英,从而使自己的薪水和职位得到升华。

三、职业生涯规划准备工作

做好职业生涯规划,应该分析三个方面的情况,以做好规划前的准备工作。

（一）个人适合从事哪些职业或工作

研究自己适合从事哪些职业或工作,是职业生涯规划的关键和基础;回答这个问题,要考虑以下各方面的因素。

1. 职业发展阶段

一般地,人生有四个职业发展阶段。

（1）探索阶段：15~24岁。

（2）确立阶段：24~44岁,这一阶段是大多数人工作周期中的核心部分。这一阶段包括了三个子阶段：尝试子阶段（25~30岁）、稳定子阶段（30~40岁）以及职业中期危机阶段（在30~50岁某个时段上）。

（3）维持阶段：45~65岁。

（4）下降阶段：66岁以上,当退休临近的时候。处在不同职业发展阶段的人,应考虑不同的事情。例如,在探索阶段,可以多做些尝试、探索,在工作中摸索出本人的职业性向、职业锚、职业兴趣等,逐步找到最适合自己的职业。而40岁以上的人,就不应该做过多的尝试,而是应该认真分析清楚本人的职业锚、职业性向，选择本人有优势的职业做长远的打算。这里的年龄阶段划分还应该针对不同的职业加以区分，例如在中国，作为职业足球运动员，30 岁已经该退休了；而作为教授，30 岁差不多是最年轻的。

因此，可以看出，目前在校大学生处在第一阶段——探索阶段。

2. 职业性向

职业性向，是指一个人所具有的有利于其在某一职业方面成功的素质的总和，是指由个性决定的职业选择偏好。

约翰·霍兰德的研究发现，不同的人有不同的人格特征，不同的人格特征适合从事不同的职业，约翰·霍兰德将其分为六种职业性向（类型）。

（1）实践性向。

（2）研究性向。

（3）社会性向。

（4）常规性向。

（5）企业性向。

（6）艺术性向。

每一种职业性向适合于特定的若干职业。通过一系列测试，可以确定一个人的职业性向。职业者如果确定了自己的职业性向，就可以从对应的若干职业中选择。

3. 个人技能

个人技能，就是自身本领，如专业、爱好、特长等。

4. 个人职业锚

职业锚（Career Anchor），即职业动机，是职业生涯规划时另一个必须考虑的要素。当一个人不得不做出职业选择的时候，他无论如何都不会放弃的那种职业中至关重要的东西或价值观就是职业锚。职业锚是人们选择和发展职业时所围绕的中心。每一个人都有自己的职业锚，影响一个人职业锚的因素涉及以下三个方面：

(1) 天资和能力。

(2) 工作动机和需要。

(3) 人生态度和价值观。

天资是遗传基因在起作用，而其他各项因素虽然受先天因素的影响，但更加受后天努力和环境的影响，所以，职业锚是会变化的。这一点，有别于职业性向。

例如，某个人攻读了医学博士，并且从事外科医生工作已经20年了，尽管他的职业性向可能并不适合做外科医生，但是他在确定自己的职业时，基本上不会考虑改为其他职业，这是因为他的职业锚在起作用。埃德加·施恩在研究职业锚时将职业锚划分为如下类型。

技术或功能型职业锚。这类人往往出于自身个性与爱好考虑，并不愿意从事管理工作，而是愿意在自己所处的专业技术领域发展。在我国过去不培养专业经理的时候，经常将技术拔尖的科技人员提拔到管理甚至领导岗位，但他们本人往往并不喜欢这个工作，更希望能继续研究自己的专业。

管理型职业锚。这类人有强烈的愿望去做管理人员，同时经验也告诉他们自己有能力达到高层领导职位，因此，他们将职业目标定为有相当大职责的管理岗位。成为高层管理人员需要的能力包括三方面：

(1) 分析能力：在信息不充分或情况不确定时，判断、分析、解决问题的能力。

(2) 人际能力：影响、监督、领导、应对与控制各级人员的能力。

(3) 情绪控制力：有能力在面对危急事件时，不沮丧、不气馁，并且有能力承担重大的责任，而不被其压垮。

创造型职业锚。这类人需要建立完全属于自己的东西，或是以自己名字命名的产品或工艺，或是自己的公司，或是能反映个人成就的私人财产。他们认为只有这些实实在在的事物才能体现自己的才干。

自主与独立型职业锚。有些人更喜欢独来独往，不愿像在大公司里那样彼此依赖，很多有这种职业定位的人同时也有相当高的技术型职业定位。但是他们不同于那些简单技术型定位的人，他们并不愿意在组织群体中发展，而是宁愿做一名咨询人员，或是自主创业，或是与他人合伙开业。其他自由独立型的人往往会成为自由撰稿人一类。

安全型职业锚。有些人最关心的是职业的长期稳定性与安全性，他们为了安定的工作，可观的收入，优越的福利与养老制度等付出努力。目前我国绝大多数的人都选择这种职业定位，很多情况下，这是由于社会发展水平决定的，而并不完全是本人的意愿。相信随着社会的进步，人们将不再被迫选择这种类型。

正如许多分类一样，以上的分类也无好坏之分，之所以将其提出来，是为了帮助大家更好地认识自己，并据此重新思考自己的职业生涯，设定切实可行的目标。

值得注意的是伴随现代科技进步与社会发展，大学生要随时注意修订职业目标，尽量使自己职业的选择与社会的需求相适应，一定要跟上时代发展的脚步，适应社会需求，才不至于被淘汰出局。

5. 个人的职业兴趣

在做职业生涯规划时，还要考虑本人的职业兴趣，例如。

喜欢旅行（适合于经常出差的职业）；

喜欢温暖湿润的气候（适合在华南工作）；

喜欢自己做出决定（应该自己做老板）；

喜欢住在中等城市；不想为大公司工作；

喜欢穿休闲服装上班；

不喜欢整天在桌子后面工作等。

另外，本人具有的职业技能也不能忽略，如果某人具有某项突出的技能，而这项技能可以为其带来收入，做职业生涯规划时就应当将其作为一个重要因素加以考虑。

（二）个人所在公司能否提供这样的岗位以及职业通路

除了研究本人适合从事哪些职业或工作之外，还要考虑本人所在的公司可能给你提供哪些岗位，从中选择那些适合你本人从事的岗位。如果在本公司没有适合你本人从事的岗位，或者说，你所在的公司，不可能提供适合你本人的工作岗位，就应该考虑换工作了。作为公司的管理者，有责任指导员工做职业生涯规划，并且给出员工适合的职业通路。这样，企业才能人尽其才；员工才能尽其所能为公司效力。

至于职业生涯规划的时限，面对发展迅速的信息社会，仅仅制订一个长远的规划已经显得不太实际了，因而，有必要根据自身实际及社会发展趋势，把理想目标分解成若干可操作的小目标，灵活规划自己职业的未来。一般说来，以5—10年左右的时间为一规划阶段为宜。这样就比较容易跟上时代的需要，灵活进行调整，太长或太短的规划都不利于自身成长。具体可以有两种方式：一是根据自己的年龄划分目标，如25—30岁职业规划、2000—2010年职业规划；二是根据职业通路中的职位、职务阶段性变化为划分标准，制订不同时期的努力方向，如5年之内向部门经理职位冲刺，10年内成为主管经理。

（三）在个人适合从事的职业中，哪些是社会发展迫切需要的

做职业生涯规划时，还要把目光投向未来。研究清楚，本人的工作十年后会怎么样，自己的职业在未来社会需要中是增加还是减少，自己在未来的社会中的竞争优势随着年龄的增加是不断加强还是逐渐削弱，在自己适合从事的职业中哪些是社会发展迫切需要的等。

因此，必须进行社会分析。社会在进步，在变革，作为即将步入社会的大学生，应该善于把握社会发展脉搏。这就需要做社会大环境的分析。当前社会、政治、经济发展趋势；社会热点职业门类分布及需求状况；所学专业在社会上的需求形势；自己所选择职业在目前与未来社会中的地位情况；社会发展对自身发展的影响；自己所选择的单位在未来行业发展中的变化情况，在本行业中的地位、市场占有及发展趋势等。对这些社会发展大趋势问题的认识，有助于自我把握职业社会需求，使自己的职业选择紧跟时代脚步。同时，个人处于社会庞杂的环境中，不可避免地要与各种人打交道，因而分析

人际关系状况显得尤为必要。人际关系分析应着眼于以下几个方面：个人职业发展过程中将与哪些人交往；其中哪些人将对自身发展起重要作用；工作中将会遇到什么样的上下级、同事及竞争者，对自己会有什么影响，如何提高提高人际交往能力以与之相处等。

在综合、充分考虑上述三个方面的因素后，就能够给自己做职业生涯规划了。

四、安保人员岗位发展规划遵循路径

（一）安保人员岗位发展规划方法

作为安保工作人员，可以借鉴职业生涯规划的方法和步骤对自己的岗位发展进行规划，其基本思路是和职业生涯规划的思路大体一致的。许多职业咨询机构和心理学专家进行职业咨询和职业规划时常常采用的一种方法就是有关5个"W"的思考的模式。从问自己是谁开始，然后顺着问下去，共有5个问题。

第一个问题"我是谁？"应该对自己进行一次深刻的反思，有一个比较清醒的认识，优点和缺点，都应该一一列出来。

第二个问题"我想干什么？"是对自己职业发展的一个心理趋向的检查。每个人在不同阶段的兴趣和目标并不完全一致，有时甚至是完全对立的。但随着年龄和经历的增长而逐渐固定，并最终锁定自己的终身理想。

第三个问题"我能干什么？"则是对自己能力与潜力的全面总结，一个人职业的定位最根本的还要归结于他的能力，而他职业发展空间的大小则取决于自己的潜力。对一个人潜力的了解应该从几个方面着手去认识，如对事的兴趣、做事的韧力、临事的判断力以及知识结构是否全面、是否及时更新等。

第四个问题"环境支持或允许我干什么？"这种环境支持在客观方面包括本地的各种状态，如经济发展、人事政策、企业制度、职业空间等；人为主观方面，如同事关系、领导态度、亲戚关系等，两方面的因素应该综合起来看。有时我们在职业选择时常常忽视主观方面的东西,没有将一切有利于自己发展的因素调动起来,从而影响了自己的职业切入点。而在国外通过同事、熟人的引进找到工作是最正常也是最容易的。当然我们应该知道这和一些不正常的"走后门"等歪门邪道有着本质的区别。这种区别就是这里的环境支持是建立在自己的能力之上的。

明晰了前面四个问题,就会从各个问题中找到对实现有关职业目标有利和不利的条件,列出不利条件最少的、自己想做而且又能够做的职业目标。

在以上基础上,第五个问题有关"自己最终的职业目标是什么"自然就有了一个清楚明了的框架。

最终,将自我职业生涯计划列出来,建立形成个人发展计划书档案,通过系统的学习、培训,实现就业理想目标。选择一个什么样的单位,预测自我在单位内的职务提升步骤,个人如何从低到高逐级而上(例如安保人员可以先从内保员做起,在此基础上努力熟悉业务领域、提高能力,最终达到部门经理的理想岗位目标)。预测工作范围的变化情况,不同工作对自己的要求及应对措施。预测可能出现的竞争,如何相处与应对,分析自我提高的可靠途径。如果在发展过程中出现偏差,如果工作不适应或被解聘,如何改变职业方向等。

(二)根据个人需要和现实变化,不断调整岗位发展目标与计划

职场上常说,计划赶不上变化。对于自己碰到的问题和环境的变化,需要及时调整自己的职业发展规划。一成不变的发展规划有时形同虚设。

根据职业方向选择一个对自己有利的职业和得以实现自我价值的单位,是每个从业人员的良好愿望,也是实现自我价值的基础,但这一步的迈出要相当慎重。人生第一个职业和岗位,它不仅是一份单纯的工作,更重要的是它会使我们了解职业、认识社会,一定意义上它是我们的职业启蒙老师。

(三)落实好职业发展规划

制订好一系列的岗位发展规划后,如何将其最终落实是每个规划制订者所必须考虑并面对的一个问题。做一个好的规划若没有实施上的细则,就无

法保证规划的顺利进行。应对职场纷繁信息和变动选择的成功法则就是必须建立有效的信息整理、分析和筛选系统，再结合自身竞争力合理规划岗位发展乃至职业生涯规划。这样才能在职业发展过程中凭借良好的职场敏感度达到职业成功的彼岸。示例如图12-2所示。

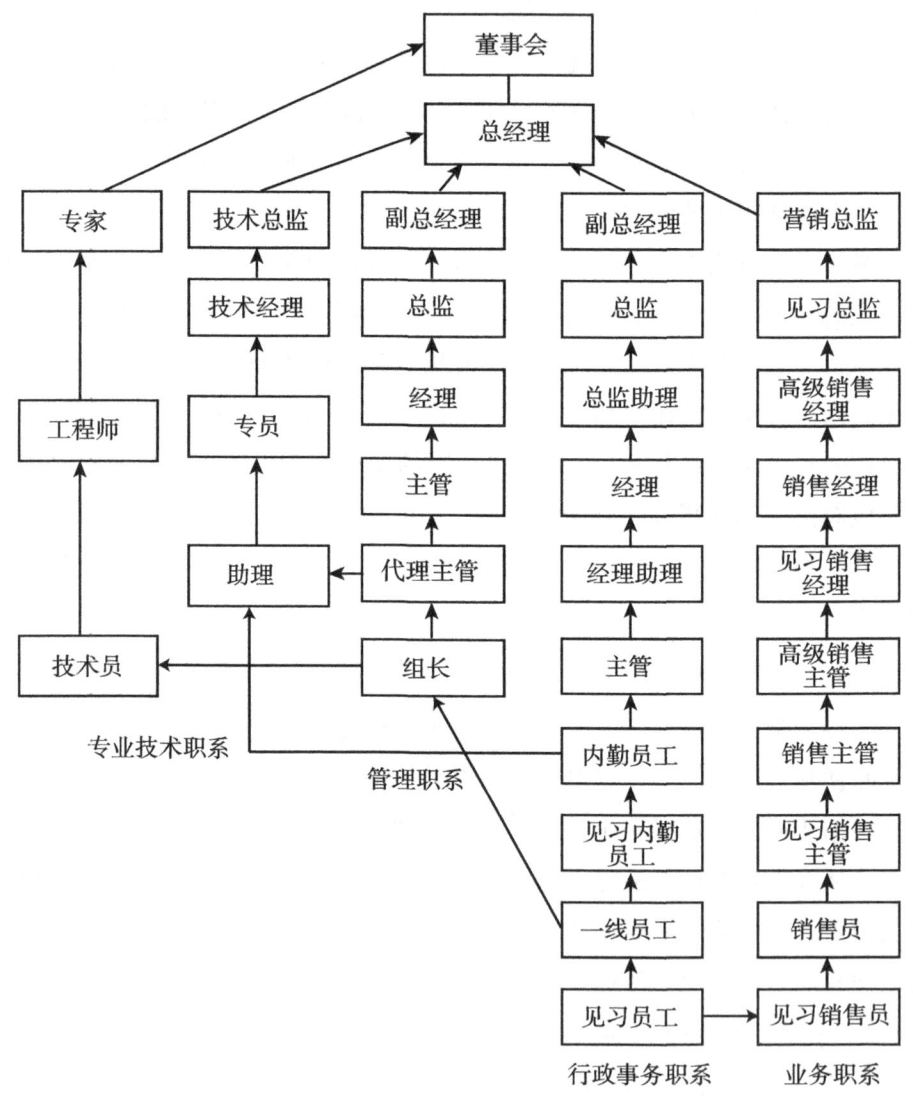

图12-2 员工职业生涯规划道路（示例）

第十二章 安保人员自主发展意识

> ▶ 课后实训 ◀

◆ **实训项目一**

一、实训主题

个人 SWOT 分析。

二、实训目标

通过个人 SWOT 分析,进一步清楚地认知自己的优势、劣势、机会与威胁,自己为将来在安保行业工作的发展奠定基础。

三、实训形式

网上调研、实地调查、经验总结。

四、项目内容

请针对个人对自己以及安保行业的了解,进行 SWOT 分析。

五、准备工作

了解 SWOT 分析的理论内容;白色纸张和红色、黑色笔。

六、活动步骤

第一步:学生通过网络、实地访谈等方式分析社会环境和安保行业发展趋势,用红色笔写在白纸上面。

第二步:引导学生分析自己的优势,并用红色笔写在白纸上面。

第三步:引导学生了解自己的劣势,并用黑色笔写在白纸上面。

第四步:引导学生将自身特点与社会环境相结合,分析自己面临的威胁,并用黑色的笔写在白纸上面。

第五步:每组推荐发言人在课堂上交流,交流时以多媒体进行演示。

第六步:教师总结分析。让学生明确自己的优势、劣势、机会与威胁,并能够结合 SWOT 做出科学决策。

◆ 实训项目二

一、实训主题

自我分析与自我发展。

二、实训目标

1. 认清自我。

2. 在自我分析基础上做出自我发展的规划。

三、实训步骤

1. 自我分析。请结合"约哈里窗户模式"和"七步策略"进行自我分析，根据自我分析的内容做自主发展的规划。

2. 小组合作。按照4—6人为一小组，组内相互监督并帮助。

3. 小组讨论：小组内部讨论每人完成的规划情况是否基本符合实际。

4. 分组讲述：派小组代表讲述自主发展规划。

5. 学生互评：小组派代表进行点评。

6. 教师总结：教师根据具体展示情况，对如何进行自我分析以及如何制订自我发展规划进行讲评。

◆ 案例分享

基于SWOT分析法的个人职业生涯规划[1]

近年来，中国高等教育采取了一系列改革措施，在高等院校招生规模不断扩大的同时，受结构性不平衡以及不确定的国际因素影响，目前我国人力市场总体上结构失衡，从而使大学生就业的整体压力越来越大，就业形势变得越来越严峻。在"机遇只垂青有准备的人"的情况下，有计划、有准备地制订职业生涯规划对大学生来说显得尤为重要。面对多种多样的职业生涯规划策略，SWOT分析法能帮助大学生明确职业目标、客观认识职业自我、正确评估职业生涯。

---

[1] 谢晓翠、王静：《职业生涯设计与就业指导》，浙江大学出版社2007年版，第30页。

SWOT 分析法是非常行之有效的一个战略分析工具。SWOT 分别代表 Strength（优势）、Weakness（劣势）、Opportunity（机会）、Threat（威胁）。SWOT 分析是检查个人的技能、能力、职业、喜好和职业机会的有用工具，利用这种方法可以找出对自己有利的、值得发扬的优势和机会，以及对自己不利的、要避开的劣势和威胁，发现存在的问题，找出解决办法，并明确以后的发展方向。通过 SWOT 分析法，可以帮助大学生进行自我分析，准确进行职业定位，做到科学规划职业生涯。

SWOT 分析主要是用来分析组织内部的优势与劣势以及外部环境的机会与威胁的方法，其中 SWOT 矩阵提供了四种可供选择的战略，见表1。

表1　SWOT 矩阵

内部因素 环境因素	优势（S）	劣势（W）
机会（O）	SO：（极大—极大战略） 尽可能地增加内部优势，并利用外界机会	WO：（极小—极大战略） 尽可能地减少劣势，并最大限度地增加机会
威胁（T）	ST：（极大—极小战略） 最大限度地增加优势，并尽可能减少威胁	WT：（极小—极小战略） 尽可能地减少劣势和威胁

如表1所示，SWOT 矩阵提供了四种组织发展战略备选，即 SO 战略、ST 战略、WO 战略和 WT 战略。其中，SO 战略（优势机会战略）是最理想的战略，即抓住了外部机会，同时又利用了自身内部的优势。面对自身的劣势，要努力克服，面对外部的威胁要泰然处之，以便能够将精力集中在机会上。ST 战略（优势威胁战略）是利用扩大自身的优势来减少外部带来威胁的可能性。根据自身优势，合理安排资源，以对付外部环境所带来的威胁，目的是

将组织优势扩大到最大限度，把威胁减少到最低限度。WO 战略（劣势机会战略）是一种内外取向兼顾的战略，该战略力图使自身的劣势降到最低，同时使外部的环境机会增加到最大，克服自身的弱点以寻求发展的机会。WT 战略（劣势威胁战略）是一种应付危机及威胁的战略，通过制订、调整计划来克服内在劣势，同时回避外在的威胁。

下面，我将简单介绍一下个人情况，然后运用 SWOT 分析法分析自身的优势和劣势、外界环境的机会和威胁，制定个人的职业生涯规划。

谢某某，男，1986 年 10 月生，汉族，入党积极分子，山西人。

学校：某某职业学院。

专业：安全保卫。

学校背景：在当地具有一定的知名度，对面向全国大学生招聘并且注重学校背景、实力的用人单位而言，本校就业不具优势。

目前学历：专科。

一、确定个人职业生涯目标

由于职业前景已经可以预见，尽管现在考学已经成为热潮，条件待遇好的用人单位也要求高学历的人才前来应聘，但由于个人家庭条件不是很理想，故而暂不考虑考学，大学毕业以后先找工作或报考公务员，等条件成熟后再考虑。

二、分析个人的能力和兴趣，剖析自身的优势和劣势

本人性格随和，容易与人相处，谈吐文明，行为举止表现彬彬有礼。在平时学习中，注重思考，学习能力突出，能独立工作，具有较强的问题解决能力；在科研学习探究中，常作为小组长，带领小组成员开展工作，工作过程中能主动地与老师沟通，具有较强的沟通能力和协调能力，在团队合作中注重团队精神，维护团队利益；在生活中，与同学、老师相处愉快，给师生留下了很好的印象；最重要的是我一旦认定某件事值得做，就会不遗余力地全力地做好它，直到它完成为止。更难能可贵的是，我时刻保持头脑清醒，清楚地知道自己在何时何地应该做什么，不会玩物丧志，迷失自我。

（一）优势及其利用

1. 优势（Strengths）

（1）学习成绩：通过了英语AB级考试；计算机方面，通过国家计算机二级；考取"安保职业经理人"证书；大二学年个人综合考评成绩居班级前列；2008—2009学年获校级单项奖学金；专业知识比较扎实，无不及格现象。

（2）社会实践：2009—2011年担任班级学习委员；2009年10月，参加嘉德拍卖会安保工作；2010年9月参加中国国际网球公开赛的安保工作等。

（3）个人荣誉：2009年"五四"评优中获校级优秀学干；2008—2009学年获校级单项奖学金；2010年参加首都高校武术比赛"中国功夫对抗赛"获得70公斤级第一名。

（4）个人素质：身体素质好，性格随和，容易相处，交际能力较好；语言表达能力优秀；英语口语水平较好；有多次社会实践经历，实践能力强。

2. 优势的利用

（1）身为安保专业的学生，在同等学历的情况下，具备更多的职业优势。

（2）在用人单位眼里，大学生的综合能力对其最具吸引力，在学历上会增加其就业的筹码。

（3）个人荣誉代表着个人的努力和被认可的程度，获得证书越多，在与同等学历的本科生竞争同一岗位时，更具吸引力；个人身体素质、专业技能方面突出，"人无我有，人有我优"，往往容易获得用人单位的青睐。

（二）劣势及其弥补

1. 劣势（Weaknesses）

（1）部分技能尚需加强。

（2）大学一年级的一些基础性课程成绩一般，班级综合排名处于中上水平。

（3）行为表现有时候比较焦躁，不能很好地控制自己的脾气；自己还不够自信,胆量不够大。

2. 劣势的弥补

(1) 尽量将心态放平和,告诫自己不要患得患失;其次增强自信心,在一些自身以前尚未涉及的领域敢于尝试,不断提高自身胆量。

(2) 继续加强社会实践练习,总结经验,吸取教训。

(3) 自身还不够优秀,尤其是学习方面,故而在学习方面要多下功夫;其次要多参加一些竞赛实践活动,不断提高自身实践能力,增强专业技能。

三、分析外部环境:机会和威胁

随着高校扩招后入学的大学生陆续毕业和国家经济体制、用人制度改革的不断深入,用人单位对人才的学历要求越来越高,大学生就业形势变得越来越严峻,现在又恰逢全球金融危机,更加雪上加霜,"毕业即失业"似乎成了一句真理。尽管外部就业形势严峻,但只要做好职业准备,还是可以就业的。

(一) 机会及把握

1. 机会(Opportunities)

(1) 国际形势的变化。

(2) 国内形势的需求。

(3) 毕业前在学校和其他高校举行的专场招聘会。

2. 机会的把握

(1) 认真对待每一次招聘。

(2) 做好充分的准备,展现自己的优势与强势。

(3) 空余时间多关注就业信息和用人单位就业要求,争取在大学学习生涯余下的时光不断充电和提高自身。

(二) 挑战及应对之策

1. 挑战(Threats)

(1) 大学生就业形势严峻。

(2) 随着高校扩招后入学的大学生陆续毕业和用人制度改革的不断深

入,用人单位对人才的学历要求越来越高,招聘条件越来越"苛刻"。

(4) 国家公务员考试竞争激烈,录取机会渺小。

(5) 面试时的各种意外和挑战。

2. 挑战的应对之策

(1) 在专业方面做出超越,争取多拿一些职业技能证书,使自身突出"人无我有、人有我优"的优势。

(2) 在试前准备好材料和应对策略,努力做到处变不惊,展现自己表达能力强、处事沉稳的特点。

(3) 尽管现阶段国家公务员考试竞争激烈,但只要有多一分就业的机会,自身也要争取,为自身成功就业多增加一份筹码。

四、提纲式地列出今后 5 年内自身的职业目标

五、今后五年的职业行动计划

以上只是我运用 SWOT 分析法,从自身实际出发,通过剖析自身的优势与劣势,结合社会存在的机遇与挑战,为自身所做的职业生涯规划。当然进行职业生涯规划的过程中,不可能事事都如规划那样顺利,这就需要我们根据形势的发展,及时地调整自身的努力方向,以实现既定的职业生涯规划。

第十三章　安保人员自我管理意识

不是每个人都能实现自主发展。具备自主发展的素质和能力，特别是具备自主管理的素质和自主管理的能力，是实现自主发展的前提条件和基础。

第一节　安保人员自我管理意识

安保从业人员要充分发展，就要做好自我管理。那么，自我管理要从哪些方面考虑呢？主要表现在以下四个方面。

一、树立自我管理意识

自我管理简单地讲就是自己管理好自己，包括如何做人和如何做事。在做人上，自己要有理想和追求的目标，始终使自己的理想目标不偏离正确的方向，不断接纳正向动力。如果没有自我管理意识，总是被动地被别人管理，逐渐就会失去发展的内生动力。而自我管理意识强的人，随着成绩的积累和成就感的提升，发展的内动力则随之不断增强。良好的自我管理能力，是迈向成功的内在驱动力，是组织与个人共同成长的持续动力。管理学大师德鲁克认为，"一个不能管理自身的人，绝对不可能管理好一个团队。"作家杰克森·布朗曾说，"缺少了自我管理，就好像穿上溜冰鞋的八爪鱼，眼看动作不断，可是却搞不清楚到底是往前、往后还是原地不动。"

由此可见，安保人员要想实现自我发展，必须树立自我管理意识。

个体管理的成长可分为三个阶段。当年龄尚小的时候，个体在父母的约束管理下才能健康快乐地成长起来；到了求学阶段，个体需要学校的监督，但已开始有意识地树立自我管理意识；将来走向社会，步入职场独立生活之后，自我管理才算是真正开始。

无论是已经从业的安保人员还是在校安保专业学生，都要树立自我管理意识，这是自我管理的良好开端。

二、把握自我管理的关键要素

自我管理的内容是什么？需要哪些能力和素质？这是必须要明确认知的两个基本问题。安保从业人员只有明确了这两个基本问题，才能把握好自我管理。

（一）自我管理的内容

自我管理的内容包括社会公德、职业道德和家庭美德等做人的基本准则和做事的行为规范。要知道哪些行为是对的，哪些行为是不对的；该怎么做，不该怎么做，以上都是自我管理的重要内容。总体来讲，主要包括以下四个方面。

1. 行为品德和行为素养管理

主要表现在做一个有责任心、有爱心的人，做到在家孝敬父母，在外尊老爱幼，在工作中爱岗敬业。

2. 行为规范管理

即养成自觉遵守行为准则的习惯，包括遵纪守法、遵守社会公共秩序等。

3. 日常生活、工作习惯管理

这具体表现在，自我管理中抓住几个关键，即时间、质量、效率和规律。例如，在校学生的细节管理，什么时间休息、什么时间学习以及什么时间工作等。

4. 自我能力管理

个人能力是人生存和发展的基石与支柱。安保从业人员进行自我能力管理，主要包括了解自己的长处和不足，能做到扬长避短；要知道自己应该学习些什么才能有利于个人能力的提升和自身职业生涯的发展。

（二）自我管理所要具备的素质和能力

只有认识到自我管理需要具备哪些素质和能力，才能为做好自我管理打下基础。概括来讲，自我管理的素质和能力主要包括以下三个方面。

1. 学习意识和学习能力

俗话说，活到老，学到老。学习是人类永恒的话题。安保从业人员学会自我管理，首先要学会向书本学习，向实践学习，向典范学习。而且学习不能只停留在表面上学，而是要变为自己的行动。同时，还要不断发现自己的优势，提升自己的正能量和内在动力，提升自我管理的自信心。

2. 勇于客观评价自我

自我管理只有克服自己的不足，才能管理好自己。安保从业人员首先要鼓起面对自己不足的勇气，能够接受批评和自我批评，常常反省，知错就改。其次还要善待自己，正确面对并解决生活和工作中的不如意，保持心情清净。安保工作内容包罗万象，服务对象也是千差万别，工作中难免遇到复杂甚至危险的境况，自己应对问题的能力和做法也必然有所不同，因此，不尽如人意之时更要尽量客观看待自我。客观评价自己的目的是完善自己，提升自己，切忌出现由于错误的自我评价而意志消沉的现象。

3. 善于将行动落到实处

落实行动是自我管理的关键。安保从业人员要从以下三个方面着手：第一，培养执行意识，将立即行动转化为日常行为习惯；第二，做事要有目标和计划，注重工作细节，事后及时复盘，总结反思，将计划变成自己的自信心；第三，学会自我激励，总结优点并分析原因，不断发扬优点，从而增强自己的自信心。

三、自我管理常见问题

在自我管理中,能够提前预测经常性问题,有助于做好自我管理。常见问题主要表现在以下四个方面。

(一)过度依赖心理

每个人都或多或少地存在依赖和妥协心理,无论是在校学生还是安保从业人员,都要理性认识到这种心理,尽可能避免给自我管理带来弊端。

(二)目标缺失或模糊

没有目标就会导致自我约束力不强,就不能自主学习,更谈不上培养自主发展的意识和能力。

(三)计划缺失或不科学

计划是进行自我管理的工具和手段,有利于做事的条理性。制订科学合理的行动计划后,可以运用甘特图来监控自己目标的实施和完成情况。

甘特图(Gantt chart)又称为横道图、条状图(Bar chart)。其通过条状图来显示项目、进度和其他时间相关的系统进展的内在关系随着时间进展的情况。以提出者亨利·劳伦斯·甘特(Henry Laurence Gantt)先生的名字命名。其特点是内在思想简单,用图示的方式通过活动列表和时间刻度形象地表示出所有特定项目的活动顺序与持续时间。如图13-1所示。

甘特图能够直观表明任务计划在何时进行,可以将其实际进展与计划要求进行对比。由此管理者可以便利地弄清一项任务还要做哪些工作,清晰评估工作进度。

(四)缺乏时间观念

时间管理是自我管理中的关键要素。没有时间观念,就不能做好自主管理。因此,要做好自主管理,就必须树立时间观念,对时间做好管理。

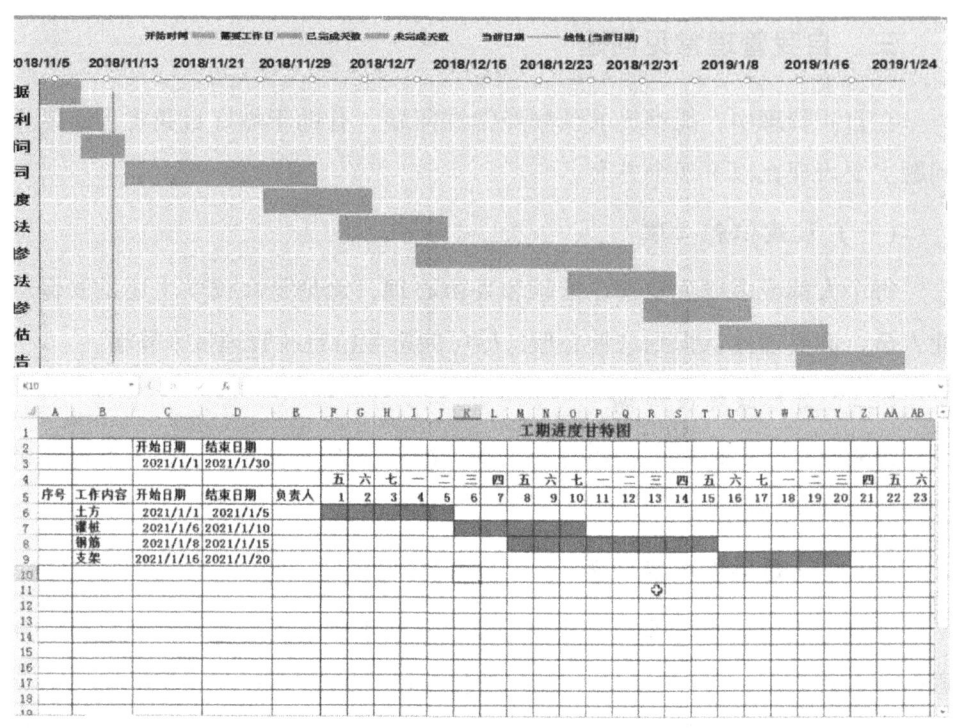

图 13-1 甘特图示例

四、建立和完善自我管理的基本准则

安保从业人员要在树立自我管理意识,并抓住自我管理的几个关键要素外,还要建立和完善自我管理的基本准则。主要包括以下七个方面。

（一）具有目标规划和发展规划

安保从业人员要做到既有发展目标和行动方案,又要注意目标和行动方案的可操作性。

（二）自律并且做好日常小事

细节决定成败。虽然可以包容自己的缺点和不足,但不能原谅自己的错误行为。一旦有错误,要立即找到原因并予以纠正;杜绝重犯,做到下不为例。

（三）主动掌握自我管理

自主发展是自己来把握的。安保从业人员要做自己的主人，不能认命，更不能因为某些原因而自卑。要善于培养独立思考和勇于担当的意识，敢于自己做决定，敢于为自己所做的事情负责。

（四）不断自我反省和自我超越

安保从业人员要不断自我反省和自我超越，这是自我管理的过程。能否战胜自己的弱点，是自我管理是否有效的关键。建议做自己的 CEO，想管理别人就先在管理中萃炼自己。

（五）塑造良好个性

安保从业人员与人打交道的机会多，因此塑造良好的个性非常重要。这种良好的个性或者特质包括，拥有现实态度、具备独立意识、会适当地依靠别人、拥有爱别人的能力、能控制自己的情绪、能做好长期规划、能宽容别人、具有良好的适应能力、善于休息、能主动学习和陶养情操。

（六）管控情绪和欲望

安保人员控制自己的情绪和欲望是做好工作的关键，也是自我管理的重要内容。一个不懂得控制自己情绪的人，往往易被情绪所左右，甚至导致不可估量的后果。因此，安保人员进行自我管理一定要做好情绪管理，管理好自己的欲望，见色不起淫心，见财不起贪心，逢冤不起怒心，就会远离很多灾难，同时，有意识地培养自己良好、积极的心态。

（七）把计划落实于行动

安保从业人员对自己的行为要有计划，这样才有机会获得成功。但是再好的计划若无实际行动，那也行同废纸。因此，要根据情况抓住机遇，完成工作，做好服务。

第二节 安保人员自我管理模式

在日常生活、学习和工作中，安保从业人员掌握自我管理的方法和技巧有助于压力释放和情绪引导，合理安排时间，以提升工作质量，促进自我发展。那么，了解自我管理模式类型，有助于树立自主管理意识并促进有效管理的实现。

对安保从业人员来讲，自我管理模式类型主要分为以下五个方面。

一、目标管理

目标管理要进行细化。第一步，树立一个目标。找到自己人生的使命，了解自己喜欢和擅长什么。第二步，学会制定目标和分解目标。把目标一步一步地分解成小目标、小小目标。第三步，妥善地确定好自己的长远目标、中期目标和近期目标，并制定相应的职业规划与工作规划。把总目标作为长期实现的计划，而相对较小目标作为短期就可实现的计划。最后，坚持不懈，完成目标。还须把精力和时间用在自己最适合的领域，深入进行探究、努力、开拓进取。

二、时间管理

成功人士总是能够合理规划自己的时间，能够在有限的时间内做更多有价值有意义的事情。如何做好时间管理呢？一要保持对时间的危机感。认清时间的意义，把时间当作自己最宝贵的东西来对待。二要养成规划时间的习惯。在精力最好的时间里做最重要的事情，养成按日程表规划工作的习惯。掌握好利用时间的技巧。利用碎片时间，让每一天的时间价值最大化。在此，推荐你利用"四象限"法则，进行时间管理（见图13-2）。

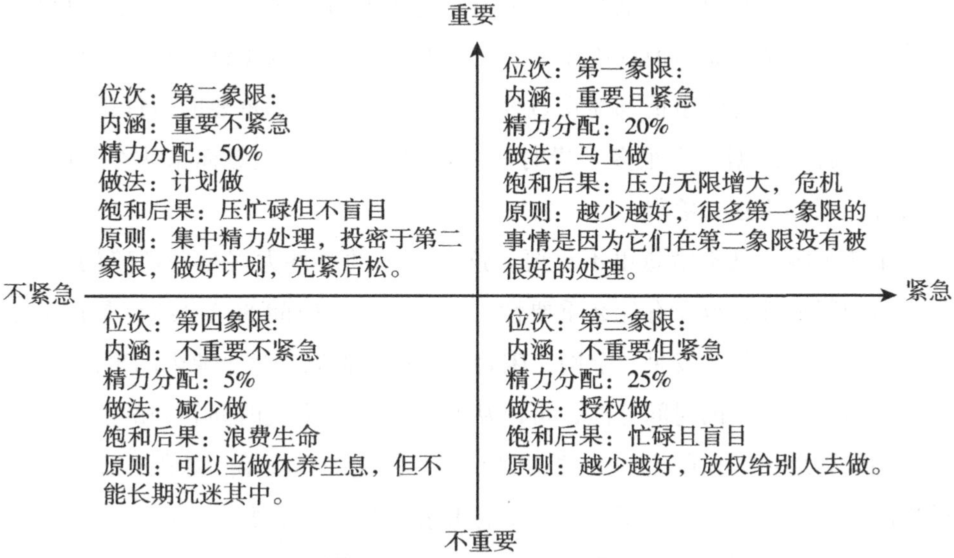

```
                         重要
                          ↑
位次：第二象限；          │  位次：第一象限；
内涵：重要不紧急          │  内涵：重要且紧急
精力分配：50%             │  精力分配：20%
做法：计划做              │  做法：马上做
饱和后果：压忙碌但不盲目  │  饱和后果：压力无限增大，危机
原则：集中精力处理，投密于第二│原则：越少越好，很多第一象限的
    象限，做好计划，先紧后松。│    事情是因为它们在第二象限没有被
                          │    很好的处理。
不紧急 ───────────────────┼─────────────────── 紧急
位次：第四象限；          │  位次：第三象限；
内涵：不重要不紧急        │  内涵：不重要但紧急
精力分配：5%              │  精力分配：25%
做法：减少做              │  做法：授权做
饱和后果：浪费生命        │  饱和后果：忙碌且盲目
原则：可以当做休养生息，但不│原则：越少越好，放权给别人去做。
    能长期沉迷其中。      │
                          ↓
                        不重要
```

图 13-2　四象限法则时间管理示意图

如上图所示，如果把要做的事情按照紧急、不紧急、重要、不重要的排列组合分成四个象限，这四个象限的划分有利于我们对时间进行深刻的认识及有效的管理。

时间"四象限"法则属于时间管理理论。这个法则把工作按照"重要"和"紧急"两个不同的维度进行了划分，基本上可以分为四个"象限"。

第一象限，既紧急又重要。这个象限包含的是一些紧急而重要的事情，这一类事情具有时间的紧迫性和影响的重要性，无法回避也不能拖延，必须首先处理优先解决。它表现为重大项目的谈判、重要的会议工作、对付难缠的客户等。

第二象限，重要但不紧急。这个象限不同于第一象限，这一象限的事件不具有时间上的紧迫性，但是，它具有重大影响，对于个人或者企业的存在和发展以及周围环境的建立维护，都具有重大意义。在安保相关工作中，如长期规划、问题的发掘与预防、参加培训、向上级提出问题、处理的建议等都属于这一象限。

第三象限，紧急但不重要。这个象限包含的事件是那些紧急但不重要的事情，这些事情很紧急但并不重要，因此具有很大的欺骗性。很多人认识上有误区，认为紧急的事情都显得重要，实际上，这些不重要的事件往往因为它紧急，就会占据个人很多宝贵时间。安保工作中的突然而来访客、电话、会议等，都属于这一象限。

第四象限，既不紧急也不重要。这个象限的事件大多是些琐碎的杂事，没有时间紧迫性，也没有什么重要性，这类事件与时间的结合纯粹是扼杀时间、浪费生命。如，发呆、上网、闲聊、游逛，都属于这个象限的事情。

在四个象限上的时间分配，可以从侧面反映一个人时间管理的能力。那么该如何处理不同象限之间的关系呢？第一，优先解决第一象限。要有准确的判断能力，确定属于既紧急又重要的事情，然后优先处理。第二，区分一、三象限。第一象限和第三象限难以区分，第三象限对人们的欺骗性最大，很紧急的事实造成它很重要的假象，耗费大量时间。要区分它们就必须借助另一标准，看事情的重要性。也就是按照自己的人生目标和人生规划来衡量这件事的重要性。如果它重要就属于第一象限内容；如果它不重要，就属于第二象限内容。第三，投资第二象限。第一象限的事情重要而且紧急，由于时间紧人们往往不能做得很好。第二象限的事情很重要，而且会有充足的时间去准备，有充足的时间去做好。可见，投资第二象限，它的回报才是最大的。第四，放弃第四象限。第四象限都是既不重要也不紧急的琐事，但它们往往使人们难以脱身，所以人们经常会跌进第四象限而无法自拔。例如，玩游戏、看娱乐视频等，只要一玩起来就很难脱身，而且要耗费很长的时间才能达成结果。

三、学习管理

学习管理指利用管理学的方法，通过计划、组织、领导、控制等手段，将学习程序化、流程化、规范化，创建更新最佳方案，从而达到高效学习的目的。据相关专家测算，1950年代人类科技知识总量翻一番大约需要50年，而进入 2000 年以后仅需要 5 年左右的时间，预计到 2030 年代，只需要 60~80 天。因此，不学习，就不能适应时代发展的基本趋势。终其一生，都要保持学习的习惯，要多了解不同领域的知识，并形成自己的知识框架。热爱学习，经常为自己的大脑充电，让自己成为某个或某些领域的专家。新时代的文盲是不会学习的人，学习已经成为人类生存的基本技能。

◆ **案例分享**

小王是某市某高职院校安全保卫专业的毕业生，在学校时学习安全保卫，在毕业之后从事一家外贸公司的安全保卫工作。在工作中，这家外贸公司的总经理对他工作认真的态度印象深刻，于是，在小王提出辞掉安保工作时，这位公司的总经理找到了他说："愿不愿到我们公司从事外贸工作？"领导的这个邀请对小王很有吸引力，因为他每天都能羡慕地看到员工们积极向上、充满自豪的精神面貌。但是他很实事求是地回答说："我很愿意到贵公司从事外贸工作，但是我必须实话实说，我的英语水平一般。如果您允许我一定时间内学习英语，提高英语水平，那么我会毫不犹豫地答应入职。"这位领导听了后，立即豪爽地拍板，答应给他三个月的英语学习培训，而且公司资助。于是，小王成功地由一个安保门岗外包职位，成功入职所服务的外贸公司。小王说，工作就要兢兢业业，学习也是这样。每一次选择，都是对心灵的考验。人一定要上进，离开学校并不意味着学习结束，而应该是学习的开始。只有不断进取，时刻充满激情，才可真正体会到生活的精彩。

通过以上案例可以看出，每个专业都能交叉，只要愿意学习，就会有更好的机遇等待着你。而要做到会学习，就要不断提升自己的学习能力，掌握学习管理的方法。可以通过先注重培养良好的学习习惯，再注意日积月累，同时保持清零心态，还要设定学习目标并坚决执行。

四、压力管理

压力是当人们去适应由周围环境引起的刺激时，人们的身体或者精神上的生理反应，它可能对人们心理和生理健康状况产生积极或者消极的影响。

而压力管理是对感受到的挑战或威胁性环境的适应性反应。其管理策略有锻炼、放松、行为自我控制、认知治疗以及建立社会和工作网络等；其管理策略是消除或者控制组织层面的压力源，从而阻止或者减少个体员工的工作压力。

为了预防和减少压力对员工个人和组织造成的消极影响，发挥其积极效应，许多企业管理者已开始关注员工的压力管理问题。安保企业也应当实施适当的压力管理，以有效地减轻员工过重的心理压力，保持适度压力，从而使员工提高工作效率，进而提高整个组织的绩效并增加利润。

随着市场经济发展和竞争压力加大，再加上工作的特殊性，安保从业人员的压力管理极为重要。压力是一种非特定的反映，不同的人的表现不同。位于不同部门、不同岗位的员工面临的工作压力不同。一般岗位级别越高，创新性越强，独立性越高的员工，承受的压力也就越大。压力管理得好，可以是一种驱动力。反之，除了对身体的伤害以外，过度的工作压力，对于组织的消极影响也是巨大的。如果压力过大，会引起自己的不满、消极，甚至对工作的不负责任，另外还会出现离职、缺勤等问题。因此，在管理领域，许多专家学者指出，人力资源管理的职能之一就是"压力管理"。

在压力管理方面，安保从业人员可以遵循以下四个途径来进行。

（一）要明确压力管理目标

主要包括维持适当的压力水平、减少压力的消极影响、创造最佳工作绩效、提高对各种压力环境的适应和调节能力以及建设高质量的健康生活。

（二）要明确压力来源

分析并找到压力产生的根源，是进行压力管理的基础。安保从业人员的压力来源主要涉及三类因素。一是环境因素。主要强调环境的不确定性，包括经济、政策和技术的不确定性，如工资福利下降、经济困难等方面。二是组织因素。如组织管理政策和政治等方面所涉及的分配、晋升和成长机制，团队工作氛围、沟通平台等。三是个人因素。个人因素较为复杂，因为每个人来自不同家庭，受教育经历不同，工作经历不同，个人能力也不尽相同。

相关因素主要包括角色压力、工作与家庭的冲突压力、人际关系冲突压力、工作自主性缺乏的压力、岗位胜任能力的降低等压力。工作方面的压力源有物理环境、个人承担的角色及其角色冲突、人际关系等因素。组织层面的压力源来自组织结构和设计、组织程序以及工作条件等。

(三) 要进行压力评估

适度的压力能够提高工作效率；高负荷的压力极有可能导致"压力危机"。全面了解自身压力的具体来源，确定科学、专业、有针对性的压力调节方案，就是压力评估。科学的认知自我压力是压力管理的前提。目前公认的"压力测评"，属心理学决策性课题，经过中国卫生协会的鉴定，可以准确评估、量化表述员工的压力水平与压力来源。研究证明，中度压力与较高压力具有可逆性。经过评估，可以及时地获得系统提示、预警，让受测员工在第一时间量化地认知到自我是否具有较高的压力水平，经过及时、科学的调适，来有效地缓解自我压力，以避免引发压力危机。

压力评估分为压力水平评估和压力源评估两部分。可全面测查个体的压力状况，并进一步明确自己当前压力的来源。通过压力评估，安保从业人员可以及时掌握自己的压力水平，在对自己的压力水平进行即时监控的同时，全面了解自身压力的具体来源，以便获得科学、专业、有针对性的压力调节方案，从而有效维护和促进自身的身心健康，从另一层面也保障了所在单位的安全平稳运行。

(四) 要制订压力管理方案

这主要从自身的角度来讲，包括以下几个方面：一是自觉培养积极心态。做积极主动的人，有明确的生活和工作目标，需求适度，保持良好心态。二是尽力培养理性思维。很多人成为"应该"的奴隶，对事情分析判断时尽量保持客观态度，避免刻板思维，学会换位思考以及多角度思考问题。三是提高情绪管理能力。情绪是个体对外界刺激的主观的有意识的体验和感受，具有心理和生理反应的特征。情绪是身体对行为成功的可能性乃至必然性，在生理反应上的评价和体验，包括喜、怒、忧、思、悲、恐、惊七种。情绪不可能被完全消灭，但可以进行有效疏导、有效管理、适度控制。安保从业人员工作情况复杂，与人打交道的场合多，因此对于自身情绪管理显得尤为重要。四是提升解决问题的能力。有时候压力的来源是因为遇到问题又没有恰当的方法去解决。因此，需要依法通过协商，合作包容地对待顾客、家人、朋友、同事等，这样才会得到更多的理解和支持。五是积极寻求帮助。既可以找家人或朋友倾诉或者宣泄，也可以找专业机构寻求帮助。此外，还可以通过适当游戏、观影、听音乐等方式进行自我减压。

对于压力管理，我国目前的总体水平不高。安保从业人员一定要认识到其重要性，并有意识去学习和借鉴，乃至实践。

五、健康管理

在自我管理当中，个人健康管理是指个体根据个人生活习惯、个人健康体检等方面的数据分析结合自己的工作岗位进行健康评估、健康促进等，积极学习健康管理的方法并运用。没有强健的身体，就不能顺利进行工作和学习。安保人员承担的工作任务有的相当繁重，若没有健康的体魄，不但难以按时、保质、保量地完成工作任务，还有可能被繁重的工作任务压垮，乃至影响家庭生活。所以，安保从业人员有必要树立健康管理意识，了解健康管理要素并予以实施。

安保人员可以从以下三个方面进行自我健康管理。

（一）适度运动

生命在于运动，各年龄段人群都应天天运动、保持健康体重。一般人群坚持日常身体活动，每周至少进行 3 天中等强度身体活动，累计 150 分钟以上。缺乏运动，摄入能量长期大于消耗能量，最直接的结果就是体重上升，体重增加则主要来源于人体脂肪的过量储存。体重指数（BMI）是目前国际上常用的衡量人体胖瘦程度的一个标准，体质指数（BMI）= 体重（kg）/身高 m^2（m）；一般成人控制在 $18.5 \leqslant BMI < 24 kg/m^2$ 为宜。

（二）节律生活

如饮食规律，要讲究三餐规律，七分饱；保持营养均衡，少烟油；食物丰富多样，有蔬菜；不缺微量元素、饮水量充足。同时，作息也尽量规律。安保人员虽然经常有值夜班的情况发生，但是不能因为这个原因就否定了规律作息，应当尽可能地规律安排好作息时间。保持充足的睡眠，是生命必须的过程，是健康不可或缺的组成部分。

（三）缓解压力

来自多方面的压力会造成安保从业人员心理的压抑以及情绪的消极。长期压抑不好的情绪会带来心理健康的危险。如何释放压力，归根到底就是敢于表达、培养兴趣和爱好以及找到适合自己的排泄口。表达，即学会倾诉与沟通，这个过程中，可以得到反馈与发泄，得到思维的调整与疏导，把不良情绪表达出来，安抚消极的情绪。培养兴趣和爱好，可以帮改善情绪，调节压力，一般对人的益处是多方面的。如骑行、跑步，可以健身的同时进行情绪释放，结交朋友进行情感交流；练习琴棋书画，可陶冶情操又可提升个人素养，丰富自己的业余生活。兴趣和爱好也有助于融入多个交流圈，同时对个人价值提升也会有很多帮助。

▶ **课后实训** ◀

◆ **实训项目一**

一、实训内容

案例分析，请看以下案例链接并完成实训任务。

二、实训目标

1. 结合本节案例，分析成功人士的成才之路。
2. 在对他人的分析基础上做出自我管理规划。

三、实训步骤

1. 案例阅读并分析案例人物的人生发展阶段并分析每个阶段的影响

因素；根据自身经历进行自我分析，包括阶段和因素等，并写出自我管理方案。

2. 小组讨论。

3. 分组讲述。

4. 学生互评。

5. 教师总结。

◆ **案例分享**

35 岁保安的逆袭之路，7 年自考圆梦大学，励志的背后是现实的无奈❶

有一位保安，他自考七年最终圆梦大学获得安徽大学本科学历。人们对他纷纷赞美不已，他就是齐永章。

据齐永章回忆，他在小学和初中的时候学习成绩优异，常常名列前茅。家长们对他也是很放心，对于他的学习几乎没有插手，觉得这样的成绩他完全可以顺利考上大学。

可是好景不长，进入高中后因为是住校，家长更管不到了。成绩上有些起色的他有些飘飘然，沉迷于游戏，玩心越来越重。

即便有初中和小学的底子，但是也经不起这样挥霍。高考的结果可想而知，他落榜了，只考了 300 分的成绩，他选择了复读，这复读就是六年，但是没能如愿进入大学的校门。

迫于经济的压力和邻里乡亲的流言蜚语，他选择参加工作，找了一份大学保安的工作。在学校里齐永章主要负责看守大门和校园安保工作。

但大学梦一直埋藏在他的心里，从未随着时间的推移，而减少半分。看到校园里的大学生们幸福的大学生活，更加坚定了他考大学的想法。

于是他又一次拿起课本，开始准备成人高考。因为大学的便利条件，他开始了"蹭课"之路，并且还成为了校园里的蹭课名人，就这样利用工作之

---

❶ 参见 https://baijiahao.baidu.com/s?id=1706789241085559037&wfr=spider&for=pc，2022 年 7 月 30 日访问。

余蹭课，一有空就。

周围的同事都觉得他魔怔了，但是他却乐在其中。终于功夫不负有心人，在35岁那年他成功考取了安徽大学的本科学历。但是这并不是他学习的终点，他坚信考试知识形式，主要还是学习东西的道理，如今他还要准备考研和备战法考。

像他这样励志的故事还有很多，例如清华大学厨师，8年时间背诵5本英语教材；山西大学楼管阿姨自学四门外语，通过自考成功上岸哈尔滨师范大学，等等。

第十四章　安保人员竞争和创新意识

当今世界，创新日益成为一个时代主题。对安保企业来讲，创新是衡量一个人、一个企业是否具备竞争力的标志。公司项目经理作为一线安保服务的提供者，对客户单位潜在的需求要有先知先觉的超前认识的能力。通过对客户单位需求层次的剖析，可以为企业制定以后的战略提供一线真实材料，同时，也为企业的可持续发展带来生机。竞争也是伴随着创新而行的，二者相辅相成，不可或缺。

第一节　竞争意识的确立

竞争和创新密不可分。竞争需要创新达到目标，创新往往是伴随着竞争的方式来实现的。竞争是社会发展中的自然现象，是社会发展的动力之一。随着市场经济的快速发展，人们不得不面临越来越激烈的竞争。当今时代，安保行业内外的竞争也日趋激烈。每当面对激烈的市场竞争，人们常常感到束手无策，对竞争的真正内涵及应对方法知之甚少，更谈不上如何在竞争中取胜和发展。既然竞争是任何人都不能回避的，那么我们只能以积极的心态面对。只有正确认识竞争并科学地应对竞争，才能走好自己的职业生涯发展之路。而提升创新素质和创新能力则是应对竞争最有效的方法。

一、认识竞争

竞争是个体或群体间力图胜过或压倒对方的心理需要和行为活动。即每个参与者不惜牺牲他人利益，最大限度地获得个人利益的行为，目的在于追求富于吸引力的目标。

竞争是个人或群体的各方力求胜过对方的对抗性行为，因此竞争具有两面性。其积极作用是能使人或群体振奋精神、奋发进取，促进社会进步，提高劳动生产率。其消极作用是挫伤双方积极性，使有限的资源难以发挥最佳效益，造成个体间、个体与群体间或群体间的不团结，不利于人际关系的建立与发展。

在目前我国社会政治、经济体制改革中，随着改革开放的深入发展，在走向"市场"的道路上，竞争是一种极为重要的发展机制。

竞争可分为个体间竞争与群体间竞争两种。美国社会心理学家莫顿·多伊奇（Deutsch，1949）曾设计了一个现场实验，以比较两种竞争的效果。该实验以大学生为研究对象，从志愿者中选出条件相似的50人分为10组，每组5人，其中5个小组在内部开展个人竞争，5个小组在组与组之间开展群体竞争。该实验结果表明：无论个人间还是小组间，只要是在竞争条件下，每个群体中各个成员的工作是相互支持的，共同活动的目的指向性很强，彼此的情况能够及时交流、相互理解和配合，能提高单位时间的效率。问题在于，竞争也会催生宗派主义情绪的滋长，不利于建立群体之间的良好关系。

二、把握竞争规律

既然职场竞争不可避免，那么我们唯一选择就是要正确认识竞争和面对竞争，积极修炼自我，树立正确的竞争心态，坦然面对竞争中的成功与暂时失利。这就需要我们把握竞争规律。

（一）认识竞争中的正向动力

竞争是把双刃剑，只有科学、公平的竞争才会产生积极的发展价值，成为助推事业发展的正向动力，否则不仅不会促进生产和发展，还会破坏或影响发展。现实社会中，竞争中的不和谐现象时有发生，如何认识并正确运用好竞争中的纵向动力，需要大学生在走上岗位前积极修炼。

（二）培育良好的竞争心态

竞争可以激发人们的工作热情，营造奋发向上的工作氛围，但是竞争也容易使人思想波动、产生焦虑，出现心理失衡、情绪紊乱、身心疲劳等问题。尤其对于竞争失利者，由于主观愿望与客观现实之间出现巨大差距，而可能因此一蹶不振，如果不及时调整好这种负面心态，对人的一生都将是不利的，因此在竞争中保持健康的心态十分重要。

要想培养健康的竞争心态，可以从两个方面着手。

1. 对竞争有一个正确的认识

有竞争就会有成功与失败，一次竞争的成败不能代表一个人全部的水平和能力。在市场经济之下，这种机遇和挑战将是连续不断的，因此竞争的关键是要正确对待成功与失败。要做到"胜不骄，败不馁"，要明白"失败是成功之母"，并始终保持不甘落后的进取精神。

2. 要尽量客观且实事求是评价自己

理想我和现实我的矛盾对于刚刚进入职场的大学生来讲是普遍存在的，只有客观认识自己才能缩小理想我和现实我的差距。要根据自己的实际情况来确定努力的目标，既不要好高骛远，也不要妄自菲薄，要把近期目标和长远目标结合起来。有些大学生存在我是大学生就应该在理想的岗位上工作的想法，但现实社会不是专为个人量身打造的，很难处处都尽如人意。因此这就需要大学生充分认识就业与失业、上岗与落岗的关系。现实中的就业与失业、上岗与落岗是动态的，只要脚踏实地，一步一个脚印地努力，就能使理想我成为现实我。

（三）竞争时要学会扬长避短

一个人的兴趣和才能是多方面的，要注意发挥自己的长处，挖掘自己的潜能，审时度势，扬长避短，这样就很可能出现"东方不亮西方亮""柳暗花明又一村"的新局面，增加成功的机会。

（四）要有良好的竞争素养

要不断提高自己的竞争素养，提高自己的硬实力和软实力。要敢于面对竞争、敢于接受现实中客观存在的各种竞争，并在实践中不断捶打和磨炼自己，提高自身化解矛盾和压力的本领，迎接各种挑战。在竞争过程中，最重要的是要有正确的人生观、远大的目标和拼搏精神。要想在竞争中取胜，除了主观努力，还取决于社会环境和人际关系等多种因素。成功了固然可喜，但只要我们努力过，失败了也问心无愧。认真总结经验教训，从失败中悟出道理，或者在竞争中学到知识、增长才能这又是走向未来成功的开始。竞争不仅需要硬实力，更需要软实力，即竞争素养和竞争道德。我们应该遵循竞争的客观规律，在公平的环境下靠能力和实力竞争，如果职业道德修养不够，对即将走向岗位的学生而言，极不利于自身发展。要切记，如果没有真实的本领，没有真正的实力，不好好做人，注定路是走不远的。成功源于为人和实力，因此每一位学生必须修炼竞争素养，这是将来职业发展的基础。

（五）要避免竞争中的不良现象

随着竞争压力的加大，社会上出现了一些不良现象，出现了一些病态的竞争心理和行为，结果伤害了参与者，也给社会带来了负面影响，其中折射出的深层次社会问题值得反思，如投机行为、嫉妒行为、攻击行为等，都是不可取的。

三、认识企业竞争走向

除了把握竞争规律外，还要从更高层次上认识企业竞争的走向，对于即将走向工作岗位的大学生来讲也是有必要的。

当前，企业竞争的走向主要表现在以下三个方面。

（一）企业竞争由传统的要素竞争转向企业运营能力的竞争

提升企业的运营能力，就要使企业成为一个全新的"敏捷型"经营实体。在生产方面，它能依照顾客订单，任意批量制造产品或提供服务；在营销方面，它能以顾客价值为中心、丰富顾客价值、生产个性化产品和提供服务组合；在组织方面，它能整合企业内部和外部与生产经营过程相关的资源，创造和发挥资源杠杆的竞争优势；在管理方面，它能将管理思想转换到领导、激励、支持和信任上来。

（二）由人才竞争转向知识管理、创新人才两极竞争

人才竞争更多的是理念性诉求，而现在开始转向务实的知识管理和创新人才竞争。知识管理是对现有和潜在知识的获取、存储、学习、共享使用和创新的管理过程。通过知识管理，可以降低成本、提高效率、提高组织成员的素质和能力，进而提高组织的持续发展能力和企业核心竞争力，令企业拥有更高层次上的竞争力。创新人才的竞争实质上是知识管理的延续，是超越现有和潜在的知识竞争。通过创新人才的开拓精神、永不满足的求知欲和强烈的竞争意识，能够提供解决问题的新知识和新技术，创造和设计新的知识管理，形成新的竞争力。

（三）由部门战术层竞争转向企业整体策略竞争

随着市场不断成熟，由市场、销售部门主导的价格、品质等战术层次的竞争因素已经不是主导的决定性因素。由于这些因素很容易被模仿，吸引力正逐渐变小。为了与众多对手相区别，企业在整体策略层面开始设计竞争手段，竞争的内容出现了许多新的变化，像品牌、客户满意度服务、公益广告、企业文化等因素组合并左右顾客的选择。同时，在每一个竞争领域，由于企业的模仿能力强、竞争压力大，在同一内容的竞争中也出现了多种变化，因此，在任何一个竞争领域，企业都必须跟上环境变化，不断地弥补、修改、提升、创新整体策略层面的竞争力。

第二节 创新的含义及其分类

一、创新的含义

创新作为汉语词语，一指创立或创造新的，二指首先。从 20 世纪七八十年代开始，学术界有关创新的研究进一步深入，开始形成系统的理论，在此之前只有零星的研究。美国麻省理工学院教授厄特巴克（J. M. Utterback）在

20世纪70年代的创新研究学者中比较突出,他在1974年发表的《产业创新与技术扩散》中认为,"与发明或技术样品相区别,创新就是技术的实际采用或首次应用"。❶ 而美国学者缪尔赛(R. Mueser)在20世纪80年代中期对技术创新概念作了系统的整理、分析,他认为"技术创新是以其构思新颖性和成功实现为特征的有意义的非连续性事件"。❷ 英国经济学家弗里曼(C. Freeman)从经济学的角度考虑创新,他在1982年《工业创新经济学》的修订本中明确指出,技术创新就是指新产品、新过程、新系统和新服务的首次商业性转化。❸ 我国是在20世纪80年代开始开展技术创新方面的研究。进入21世纪后,在信息技术革命的推动下,知识社会的形成及其对技术创新的影响进一步被认识,科学界进一步反思对创新的认识。

综上所述,从不同的研究领域出发,研究者对创新的界定也有所不同。从哲学角度讲,创新是人的一种创造性实践行为,这种实践的目的是增加利益总量,需要对事物和发现进行利用和再创造,特别是对物质世界矛盾的利用和再创造。人类通过对物质世界的利用和再创造,制造新的矛盾关系,形成新的物质形态。发现与创新构成人类相对于物质世界的解放,形成人类自我创造及发展的核心矛盾关系,其代表两个不同的创造性行为。只有对于发现的否定性再创造才是人类创新发展的基点。在这里,实践是创新的根本所在。而意识的新发展是人对于自我的创新。创新的无限性在于物质世界的无限性。

从社会学角度讲,创新是指人们为了发展需要,运用已知的信息和条件,突破常规,发现或产生某种新颖、独特的有价值的新事物、新思想的活动。在这里强调的是,创新的本质是突破,即突破旧的思维定势和常规戒律。创

---

❶ 转引自贾宝余:《企业何以成为技术创新的主体》,载 http://www.lncxrc.com/news_4235.aspx,2023年5月1日访问。
❷ 转引自《技术创新对甘肃省区域经济发展的影响研究》,载 https://zhuanlan.zhihu.com/p/64254254?utm_id=0,2023年5月10日访问。
❸ 转引自《技术创新基本模式阐释》,载 https://www.wenmi.com/article/pywrxu02cz6s.html,2023年5月1日访问。

新活动的核心是"新",它表现在产品的结构、性能和外部特征的变革;造型设计、内容的表现形式和手段的创造;内容的丰富和完善等。

总之,对于安保领域来讲,所谓创新可以理解为:以现有的思维模式提出有别于常规或常人思路的见解为导向,运用现有物质和知识,在特定环境中,本着理想化需要或为满足社会需求,而改进或创造新的事物,包括但不限于各种产品、方法、元素、路径、环境等,并能获得一定有益效果的行为。

二、创新的意义

创新是经过历史实践证明的人类有益行为。近代以来人类文明进步所取得的丰硕成果,主要得益于科学发现、技术创新和工程技术的不断进步,得益于科学技术应用于生产实践中形成的先进生产力,得益于近代启蒙运动所带来的人们思想观念的巨大解放。这可以说是人类发展史上的伟大行为或思想意识成果。

创新是社会发展的动力。人类社会从低级到高级、从简单到复杂、从原始到现代的进化历程,就是一个不断创新的过程。不同民族发展速度有快有慢,发展阶段有先有后,发展水平有高有低,究其根本,民族创新能力的水平是主要影响因素之一。因此,创新是一个民族进步的灵魂,是一个国家兴旺发达的不竭动力,也是一个政党永葆生机的源泉。

创新有利于组织和个人的发展。对于一个组织或者企业来讲,在当今时代,随着竞争的日益加剧,创新的意义直接关系到生存和发展的问题。没有创新的企业是没有希望的企业。开拓创新的重要性体现在两个方面:一是产品或服务的优质高效需要开拓创新,表现在服务争优、盈利增加、效益看好;二是事业发展依靠开拓创新,表现在推动事业快速健康发展、事业竞争取胜、个人事业获得成功等。因此,创新无论怎么强调都不为过。从现在到将来,毫无疑问,对中国企业来讲,新一轮增长的内在驱动力只有一个,那便是创新。

三、创新的分类

创新有不同的领域和类型，也有不同的内容和方法，其差异性和个性特点比较明显，如技术创新和管理创新就有着很大的差异性。作为在校学生，可以重点了解以下几种创新类型：技术创新、管理创新、企业创新、制度创新、技术人才岗位创新等，这些创新类型是根据表现形式划分的，与高校学生毕业后的竞争发展关系密切。

（一）技术创新

技术创新是当今世界颇为流行的一个热门话题。企业界把技术创新作为自身生存和发展的希望所在，政府则把技术创新作为提升国家综合实力和经济竞争能力的重要手段。可以说技术创新对当代社会经济的发展具有非常重要的意义。要构成一个技术创新活动，有三个必备因素，即技术与技术的载体、企业与企业家、市场与适度竞争。

（二）管理创新

管理是对于人、财、物、事等组成系统的运动、发展和变化，进行有目的、有意识的控制行为。管理创新是在经济全球化和信息化的历史背景下产生的。知识经济时代的管理创新，是智慧+智能管理的创新，包括管理机制的创新、管理思想的创新、管理组织的创新、管理方法的创新、管理手段的创新等。

（三）企业创新

企业创新是企业管理的一项重要内容。是决定公司发展方向、发展规模、发展速度的关键要素。从整个公司管理，到具体业务运行，企业的创新贯穿在每一个部门、每一个细节中。企业创新涉及组织创新、技术创新、管理创新、战略创新等方面的问题，而且各方面并不是孤立地创新，而要全盘考虑整个企业的发展。在宏观层面，企业创新包括企业功能创新、企业经营创新、企业机构创新、企业组织创新、企业资产资本运作创新等。在微观层面，企业创新一般包括产品创新、工艺创新、市场创新、流程创新、模式创新等。产品创新是创造某种新产品，或对某一种原产品的功能进行创新；工艺创新又称生产过程创新，是产品生产技术的重大变革，它包括新工艺新设备及新的组织方法；市场创新是改善或创造与顾客交流和沟通的方式，把握顾客的需求，从而实现销售产品的目的；流程创新是企业规模扩大随之而来的流程变革，因此需要利用流程创新节约时间成本，例如之前七天可以完成的工作，经过流程创新后只需要一天就能完成，也可称为模式创新，往往最大的创新胜出都是在模式上，如某公司硬件、软件都不错，服务也佳，但最重要的是用创新的方法将三者结合起来构成新的商业运行模式。

（四）制度创新

制度创新是在人们现有生产和生活环境条件下，通过创设新的更能有效激励人们行为的制度来实现社会持续发展和变革的创新。所有创新活动都有赖于制度创新的积淀和持续激励，创新活动通过制度创新得以固化，并以制度化的方式再持续发挥作用。

（五）技能人才岗位创新

当今技能人才，特别是高技能人才，已成为人才强国、人才强企的重要力量，具有不可替代的作用。技能人才是生产一线的主力军，立足岗位创新已经成为企业创新、技术创新的重要突破口与支撑点。

第三节 安保人员竞争与创新意识养成

创新已经成为人们日常工作生活的重要组成部分。一个人的创新素质和创新意识越强，竞争能力提升就越快，职业生涯发展也就越好，安保行业人员亦是如此。我国正在由制造大国向创造大国的迈进，因此必须培养一批创新型人才，包括创新型高技能人才，这就给高校提出了新的人才培养要求，即加大高校学生创新素质的培养。创新素质，包括智力素质和非智力素质两大类，二者缺一不可。智力素质，包括学习能力、记忆力、想象力、观察力和实际动手能力等。非智力素质包括自信、质疑、勇敢、勤奋、热情、好奇心、兴趣、情感和动机等。创新实践证明，非智力素质对创新的作用越来越重要。因此，对于在校安保专业学生或者即将从事安保行业的人员来讲，要树立竞争和创新意识，并在日常生活和学习中有意识地加以培育和养成。

一、竞争基本素质的养成

要想在竞争中脱颖而出，就要养成并不断提高自己适应竞争的素质和能力，那么安保专业学生或者已经从业的人员应该具备哪些竞争素质和能力呢？

（一）培育良好的竞争意识

竞争意识是现代人得以生存和发展的重要素质，也是大学生培养健康竞争心理的重要前提，因此，大学生要彻底摒弃安于现状、抱残守缺、与世无争、不思进取、消极无为的旧观念，逐步树立积极进取、永不自满、敢为人先、勇于竞争的积极有为的新观念，要敢于表现自己，敢于在大众面前展示自己的才华，要克服畏惧心理和自卑心理。对自己充满自信，相信依靠自己的实力能够实现既定的目标，要逐步形成不断超越自我、超越他人、别人能做到我也能做到的进取意识，为树立正确的竞争意识扫清思想障碍，在前进中不断实现零的突破。

（二）培育良好的职业精神

良好的职业精神主要指两个方面，一是要有良好职业道德，要敬业进取，顽强拼搏；二是要具有团队协作意识和团队协作能力。在当今社会，软实力越来越成为竞争的主要能力与因素，我们要对这一竞岗趋势有所认识，要认真培养自己的职业精神，因为这些能力与素质关乎择业竞岗、职业生涯发展的成功与否。

（三）培育过硬的专业能力

高职院校主要是培养技能型人才，特别是高技能人才，因此培养学生过硬的专业技能是高职院校人才培养的重要任务，专业技能素质是高职院校学生作业竞争的硬实力，学习技能本领本身就是学生的职责任务。在技能大师的队伍中，有很多专业技能超群的大师们，他们都是有目标有责任的技能强人，值得大家学习。

（四）培育较强的表达能力

竞争有多种方式和类型，如演讲比赛，竞岗演说，技能比武等。不管参与哪种类型和形式的竞争，具备较好的表达能力是竞争的必备能力；出色表达能力作为竞争中非常有利的条件之一，大学生绝不能忽视。因此，平时要注意说话的语气清晰度和逻辑性；在与他人交流时，一定要紧扣主题，抓住重点，并讲究表达技巧与方法。表达水平的高低是日常训练和学习积累的结果，大学生要有意识地参加各种社会实践活动，努力训练并提升自己的表达能力。

二、创新基本素质的养成

（一）树立创新动机

创新动机的核心因素是强烈的事业心和责任感。对技能人才而言，岗位责任感非常重要，是激发创造动机产生的思想基础，没有事业心和责任心就谈不上创新。如果我们翻开技能大师的成长史，也会发现他们都把所在的岗位作为自己奉献成长的平台，始终保持纯纯强强的创新动机，并在这一平台上不断创新。

（二）坚定成功的信念

培育坚定不移的成功信念就要培养自信心。自信心是取得成功的基本前提。有自信心，一个人才能保持积极的心理状态，才能不畏艰险、不怕挫折去战胜困难，从而取得创新的成果。历史和现实均能证明，凡是成功的人都具有很强的自信心。

（三）强化良好的创新意志

创新需要有持久的耐力和坚定的意志。良好的创新意志品质，包括做人的信念、做事的目标与方法、自我管理能力、强烈的事业心和持之以恒的精神等。人们对某件事或某项工作具有持久的耐力和意志力是难能可贵的。耐力和意志力不是天生的，需要日常锻炼，培养良好的意志品质，对即将走向岗位的学生而言，是赢得竞争、创新发展不可或缺的要素。

（四）培育专注的创新情感

创新需要专注的情感，这是创新的内在要求。专注的情感是指员工对其岗位的感情和工作兴趣等方面的心理反应。如果一个人不喜欢这个岗位，就不可能真正产生在岗位上创新工作的主动意识，这就失去了创新的基础，因此创新本身就包括感情的投入。

（五）充满强烈的质疑精神

质疑矛盾的问题，常常是开启思维的钥匙。创新就是鼓励人们疑别人之不疑，想别人之未想。不敢提出问题和缺乏质疑精神的人，不会取得创新成果。质疑精神的培育主要包括以下六个方面：一是勤思。俗话说勤思则疑，尤其是在遇到问题时，要善于自觉地进行独立思考，多问几个为什么，要有追根究底的精神习惯。二是独立自主。要理智地坚持己见，不随波逐流。三是避免从众心理误区。在争论问题时尽量不屈从于群体压力。四是要敢于提出问题，不怕说错。五是不满足于现状。要保持追求创新的饥饿感。六是要训练批判较强的思维及能力。

（六）壮大创新胆量

创新活动就是去做别人没想过、没做过或没做成功的事，因此没有一定的创新胆量是断然不行的。创新是有风险的探索活动，创新最危险的敌人就是胆怯。胆怯往往会抑制想象力；因此，创新要有不怕失败的精神，要有敢于向逆境抗争的决心，要有百折不挠、坚韧不拔的毅力，这都是创新胆量不可或缺的要素。当然这些精神必须建立在科学分析的基础之上，而非盲目大胆或盲目勇敢。

三、讲求创新方法

创新方法一直为世界各国所重视。创新方法在美国被称为创造力工程，在日本被称为发明技法，在俄罗斯被称为创造力技术或专家技术。而我国学者认为创新方法是科学思维、科学方法和科学工具的总称。其中，科学思维是一切科学研究和技术发展的起点，始终贯穿于科学研究和技术发展的全过程，是科学技术取得突破性、革命性进展的先决条件。科学方法是人们进行创新活动的创新思维、创新规律和创新机理，是实现科学技术跨越式发展和提高自主创新能力的重要基础。科学工具是开展科学研究和实现创新的必要手段和媒介，是最重要的科技资源。

由上可见，创新方法既包含实现技术创新的方法，也包含实现管理创新的方法。综合国内外的研究来看，创新方法在不同的层面有不同的区分。对于安保专业学生或从业人员来讲，了解和学习以下三种常用的创新方法比较管用。

（一）组合创新法

组合创新法就是利用创新思维将已知的若干事物合并成一个新的事物，使其在性能和服务功能等方面发生变化，以产生出新的价值。以产品创新为例，可根据市场需求分析比较，得到有创新性的新的技术产物的过程，包括功能组合、材料组合、原理组合等。通俗地讲，组合创新就是将两个或多个不相关的东西有机地组合在一起，使其成为一种完全不同的具有新生命力的新东西、新产品。这里所说的组合是任意的，各种各样的事物要素都可以进行组合，如不同材料可以进行组合，不同技术或原理可以进行组合，不同物品可以进行组合，不同颜色形状可以进行组合，不同领域、性能的东西可以进行组合。可以简单组合，也可以是联合或混合、综合或化合等。人类正是运用了这些种种不同的组合方式，才创造出种种科技新产品。例如汽车是发动机与四轮车组合形成的新产品、远程监控是摄像机与网络等技术和设备的组合。组合创新代表着技术发展的趋势，没有组合创新就没有较快的技术进步和社会进步。组合创新的方法多种多样，主要有以下几种较实用的组合方法。

1. 信息交合法

信息交合法是建立在信息交合论基础上的一种组合创新技法。信息交合论含有两个基本原理：其一，不同信息的交合可产生新信息；其二，不同联系的交合可产生新联系。根据这些原理，人们在掌握一定信息基础上通过交合与联系可获得新的信息，实现新的创造。

2. 焦点组合法

焦点组合法就是以事物为焦点，看有哪些事物可能与它组合在一起，例如光和其他领域组合成了光纤通信、光源、照明、光电池、光探测器、光控开关等；超声波与其他领域组合成了超声波手术刀、超声波洗衣机、超声波除尘器、超声波切削机等；太阳能与其他领域组合成了太阳能热水器、太阳能饭锅、太阳能汽车等。

3. 重组组合法

任何事物都可以看作是由若干要素构成的整体。各组成要素之间的有序结合，是确保事物整体功能和性能实现的必要条件。如果有目的地改变事物内部结构要素的次序，并按照新的方式进行重新组合，以促使事物的性能发生变化，这就是重组组合。进行重组组合时，首先要分析研究对象的现有结构特点；其次要列举现有结构的缺点，考虑能否通过重组克服这些缺点；最后确定选择什么样的重组方式。

4. 延展组合法

延展组合法就是由一种组合延伸推向其他功能的组合，例如门铃装置可以是触摸传感器与电路的组合，当手按在触摸传感器上时，皮肤导电门铃发出响声。除了皮肤外还有什么可以导电，我们就会马上想到水，于是对准传感器哈几口气铃声响了，由此延伸想到它也可以作为晴雨报警器。目前，园艺用品中就有相关的晴雨自动探测设备，根据天气情况自动确定是否浇水。

5. 正交组合法

正交组合法，即将欲组合的事物分成两组，一组为横轴，一组为纵轴，就可以正交组合成多种组合。例如，以水、除尘、催化剂作为纵作标，以汽车、书本、衣服作为横坐标，这些词毫不相干，但以正交组合的方式可以有九种新组合。其中有三种组合可以开创技术创新的新思路，第一种组合是水和汽车，我们可以设想未来的汽车不烧油，而是以水为燃料，先将水分解为氢气和氧气，氢气在氧气中燃烧成水，水可以循环利用，而且无污染。第二种组合是除尘和衣服，使我们设想到能否生产出能自动除尘或容易除尘的衣服，这样既节省水电又省时。第三种组合是催化剂和书本，使我们想到护眼书，即书本上的字含有某种催化剂，光线强字就显示，光线暗到不利于保护视力字就消失。

可见，组合创新并不是一件非常难的事。安保专业学生或者已经从业的人员在学习知识的同时，只要注意培养自身的组合创新能力，解放思想，多动脑、多动手，即使某些组合有些离奇，不易实现，但也会在头脑中埋下智慧的种子。

（二）类比创新法

类比创新法又称综摄法、类比思考法等。类比是一种推理方法，即从两个事物在某些方面具有相同或相似的属性，推出它们在其他方面也可能具有相同或相似的属性。类比是一种重要的创新方法，在技术发明过程中，人们常常通过观察和联想寻找一些相似的事物，再由熟悉的事物联想到相似的新事物，从而发明新技术新产品。人们可以由熟悉的问题结论，运用类比推理的方法，对新问题作出猜想性结论；或由处理熟悉问题的方法，联想处理新问题的方法。它的最大用处在于利用其他产品取长补短，设计新产品，以及制定营销策略等方向。广泛运用类比可以开拓思路，引起联想，形成猜想，找到解决问题的途径。

（三）智力激励法

智力激励法，又称头脑风暴法、集思广益法。头脑风暴法出自"头脑风暴"一词。所谓头脑风暴，最早是精神病理学上的用语，指精神病患者的精神错乱状态而言的，如今多指无限制的自由联想和讨论，其目的在于产生新观念或激发创新设想。

在群体决策中，由于群体成员心理相互作用影响，易屈于权威或大多数人意见，形成所谓的"群体思维"。群体思维削弱了群体的批判精神和创造力，损害了决策的质量。为了保证群体决策的创造性，提高决策质量，管理上发展了一系列改善群体决策的方法，头脑风暴法是较为典型的一个。该方法主要由群体人员在正常融洽和不受任何限制的气氛中以会议形式进行讨论、座谈，打破常规，积极思考，畅所欲言，充分发表看法。

智力激励法（头脑风暴法）通过集体讨论，互相启发、互相激励，激发人的创造性思维，是目前在世界上应用最为普遍的创新方法。智力激励法是否有效或者效果大小，很大程度上取决于对以下原则的贯彻程度。

1. 自由畅想原则

要求与会者解放思想，无拘无束的思考问题，尽可能提出新奇的设想，核心是求新、求奇、求异。

2. 延迟评判原则

评判包括自我评价和相互评价。延迟评判是一条重要的原则，过早地进行评判下结论，就等于把许多新观念拒之门外，这是极其有害的。

3. 以量求质的原则

谋求尽可能多的设想，理想答案的获得常常是逐渐逼近的。在设想问题时，设想的数量越增加，就越有可能获得有价值的创意，后期提出的设想有实用价值的设想所占比例也相应高。

4. 改善综合原则

鼓励与会者借题发挥，对别人所提出的设想进行补充完善并形成新的设想。在实际职场中，会后还要对所有设想做综合改善的工作。

5. 限时陷人原则

会议通常限定时间为 30 分钟到一小时，人数限定在 10 人左右，时间太长，容易疲劳松弛，人数太多则不易集中，有些人发言机会少。反之时间太短，人数太少，则信息激励、联想反应不充分，难以获得大量的设想。

安保专业学生在就业上岗前了解并掌握一些创新的基本方法十分必要，但不能只停留在知道或了解的层面，还要在今后的工作、学习和生活中进行实践，运用创新方法。

▶ **课后实训** ◀

◆ **实训项目**

一、实训主题

利用组合法进行创新。

二、实训目标

通过练习提升创新能力。

三、实训步骤

1. 教师讲解活动相关要求及流程。

2. 以小组为单位，每个小组内同学选择三种常见物品以正交方式进行组合，并画出图表；组内交流。

3. 每小组派代表进行课堂展示并陈述。

4. 其他小组进行点评。

5. 教师总结。

参考文献

[1] 郭太生：《社会结构的变化与保安业的发展》，载《中国人民公安大学学报（社会科学版）》，2005年第5期。

[2] 张弘：《保安服务业理论研究综述》，载《山东公安专科学校学报》1999年第6期。

[3] 世界经理人网站：https://www.ceconline.com/。

[4] 葛玉辉主编：《工作分析与工作设计实务》，清华大学出版社2011年版。

[5] 赵正宝：《趋势的力量》，中国广播电视出版社2012年版。

[6] 哈佛商学院出版公司编：《团队管理》，王春颖译，商务印书馆2009年版。

[7] 杨秋平主编：《安全保卫礼仪与人际沟通》，机械工业出版社2011年版。

[8] 毕结礼主编：《职业素质教育》，高等教育出版社2019年版。

[9] 李祖辉主编：《保安员人文素养》，高等教育出版社2005年版。

[10] 王凤君、杨晓东主编：《职业素质教育》，清华大学出版社2022年版。

[11] 人力资源和社会保障部教材办公室组织编写：《职业道德（第4版）》，中国劳动社会保障出版社2018年版。

［12］张伟主编：《职业道德与法律（第五版）》，高等教育出版社2022年版。

［13］郭强主编：《职业道德与职业生涯》，上海人民出版社2011年版。

［14］刘克生、杜光辉、蒙正炀主编：《职业道德与法治》，中国人民大学出版社2021年版。